配偶权制度研究

—— 以社会性别平等为视角

梁 琳 著

中国社会科学出版社

图书在版编目(CIP)数据

配偶权制度研究:以社会性别平等为视角/梁琳著. —北京:中国社会科学出版社,2014.12
ISBN 978 – 7 – 5161 – 5220 – 1

Ⅰ.①配⋯　Ⅱ.①梁⋯　Ⅲ.①婚姻法—研究—中国
Ⅳ.①D923.904

中国版本图书馆 CIP 数据核字(2014)第 297527 号

出　版　人　赵剑英
责任编辑　陈肖静
责任校对　刘　娟
责任印制　戴　宽

出　　　版　中国社会科学出版社
社　　　址　北京鼓楼西大街甲 158 号(邮编 100720)
网　　　址　http://www.csspw.cn
　　　　　　中文域名:中国社科网　　010 – 64070619
发　行　部　010 – 84083685
门　市　部　010 – 84029450
经　　　销　新华书店及其他书店

印　　　刷　北京君升印刷有限公司
装　　　订　廊坊市广阳区广增装订厂
版　　　次　2014 年 12 月第 1 版
印　　　次　2014 年 12 月第 1 次印刷

开　　　本　710×1000　1/16
印　　　张　13
插　　　页　2
字　　　数　209 千字
定　　　价　48.00 元

凡购买中国社会科学出版社图书,如有质量问题请与本社联系调换
电话:010 – 64009791
版权所有　侵权必究

目　　录

序

　　配偶权是婚姻本质在双方主体间的权利和义务上最为集中的表现。从理论上阐明配偶权的价值取向，在立法层次上创建和完善配偶权制度，是我国婚姻家庭法学研究和法制建设中的一个重大课题。

　　本书作者梁琳女士曾师从我攻读民商法学博士学位。《配偶权制度研究——以社会性别平等为视角》一书，便是在她的博士学位论文的基础上修订出版的。

　　配偶权制度在历史上早已存在，古代的或早期型的配偶权具有与男权主义强固结合，以夫权为核心内容等特征。综观我国的婚姻制度史，有关配偶权的规定不仅见诸于律，更多的是见诸于礼。毋庸讳言，对于社会主义制度下男女平等的新型的配偶权，我国学界过去的研究往往偏于微观的，其中某些具体制度，宏观层面的总体性的、系统深入的研究是不够到位的，这很可能与立法中的制度缺失有关。本书的问世，在一定程度上加强了过去研究工作中的薄弱环节。

　　本书的创新之处和研究成果，主要在于从社会性别平等的视角，深入地分析和系统地论述了配偶权的性质、权利主体、权利内容、权利客体和救济途径等问题，对此发表了个人的见解，提出了相应的法律对策；视角新颖，观点明确，资料翔实。例如，有关配偶权的身份权属性，婚姻主体的身份权和人格权，两者的关系，对配偶身份利益的探讨等，作者的见解都是颇具见地、颇有新意的。

　　草此短序，祝贺本书出版，同时也兼有推介之意，期盼它能得到读者的关注。

杨大兀

2014 年 7 月于中国人民大学法学院

导　　论

一　本书研究的源起

婚姻家庭关系是一切社会关系建立的基础，婚姻家庭对人类而言，承担着人类生活和社会发展的重要职能。现代化的进程普遍削弱了家庭的伦理性，使得家庭成员的关系走向松散和个体化，中国亦未能例外。

现代化进程与发展创造物质财富的市场经济相伴随，在各国争夺发展现代化过程中，市场经济以个人主义为核心的权利法则渗透到生活的方方面面。婚姻家庭中的男女两性在不同经济体制下对平等对待的需求也各不相同。

新中国成立以后，我国宪法明确规定了男女平等的基本原则，中国男女两性性别角色、劳动分工、社会地位都发生了翻天覆地的变化：男女都成为社会的人、国家的人；女性开始进入传统男性占主导的行业；女性在参政、就业、受教育方面的权利都得到了制度性的保障。新中国成立后，男女社会性别构建起来了，表现为男女都一样。在计划经济时期，国家保障男女两性的就业，有利于促进两性之间性别角色和社会地位的平等，缩小男女性别差异。

改革开放以后，市场经济取代了计划经济模式，市场不再是保障男女两性就业的重要力量。在缩减和调整劳动岗位的过程中，大批女工下岗，失去工作，同时劳动力市场对女性的排斥，使得女性的竞争力落后于男性。很多人"自满于建国以来我国男女平等方面取得的成就，特别是法律文本上取得的成就，忽视了发展中特别是改革开放以来逐渐拉大的社会性别差距，还常把社会性别平等误解为妇女分管家庭事务分工合理化，等同于性别平等"。① 女性被局限在传统家庭角色，"妇女回家论"甚至被作为政策讨论的对象。商业文化宣扬的女性文化是一种具有女人味的女性形象，学者王政将此概括为"消费主义＋传统女性美德＋性感"。男性形象则是最大限度获取与占有物质财富的成功人士。② 由此可以得出结论，市场经济两性之间的性别角色和社会地位之间的差异性加大，同一性缩小。据 1993 年人口普查对中国各行业门类和各职业大类人口数的两性比统计，在国家机关、党群组织、企事业单位负责人中，男性占 88.49%，女性仅占 11.51%；在办事人员及有关人员中，男性占 74.34%，而女性仅占 25.66%；在科技含量较高的交通运输邮电通讯业，男性所占比例达 81.43%，而女性仅占 18.57%；在科学研究和综合技术服务事业领域，男性所占比例达 63.02%，女性仅占 36.98%；大部分就业女性从事服务性工作以及对知识与技术要求较低的农林牧渔劳动。③

市场经济对家庭产生了巨大的冲击，"市场化的一些负面效果也在家庭关系、两性关系中有所表现，造成对家庭的冲击和两性关系中的现代化矛盾"。④ 在文化形态、观念意识方面以及制度构建方面都有所反映，比如离婚率明显上升、家庭规模缩小、未婚同居、未婚生育、婚外恋现象增加，等等。男女对婚姻家庭中社会角色定位也悄然发生了变化，如部分女大学生的观念中存在"干得好不如嫁得好"，相当多的女性愿意成为家庭主妇，妇女遭受家庭暴力屡禁不止，有配偶者与他人同居层出不穷，等等。

面对诸多上述问题，道德和舆论监督已然不能提供较好的解决途径。作为调整社会关系的法律，有必要和道德、舆论共同发挥引导、规范作用，应当充分正视市场经济下的强调性别差异的性别关系，改变以往"忽视"性别的立法，培养立法者、司法者、守法者的性别意识，注重个人利益与家庭、社会整体利益的协调，强调家庭成员相互间的义务和责

---

① "3＋1 机制中提高社会性别主流化能力"全国妇联课题组：《怎样实现社会性别主流》，《中国妇运》2005 年第 9 期。

② 周小李：《社会性别视角下的教育传统及其超越》，华中师范大学博士论文，2008 年。

③ 李银河：《两性关系》，华东师范大学出版社 2005 年版，第 72—74 页。

④ 伊庆春、陈玉华主编：《华人妇女家庭地位：台湾、天津、上海、香港之比较》，社会科学文献出版社 2006 年版，第 233 页。

任，以引导男女两性全面、平等地发展。

二　本书的理论和实践意义

本书试图以社会性别平等的视角探究婚姻家庭法领域中的配偶权制度的构建。夫妻配偶权是婚姻家庭法领域中的一项重要的也是最基本的人身权利。男女结为夫妻，从身份到财产都发生了质的飞跃。配偶权利是直接标志和象征婚姻关系实际价值的唯一法律范畴，直接反映婚姻关系的实质，反映婚姻的心理内容。社会性别平等视角是一种独特的研究视角，从该视角出发通过剖析配偶权制度的原则及实践来探究配偶权制度在我国的构建，其最终目的是实现男女在婚姻家庭领域中的完全平等。

我国现有的婚姻法在 2001 年修订之际，并没有对配偶权这一重大问题作出规定，仅是在第四条有涉及配偶权内容的部分，即规定了夫妻间应当相互忠实。面对复杂多变的现实，该条无法解决现实中存在的诸多问题。

从已有研究成果不难发现，对夫妻配偶权的论述多是侧重从其具体的权利内容进行论述的，如同居权、忠实权利义务、婚姻住所商定权等，而从宏观角度概括论述婚姻法最根本权利——配偶权的研究较少。本书主要是对整体意义上的配偶权进行论述。

（一）选题的理论意义

第一，对国内外涉及配偶权的相关理论进行梳理，对近十几年来的相关理论发展进行评析，明晰配偶权理论的发展脉络和现在的发展状况，为后续本人及其他学者的研究提供学术资源平台。

第二，从新的视角研究配偶权。将社会性别理论应用到婚姻家庭法领域，对涉及夫妻重大权益的人身关系即配偶权重新梳理，改变传统法律的调整视角，消除男女之间现有制度上的不平等事实，对缺乏性别意识的某些权利内容，从立法角度加以完善。在深入研究的基础上解决一些长期困扰理论界和实务界的问题，对争议问题提出自己的观点。

第三，有利于改进婚姻家庭法领域中的财产规范。由于婚姻家庭领域的财产权与人身权关系密切，而人身权的研究还是不够深入，影响了财产法的立法进程。因此，配偶权制度研究对财产权理论的完善具有重要意义。

（二）选题的实践意义

婚姻家庭法领域，配偶权是一项根本性但也是最有争议的权利。国外学者对配偶权的研究不多，即使有这方面的研究，也是从隐私、贞操等人格法益的角度进行研究的，这可能与近代西方国家的个人本位，忽视以家庭为核心的团体本位有关系。我国学者最早关注和提出这一概念，是以家庭关系中被侵害权利的性质要求明确化为大背景的。现实生活中不断出现夫妻关系存续期间的人身权被侵害的案例，这反映出人们对自身权利的重视，同时也是人们越来越关注法律个体之间的具体的差异性感受。配偶权因其主体特殊性，其制度设计必然与其他民事制度有所区别，法律的制度设计也要顺应这种变化。从立法上确立配偶权制度，明确受侵害的权利，使司法者有法可依，加害者受到相应的制裁，将给审判实践和婚姻主体权利保护带来福音。

三　国内外研究现状分析

（一）国内研究现状

国内学者从 20 世纪 90 年代开始研究配偶权，学术论文和专著不断面世。以配偶权为关键词，从 2000 年至今在中国期刊网上搜索到的文章有556 篇，硕士学位论文 209 篇，博士学位论文 1 篇。这些研究主要对配偶权的概念和配偶权具体内容展开了论述，侧重点集中在配偶具体的权利内容。配偶权作为一个概括的权利进行研究，这方面的资料相对较少。从检索的资料看，我国学者刘引玲著的《配偶权问题研究》，涉及了配偶权的法律制度和具体权利内容，配偶权在民法中的地位、作用以及侵害配偶权的民事责任。刘引玲对配偶权概念及制度的介绍，对研究配偶权具有启示意义。中国政法大学的幸颜静撰写的博士论文《婚姻中的女性地位和配偶权制度》，从女性地位入手，以女性权利保护为目的，对配偶权概念、性质、具体内容作了论述，但是存在概括性配偶权论述不够充分的问题。研究配偶权的其他学者则主要从配偶权的具体内容出发展开专著式的论述，如邢玉霞著的《我国生育立法理论与热点问题研究》等。还有从社会性别视角研究分析家庭问题，如黄宇著的《婚姻家庭法之女性主义分析》，介绍了女性主义研究理论、女性主义研究方法，并从女性主义视角审视中国婚姻家庭法，涉及了配偶权具体的一些内容，但是对配偶权论述缺乏宏观视角。

综观现有配偶权的研究内容，可以看出学者对配偶权存在着重大的分歧。争议的焦点主要为：关于什么是配偶权？如夏吟兰教授著的《21世纪婚姻家庭关系新规则——兼评婚姻法解说与研究》、蒋月教授著的《配偶身份权的内涵和类型界定》、马强的《配偶权研究》都涉及配偶权概念的界定。配偶权的性质如何？杨立新教授著的《人身权法论》、郭明瑞教授著的《民商法原理》（1）、刘引玲教授著的《配偶权问题研究》都是关于配偶权性质的讨论。我国亲属立法究竟是否应规定配偶权？杨遂全教授著的《论国家保护婚姻家庭的宪法原则及其施行》，郑小川、于晶的《亲属法原理·规则·案例》，周孝正的《"配偶权"断想》等都涉及配偶权是否由法律规定的问题。

从社会性别视角重新梳理配偶权，可以正视现有理论的不足。国内有学者从社会性别角度论述配偶权，如陈苇教授的《公共政策中的社会性别——婚姻法的社会性别分析及其立法完善》一文，针对配偶权的各分支权利进行了论述。周平安教授的《性别与法律》一书，从分析社会性别与法律的关系入手对性别平等与性的权利、性别平等与家庭暴力、性别平等与婚姻的性别基础进行了相关的论述，孙文恺副教授撰写的《法律的性别分析》，则是从法哲学角度对性别关系调整进行了系统的法律分析。上述文献，为配偶权的研究提供了一种新的视角和思路。

（二）国外及台湾地区关于配偶权的研究现状

大陆法系国家在其民法典中规定了夫妻的权利义务关系，条文针对配偶权的具体内容进行设计，形成了同居权、忠实权利义务、生育权、婚姻住所权等，但是缺乏对配偶权总体、概括、全景式的研究。英美法系国家的一些学者的专著中有关于配偶权的论述，但也仅是涉及配偶权的概念或者将配偶权直接拿来使用。如美国匹斯堡大学的威廉·杰·欧·唐奈和大卫·艾·琼斯两位教授所著的《美国婚姻与婚姻法》中在论述侵害配偶权利时提到配偶的权利，但是关于该权利的特征及在整个权利体系中的地位都没有论述。英美法系国家的婚姻法立法中也没有配偶权的相关内容。

上述两大法系的配偶权立法和理论研究虽然存在不完善的地方，但是它们具有促进社会性别平等的进步意义，都有关于男女平等的规定，承认女性享有独立的人格，赋予夫妻双方以平等的权利和义务。社会性别视角女性主义法学代表著作朱迪斯·贝尔著的《女性的法律生活》，对女性主义法学流派进行反思，认为要发出女性自己的声音，但又要防止这种言论沦为一种个人或群体的"私人话语"。这篇著作为更深入了解社会性别视角提供了一种途径。王葆莳译的《德国家庭法》，既有作者对婚姻家庭的立法理念的论述又有结合夫妻的人身关系的立法的最新法律规定，可以对德国的配偶权的最新进展有一个全貌的认识。

从现有收集的资料看，台湾地区缺乏以社会性别平等的角度分析研究配偶权。台湾地区配偶权的立法主要是在民法典第四编亲属中的第三节婚姻之普通效力，规定了配偶权的具体内容。如姓名权、夫妻互负同居的义务、婚姻住所商定权、日常家事代理权。台湾地区的司法实务中，1967年台上第 95 号判决、1966 年台上第 2053 号判决等一系列相关的案例都是侵害配偶权构成精神损害赔偿的典型案例。这些立法和案例同样存在缺乏社会性别视角、宏观总体视角的问题。

四　本书中所要突破的难题

1. 社会性别视角下的配偶权是什么？换句话说社会性别视角下的配偶权与部门法中配偶权有何异同？本书拟顺应社会性别平等理论研究趋势，从宏观的妇女权益领域研究转入微观的婚姻法领域的研究，对配偶权进行研究。

20 世纪 80 年代以来，美国、加拿大等西方国家的女权主义法律学者和活动者致力于剖析法律在建构、维护、强化和使妇女屈从永久化上的作用，同时审视可以削弱和最终消除父权制法律制度的方法。最近以来，我国不断涌现涉及社会性别概念的论著以及以社会性别为视角分析不同领域妇女问题的学术著作。但是运用社会性别平等的视角，对配偶权中的核心权利进行研究的著述存在空白。这与我国内地学者对于婚姻关系（夫妻关系）的性质与功能等基础理论进行研究的不够深入，侧重于应用型研究的不足有一定的关系。本书中采取的是单一的性别视角，排除种族、阶级的视角。由于男女的社会地位存在差异的原因很多，而如何确定哪些原因到底发挥了怎样的作用很难获得实证的说明，因此，在此仅考察配偶权与性别因素之间的相互作用关系。这种做法并不意味着种族、阶级对配偶权的性别分析无关紧要，但对性别平等与法律之间的关系认识的清晰化大有益处。

2. 配偶权既是一种权利也是一种义务，这种双重性特点立法如何来进行规制？配偶权不同于一般的民事权利，它是对婚姻共同体中的伦理关系进行调整。与其说是婚姻关系中当事人的权利，不如说是更侧重于义务，"不独为权利之利益，同时为受其行使之相对人之利益而存在"。因此，婚姻关系中当事人的权利也是当事人的义务。配偶权虽在本质上是权利，但是在观念上却侧重配偶义务。以配偶权的核心权利——同居权利为例，夫妻一方的同居权利，构成另一方的同居义务，权利义务具有相互性。但是不能因为配偶权偏重义务，就完全不考虑其权利性质了。有些学者的观点将权利义务绝对化，认为如果法律对同居义务进行规定，实质上就承认了婚内强奸的合法化，这会产生对女性非常不利的后果，因此对同居权利进行法律规定是不合理甚至是荒谬的。本书基于男女在性生活中生理原因造成的不对等，从社会性别差异角度，认为同居义务可以转化为同居请求权，这种权利是一种夫妻之间的相对权。一方要实现自己的同居权，必须向另一方提出同居请求，否则侵害了另一方的同居权。同时同居权对婚姻关系以外的第三者而言则是一种绝对权，配偶之外的任何人不得侵害。

3. 配偶权中，分清配偶身份权和婚姻主体独立的人格权。配偶身份权与人格权的关系，"虽然婚姻是统一的人格，但它毕竟是由两个人格组成的。只有在子女身上，这种统一才成为无可动摇的"①。婚姻的缔结，对外虽然形成了一个统一体，但是对内夫妻双方的独立人格却不因婚姻缔结而有所改变。夫妻间的关系是在相互尊重、相互谅解、相互信任的基础上建立的，尊重彼此的人格，才能实现婚姻的幸福。现实生活中，存在配偶权与夫妻人格权冲突的情形，夫妻一方以配偶权为借口，侵害另一方的人格权，以生育权为例，最初生育权的主体是男性，社会性别平等理论认

---

① 吕世伦：《黑格尔法律思想研究》，中国人民公安大学出版社1989年版，第11页。

为，要彻底解放妇女，摆脱妇女的从属地位，使妇女能够充分参加公共事务活动，必然要求她们有控制生育的自由。因此，为体现实质平等并有效保障妇女的人权，应该将生育权更多地赋予女方。生育权的主体扩展到已婚人群当中，随着人格权的发展，生育权的主体不限于婚姻关系当事人。生育权又是一项人权，如何协调人身权和人格权的关系，明确界定他们的界限也是研究的难点。

4. 针对配偶权的特殊性，设计特殊的救济途径。由于配偶权的权利性质是具有身份性的，权利的行使不同于其他民事权利，所以针对这些特殊性可以设计针对其特点的救济方式，比如在救济的时候可以采取个案的利益衡量审判方式，同时采取婚内侵权制度。

五 本书有何特色及创新之处

本书所选论题的视角新颖。应用社会性别平等理论，顺应从男女两性间的形式平等到实质平等发展趋势和原则，对婚姻法领域的夫妻配偶权的权利来进行分别的研究论证，讨论如何通过配偶权制度设计，消除男女制度上的不平等。

本书结构改变以往仅仅注重配偶权具体的权利，而忽视配偶权作为一种概括性权利的特性，应强调从宏观角度论述权利。同时对概括性配偶权的具体内容侧重以夫妻关系存续期间，对受侵害权利救济的现状研究作为出发点，分析现有法律制度下，夫妻权利救济是否充分，以及夫妻权利救济是否平等。

本书实践性较强。婚姻家庭法中的人身关系是财产关系的基础，人身关系梳理不清，财产关系也是会受影响的。从最高人民法院《关于适用〈婚姻法〉若干问题的解释（二）》颁行前的大讨论，到颁行后的各种争议，不难看出婚姻法的身份法特点，人身关系的研究对实践有很强的指导意义。本着婚姻法理论和婚姻法解释为司法实践服务的原则，引用最近几年来的司法判例，尤其是《民事审判参考》以及《人民法院报》、《检察日报》上刊登的典型案例，以及其他引起学者们广泛讨论的相关案例，对之进行细致的研究。

六　拟采取的创新方法

首先，采取系统分析的方法。包括对夫妻关系中配偶权在不同国家和地区、不同历史发展阶段的演变过程进行分析。

其次，采取比较分析的方法。通过对其他国家的夫妻关系中的配偶权制度的比较研究，探讨不同地域中的国家对夫妻配偶权规定的一般规律，剔除国外夫妻配偶权法律制度建设的弊端，吸收和借鉴他们的有益经验。

再次，采取实证分析的方法。为了充实本研究，同时也使本研究的研究结论更具有说服力，本研究拟对国内权威资料中使用的案例进行分类，注重夫妻关系中的配偶权制度运行的实际状况。并将其作为本研究的重要素材。本书将搜集大量司法实践中关于配偶权的相关案例，并将这些案例分门别类地分配到本选题研究的具体章节。对于那些曾经在司法界和理论界中引起广泛争议的案件进行深入剖析。

最后，采取文献检索的方法。对译文和原文文献资料进行系统分析，尤其充分利用 Internet 网络途径。

七　本书结构

本书共分为七个部分

第一部分对社会性别的基本理论进行了阐述，为配偶权制度构建奠定理论基础。包括社会性别理论的起源、社会性别概念的发展、国际社会将社会性别主流化的演变过程以及社会性别主流化在中国法律领域的贯彻和体现。为把社会性别分析方法引入到配偶权制度中提供理论支撑。

第二部分对配偶权概念的内涵和外延进行了理论上的梳理，同时从配偶权与婚姻本质关系入手，认为中国配偶权应在婚姻关系的性质是法律制度这一框架内进行研究。不仅从横向角度考察配偶权，而且从纵向角度考察配偶权，按历史发展不同时期，即封建社会时期、资本主义时期和社会主义时期对配偶权的发展变化进行研究，得出了配偶权经历了从身份到契约，再从契约到身份的阶段。

第三部分从社会性别平等的视角，分析现阶段配偶权的新特点。从社会性别平等视角追究实质意义上的男女平等，打破了国家对私人领域不干预的界限，从后现代哲学理论的角度对现有配偶权立法提出了新的要求。配偶权应适应社会性别平等的要求，适应国家对私人领域适当干预的要求以及适应法律重视个人细微体验的要求。

第四部分对配偶权的权利性质进行分析研究。首先，界定配偶权属于民事权利体系中的身份权，归类为亲属身份权。在社会性别视角下重新考察作为身份权的配偶权的特殊性。其次，从人权保护角度研究配偶权。人权公约中涉及配偶权的相关权利，符合社会性别平等发展的潮流，国内法作为人权具体实施途径，配偶权的立法也应反映这一发展趋势。最后，将配偶人身权中的配偶人格权与配偶身份权进行剥离，这一剥离的过程也是在社会性别视角下进行的，配偶人格权和配偶身份权的分离，是社会性别平等的必然结果。

第五部分以社会性别视角从配偶权的权利构造入手，对配偶权主体、客体以及具体内容进行分析，着重对配偶权的内容进行研究。论述了配偶权作为权利，其具体的权利如同居权利义务、忠实权利义务以及婚姻住所决定权的内容适应社会性别平等发展的新特点。

第六部分论述了配偶权对婚姻法及其他相关部门法领域产生了一定的法律效力。主要从两个方面进行论述：一是对婚姻关系中的财产关系产生了相应的法律效力。主要考察了新近颁布的《婚姻法司法解释（三）》中关于夫妻财产的规定，审视了其是否遵循了人身关系决定财产关系这一原则性规定，是否体现了配偶权的社会性别视角。二是从社会性别视角考察配偶权对侵权责任法、民事诉讼法以及劳动法产生的相应的法律效力。

第七部分对我国现有配偶权救济途径进行了反思。认为存在配偶权界定不明确、忽视侵犯配偶权案件个体差异以及国家对私人领域不作为这几大问题。认为应该从配偶权利性质明确、案件个体利益衡量适用及国家适当干预私人领域三个方面对配偶权进行全面的救济。

第一章　社会性别理论

第一节　社会性别理论概述

一　社会性别理论起源

社会性别理论的出现与妇女解放运动密不可分，它产生于20世纪60年代至70年代，"妇女运动第二次浪潮的基调是要消除两性差别，并把这种差别视为造成女性对男性从属地位的基础"。[①] 20世纪60年代，受过高等教育的女性形成了所谓的知识分子阶层，这些女性拥有自己的职业和独立的收入，她们对性别问题拥有自己的看法，对男女在应聘工作、家庭经济、职业升迁、接受教育以及其他方面的不平等状况拥有自己的见解。[②] 她们发现，女性作为社会主体之一，在社会生活中并不是和男性享有同样的地位，这种现象不仅存在于家庭地位中也存在于社会地位之中。

二　社会性别概念

1969年凯特·米莉特的《性政治》中认为，Sex 和 Gender 都是表示性别的词语。1972年 Ann Oakley 在《性别、性属及社会》一书中，提出了生理性别与社会性别是两个不同的概念。生理性别是指男女在生理上的

---

① 李银河：《最漫长的革命——当代西方女权主义理论精选》，生活·读书·新知三联书店1997年版，第85页。
② 廖艳嫔：《国际贸易法中的"性别"——女性主义的视角》，法律出版社2010年版，第31页。

差异，社会性别则指在社会文化适应中形成的男女角色、性格、地位、行为特征等方面的差异。[①]

生理性别（Sex）是一个人的自然属性，即生物学意义上的人，可以在婴儿出生后从解剖学的角度证实是男性还是女性。人的生理性别一生都不会发生变化，除非有外力的影响，生理上的差异是由性染色体决定的。一般而言，人体有23对染色体，其中性染色体决定了人的生理性别。这种生理性别表现为男性高于一般女性，体重要重；男性有喉结；女性乳腺发达；当然最主要的区别是男女两性完全不同的性器官。男性有睾丸、附睾、输精管；女性有卵巢、输卵管。在前信息社会，力量是权力争夺与社会生产中的决定性因素。女性与男性相比，女性在生理方面弱于男性，男性更有力量，因此他获得了社会权力。但是随着社会进步，智力、知识成为社会权力中的决定因素，社会性别渐渐取代了生理性别。

人类学家米德在其著作《性别与性情》中第一次提出了社会性别，即两性的差异不是生理性的，而是社会性的。波伏娃在其《第二性》中写道："人不是生为女人，而是变成女人。"有的人在生物上属于一种性别，而其心理及行为表现却属于另外一种性别，前者就是生理性别，后者则为社会性别。社会性别（Gender），是一个全新的概念。它区别于生理性别（Sex），又和自然性别有着千丝万缕的联系。

社会性别（Gender）原指语言学上的名词属性，1970年被女性主义者援引，用以区分生理性别和社会性别，人类的性别角色行为是由后天社会所界定的，且经文化的模式创造而产生的。《牛津社会学词典》中给社会性别下的定义是："社会性别关注男女之间由于社会结构性原因所形成的差别。社会性别不仅指个体层次上的认同和个性，而且指结构层次上的文化预期和模式化预期下的男子气和女子气。"美国历史学家琼·斯科特说："社会性别是基于可见的性别差异之上的社会关系的构成要素，是表示权力关系的一种基本方式。"Rhoda Unger指出："男性或女性被视为是社会所构建的产物，他们藉由自我表现的性征类型来确定自我性别，并且在不同社会角色或位置中，表现出男性或女性的特质。然后，持续表现出这些行为

_____

① 王周生：《关于性别的追问》，上海学林出版社2004年版，第9页。

或特质，好让自己能满足内在的自我一致性需求，以及符合社会的期待。"人们产生性别观念系统，即关于男性和女性，以及男性化与女性化品质的一组观念与意识，这些观念系统通过我们对他人的观察、了解与评价的过程中，逐渐形成。在这样的观念系统中，包括两个层面的内容：一是文化关于男人对女人的基本刻板印象，二是赋予男性与女性的角色。性别角色是社会性别方法的基本要素，"当某一个体被划分为一定的性别角色，便规定了他社会化的方向。在一个特定的社会中，性别角色有其相应的一套行为规范，它是该社会对特定个体的角色期望。个体在其性别角色社会化的过程中，习得相应的性别角色行为规范，将其内化，表现出性别角色规范行为，亦按照适合自己性别的行为方式来认识、思考和行动。不仅如此，该个体还用这一套行为规范来期望和评价别人"。[①] 在人类社会中，社会文化对男性和女性都有认识、评价，一般来说女性被认为是胆小、柔弱、温柔、依赖、情绪化的，男性则与之相反被认为是勇敢、坚强、果敢、独立、理性化。女性的活动与家庭私人领域相关性，男性的活动与社会公共领域联系在一起。人在社会化的过程中，不断学习并最终形成社会性别角色和分工。

社会性别的概念从 20 世纪 70 年代开始被运用于国际妇女运动中；到 80 年代扩大到联合国、一些国家和地区，成为一种分析范畴；90 年代以来，社会性别平等成为衡量两性平等的一种新的指标。《社会性别分析框架指南》中提出："生理性别是指男女生理上的差异。生理性别差异牵涉到男人和女人的身体差别，男人产生精子，而女人生育和哺乳孩子。在人类各种族间，生理性别的差异是相同的。生理性别是人类生理上的事实，而社会性别不是。作为男性或女性的经历会因为文化的不同而相差很大。社会性别概念被社会学家用来描述在一个特定社会中，由社会形成的男性或女性的群体特征、角色、活动及责任。因为社会的组织方式，我们的社会性别身份决定了社会如何看待作为男人和女人的我们，以及期待我们如何去思考和行动。"[②]《联合国计划开发署社会性别与发展培训手册》中的

---

① 曾海田：《论性别角色观念和男女平等》，《西华大学学报》（哲学社会科学版）2005 年第 1 期。

② ［英］坎迪达·马奇、伊内斯·史密斯、迈阿特伊·穆霍帕德亚：《社会性别分析框架指南》，社会性别意识资源小组译，社会科学文献出版社 2004 年版，第 18—19 页。

社会性别的定义为"泛指社会对两性及两性关系为期待、要求和评价"。社会性别常常在社会制度（如：文化、资源分配、经济体制等）中以及个人社会化的过程中得到传递、巩固。

我国至今尚未形成比较权威的社会性别概念，不同的学者在各自的研究领域内，根据自己的认识和理解对社会性别给予的阐述大同小异。学界比较认同的社会性别概念主要有："社会性别一词用来指由社会文化形成的对男女差异的理解，以及社会文化中形成的属于女性或男性的群体特征和行为方式，""社会性别指在社会文化中形成的属于女性或男性的气质和性别角色，及与此相关的男女在经济、社会文化中的作用和机会的差异"。社会性别不仅仅是一种概念，还是一系列的学术理念、一种看问题的视角、一种研究问题的方法。[1] 研究问题的视角不同，可能得出的结论也大相径庭。一般而言，社会学、心理学、文化、经济都可以是研究问题的视角。社会性别作为一种视角起步时间较晚，"作为一种分析方法，社会性别视角不是知识或不是主要知识，而是思考问题、认识问题的方法"。[2]

三　性别刻板印象及其转化

社会性别在学校教育、家庭环境、社会传播媒体等后天因素的影响下，产生夸大两性差异基础上的性别刻板印象，产生性别偏见，而性别偏见通过意识、观念上升为具体行动，构成了性别歧视。"Susan Fiske 详述了刻板印象在社会生活中的功能，她指出刻板印象具有管理的功能，那些享有权力的人通过刻板印象对权力较少的人进行控制。刻板印象还具有描述的功能，可以给某一群体的人赋予总体的看法。"[3] 社会学家塔尔科特·帕森斯及其追随者认为，妇女就是要从属于男人，这是自然的安排，他们用严格刻板的社会性别角色限制妇女，把妇女限制在消极的状态，而使男人保持积极状态，并将这一切说成是生物性的、天生的。[4] 性

---

① 魏敏：《社会性别视角下的劳动法律制度》，江苏大学出版社 2010 年版，第 6 页。
② 李海生：《论教育管理研究中的社会性别视角缺失》，《教育发展研究》2005 年第 10 期。
③ 万明钢、沈晖：《文化视野中的性别角色与性别行为研究》，《妇女研究论丛》2000 年第 5 期。
④ 王政、杜琴芳：《社会性别研究选择》，生活·读书·新知三联书店 1998 年版，导论部分。

别偏见限定了男女不同的活动领域，规定了男女不同的权利范围，女性局限于固有的活动空间，女性在社会中较易被归类为养育与照顾的角色，与男性相比丧失了很多机会，最终使自己的地位进一步弱化，加深了两性之间的不平等现状。

随着工业革命的发展，Barry、Bacon 和 Child 认为，经济结构形态越来越不依赖体力的社会，其男女角色划分的情形越不显著。下列的因素使得女性对男性的从属角色发生了一定的改变：第一，由于自动化、脑力工作及服务业的快速成长，现在很少有女性不能胜任的工作；第二，受高等教育及专业训练的女性越来越多，一方面增加了女性的就业能力，另一方面强化了女性的就业欲望；第三，家务工作的简化、电气化、市场化及就业、就学成员全白天在外的生活形态，使得家中无须有一个全天候的家务工作者，妇女出外工作的牵绊大为减少；第四，人口生育政策的推行，子女数量的减少，再加上妇女寿命延长，无所事事的精神空虚也加强了妇女就业的意愿；第五，小家庭结构的发展不容夫妻角色过于分化，否则难以应付家庭意外事件；第六，现代生活水准提高，需要夫妻双方收入满足生活需要。①

第二节 社会性别理论的主要内容

社会性别理论是西方女权运动的产物，其内容随着西方女性主义理论和女权运动的发展而不断变化和完善。西方女权运动中先后产生了自由女权主义、激进女权主义、马克思女权主义和社会主义女权主义等重要流派，不同流派对社会性别理论的阐述也有所区别。

自由女权主义认为，女性是具有理性思维能力的人，因而享有赋予男性的同样的自然权利。自由女权主义主张受压迫的性别角色，如妻子、母亲等，是限制女性在学术、公众领域活动的理由，自由女权主义注重公共领域的权利问题，并一直致力于妇女的受教育权、就业权、参政权等与男

---

① 李孝悌：《从生理差异与性别角色论性别平等审查》，辅仁大学法律学系研究所硕士论文，2003 年，第 34 页。

女完全平等的权利。自由女权主义对男女生理上的不同予以忽略，强调男女一样，实际上是以男人为标准规定女性的地位，无法从根本上对男女不平等的原因进行有效解释。

激进女权主义认为，女性依附于男性的地位，在家庭生活中的分工角色，都是由女性的生理特点决定的。男女不平等的根源是"父权制"，男人对女人的"父权制"是人类社会的一种基本权力关系，这一权力关系存在于经济、政治公共领域和一切两性关系之间。因此，要实现解放妇女的目标，就必须改变性别制度。可以采取生物技术等手段，使女性从家庭中解脱出来，同时消灭父权制，改变男性对女性家长式的统治和压迫。激进女权主义将男性视为女性的敌人，认为不生育后代是提高女性地位的方法，这些观点过于激烈，繁衍后代是女性生理结构决定的。

马克思主义女权主义认为，阶级压迫造成了女性和男性之间不平等，私有制的经济结构则是女性受压迫的根源，只有消灭了私有制、剥削，女性才能真正获得解放。女性重新回到"公共事业中"、发展"现代的大工业"以及家务劳动社会化是女性获得解放的前提条件。

社会主义女权主义认为，"资本主义最重要和基本的特征就是妇女的边缘化，这个现象随之而来的结果是：妇女沦为次要劳动"。[①] 社会主义女权主义与马克思女权主义都认可阶级压迫与性别压迫密不可分，但是社会主义女权主义认为男女平等的问题不仅是由经济基础决定的，而且还受到社会基本结构的影响。马克思主义"对于为什么特定的人群派往特定场所并未提供任何线索，也没有解释为什么家庭内外都是女人屈从于男人，而为什么不是男人屈从于女人。马克思的概念范畴，就像资本本身，都是没有社会性别视角的"[②]，消除性别歧视还必须改变整个社会结构。

社会性别理论伴随着女权主义的发展而逐渐形成。从女性研究深入到社会性别研究，从追求女性的权利到寻求男女之间的平等均衡，对存在的社会性别不平等问题的解决具有重要意义，对社会性别不平等的问题，社会性别理论能够提供一种新的视角，重新认识问题、分析问题。

---

① 参见李敖《性别平等的法律保障》，中国社会科学出版社 2009 年版，第 80 页。
② ［美］罗斯玛丽·帕特·南童：《女性主义思潮导论》，艾晓明等译，华中师范大学出版社 2002 年版，第 171 页。

第三节　社会性别主流化

一　社会性别主流化的含义

社会性别理论在社会实践中进行具体应用，形成了社会性别主流化趋势。社会性别主流化（gender mainstreaming），即社会性别平等主流化。2008 年的 "第三届中国与北欧妇女/社会性别学术研讨会" 上，丹麦学者认为，目前，社会性别主流化在欧洲是一个正在被接受但又充满争议的概念，很多不同的观点和定义同时存在，国际劳工组织、欧盟、联合国发展项目组织、亚太经济合作组织都对社会性别主流化作出了自己的定义。

社会性别主流化这一概念最早出现在 1985 年联合国第三次世界妇女大会通过的《到 2000 年提高妇女地位内罗毕前瞻性战略》中。1995 年中国北京召开的联合国第四次世界妇女大会通过的《联合国第四次世界妇女大会行动纲领》和《联合国第四次世界妇女大会北京宣言》就社会性别主流化进行了规定，其中《联合国第四次世界妇女大会行动纲领》第一百六十四条认为，"在处理妇女的经济潜力和经济独立问题时，各国政府和其他行动者应推行一项积极鲜明的政策，将性别观点纳入所有政策和方案的主流，以便在作出决定之前，分析对妇女和对男子的影响"。

1997 年，联合国经济及社会理事会将社会性别主流化予以明确化，"将性别问题纳入主流是一个过程，它对任何领域各个层面上的任何一个计划行动，包括立法、政策或者项目计划对男性和女性产生的影响进行分析。它是一个战略，将女性与男性的关注、经历作为在政治、经济和社会各领域中设计、执行、跟踪、评估政策和项目计划不可分割的一部分来考虑，使男性和女性平等受益，不平等不再延续下去。它的最终目的是达到社会性别平等"。2005 年，联合国妇女地位委员会第四十九届会议对上述《行动纲领》、《北京宣言》以及第二十三届特别会议成果文件的执行情况进行了审查、评估，重申了社会性别主流化。联合国妇女发展基金（UNIFEM）认为社会性别主流化包括两个方面：一是 "妇女主流化"（mainstreaming women），就是把妇女纳入主流的制度，使两性在各政策范畴的参与得以平等，让妇女所关心的议题、需要及意见在主流制度中得到关注。"妇女主流化"着重女性的参与及设立有效的机制以确保妇女有参与的空间和权利。二是"社会性别观点主流化"（mainstreaming gender），就是通过评估所有政策及发展项目对两性不同的影响，来了解男女在决策及社会资源运用方面的差别，把社会性别观点纳入制定（包括设计、发展、推行、监察和评估）政策的过程。

社会性别主流化是促进社会性别平等的一种途径，通过对性别歧视的直接和间接影响的消除，达到改变不平等的社会和体制结构的目的，最终实现社会性别平等和社会性别公正。社会性别主流化改变了妇女参与发展模式，采取了社会性别与发展模式。这一模式对某一性别的特别倾斜措施和专门行动，不仅适用于女性也适用于男性；同时将社会性别问题纳入所有政策、项目和行动的主流中，其目标是将社会性别平等纳入国家所有立法和政策的主流，改善两性平等发展的社会因素。

二　社会性别主流化的意义

社会性别主流化对我国法律、政策等决策增加了新的评判标准。正如有的学者所言，当社会性别主流化成为世界各国政府组织改造的一项重要原则，将所有政策纳入社会性别观点已蔚然成为一股促进社会性别平等战略的国际潮流时，身处全球一体化发展环境之中的中国也深切感受到社会性别主流化的巨大影响，没有社会性别视角，很难落实男女平等，很难进行国际合作。[①] 在法律、政策等公共决策制定之初，就其有可能对男女两性产生的不同后果以及相关的影响进行社会性别分析。社会性别主流化主要取决于决策者的社会性别意识状态，提升决策者以及执行者的社会性别觉醒意识，同时把社会性别观点带入主流具有重要意义。社会性别主流化尊重每一个个体，保护人之所以为人的权利，在公共决策中增加性别视角可以提高决策的科学性、合理性。

社会性别主流化促进男女平等宪法原则的实现。社会性别主流化将社会性别的视角渗透到各个领域和各个层次，在承认和尊重性别差异的

---

① 师凤莲：《社会性别视角下当代女性政治参与问题研究》，山东大学博士论文，2010 年，第 24 页。

前提下，破除传统性别角色定型后的平等标准，使男女两性获得真正实质意义上的平等。我国宪法对男女平等原则作了规定，关注实际生活中的男女平等的实现状况，有助于将这一基本原则提升为社会性别主流化的目标——性别平等。

社会性别平等有助于社会和谐发展。社会性别平等是男女平等的更深入发展，在国家立法和政策中落实男女性别平等的观念，有利于改变对立，促进和谐。特别是在长期优先发展经济的前提下，性别平等问题不被重视，性别不平等的问题仍然存在，落实社会性别主流化有利于解决这一问题。

社会性别主流化的过程，不是一个抽象理论，而是一个具体化、甚至经验化的操作过程。实现性别主流化的方式包括：（1）明确而坚定的政治承诺；（2）机构设置和人员配置；（3）社会性别培训和能力建设；（4）社会性别分析；（5）社会性别计划；（6）社会性别平等政策、法律、计划、项目的执行；（7）社会性别评估。①

我国社会性别主流化方兴未艾，将被广泛应用于各个学科领域中。法律作为社会决策的主要形式，理应成为社会性别主流化的主要领域。1995年世界妇女代表大会上确立了政府机构负责实施社会性别主流化的工作，国家建立和完善推动性别平等的法律保障制度。同时逐渐改变权力结构体系，"主流化不是简单的让原来处于主流的人具有性别意识，而是要改变主流的结构，让妇女、妇女组织、弱势群体、有关项目进入主流"，"性别主流化的提出针对的不仅仅是两性关系，实际上针对的是强势和弱势群体的关系，主流和边缘的关系。改变这些关系意味着改变权力结构的根本"。②

第四节　社会性别平等视角下的法律

同一问题从不同的视角进行观察，就会有不同的看法。"作为一种分

---

① "在 3 + 1 机制中提高社会性别主流化能力"全国妇联课题组：《怎样实现社会性别主流化》，《中国妇运》2005 年第 9 期。

② 沈奕斐：《被建构的女性——当代社会性别理论》，上海人民出版社 2005 年版，第 325 页。

析方法，社会性别视角不是知识或主要不是知识，而是思考问题、认识问题的方法。"① 许多研究显示，作为认识论与分析方法的社会性别视角，有助于获得对人类和自身的新认识。②

　　社会性别视角是分析问题、认识问题的一个角度，它从男女社会性别的关系结构中看待问题，从社会性别的角度分析是什么强化了生理差别，使这种差别在社会的各个方面无处不在。社会性别视角追求的是男女之间的平等以及男女之间的自由，注意并致力于不同性别的不平等处境改变。"一方面可以看到男女两性之间不平等的权利关系；另一方面可以看到男女两性受到的不同限制和制约。不仅有助于女性而且也有助于男性反思传统性别规范对自身的束缚，从而，形成颠覆传统性别文化的合力。"③

一　女权主义法学中的社会性别视角

　　社会性别是国际女权主义尤其是女权主义法学运动的产物。美国一些大学法学院女性师生最早在法学领域引入社会性别分析方法，产生与女权主义流派相对应的法学流派。自由女性主义法学以亚里士多德的哲学思想即区别对待为基础，亚里士多德在《政治论》中，赋予哲学和公共生活在人类活动中的优越地位。这种等级制抬高了政府和哲学，而这历来是男性所具有的两个领域；同时贬低了家庭和家族这些属于女性的活动领域。自由女性主义法学认为女性与男性都具有理性，法律使女性处于不利地位，原因在于它是男性思维和经验的产物，因此，对法律领域中的男权假设进行批判，消除性别歧视。自由主义女性主义法学揭开了法律偏向男性的面纱，并解释了女性因其行为、反应及思维方式与男性不同，便受到惩罚。从方法论角度考虑，女性主义法学认为法律是实现平等的切实可行的方式。根据这一理论，如果法律体系对两性所采取的不同准则是由性别间的本质差异造成的，则这种准则具有合理性和可行性。自由女性主义法学关注性别差异将其适用范围限制在女性非常明显的处于附属地位的领域，

① 李海生：《论教育管理研究中的社会性别视角缺失》，《教育发展研究》2005 年第 10 期。
② 李慧英：《我国社会性别研究的发展及其意义》，《妇女研究论丛》1999 年第 1 期。
③ 同上。

如生育权、产假以及强奸等主要与男女生理差异相关的议题，并没有将女性从传统性别角色下固有的社会责任中解放出来。①

自由女性主义法学的僵化发展导致激进女性主义法学的出现，激进女性主义法学也被称为中式权力体系中男女的不平衡的"非隶属"理论。"男性主导是史上在社会的整个决策体制中渗入和执行得最透彻的原则……可以说，这种主导在实施的广泛程度上已经近乎完美。男性主导已经成了所有原则制定的纲领，其特别之处就是其普遍性，它的威力无处不在：它成为极具认同性的操作规则，它具有参与者信守的权威，它化身为程序规范的最高统领，它是合法性的决断标准。"

激进女性主义法学以"个人的即政治的"信条，认为必须建立彻底的以妇女为中心的模式，才能根本改变目前不平等的社会性别结构。

以社会性别视角研究配偶权的合理性。"个人的即政治的"，意味着每个妇女都有自己独特的受支配、受压迫的经历，即在受支配的历史中每个妇女都是主体，其个人感受均值得重视。

马克思主义女性主义法学认为即使女性在立法上获得与男性平等的权利，阶级社会中的富人及上层人也永远比社会上的大多数人拥有更多的资源和权力，因此消灭资本主义、私有制是终止对女性压迫的必然选择。

除了上述女性主义法学外，还有社会主义女性主义法学、差异女性主义法学等派别，女性主义法学流派异彩纷呈。"……女性主义过去是，也一直是最伟大的、最具决定性的现代社会变革。与政治革命不同，社会变革不是爆发出来的，它是逐渐发生的。社会革命也总是文化革命……女性文化虽然迄今仍被边缘化、不被人们所承认，但是，它正在用自己的声音阐述……自己的意见，主张自己是人类传统文化的一半。女性主义运动并非只是新奇的西方文化现象，它在迄今的一切文化中是一个分水岭。②"女性主义法学是女性主义与批判法学相结合的产物，其通过变革法律的方式，建立对女性权益保护的社会保护机制。法学家赫瑟·威斯克认为女性

---

① 廖艳嫔：《国际贸易法中的"性别"——女性主义的视角》，法律出版社 2010 年版，第 31 页。

② ［英］韦恩·莫里森：《法理学——从古希腊到后现代》，李桂林等译，武汉大学出版社 2003 年版，第 507 页。

主义法学探讨的问题包括：第一，关注法律原则、方法或法律领域所描述的女性的"生活状态"，女性从过去到现在的经验是什么？第二，法律领域对男性、女性或表面上性别中立的人的经验所作的假设、描述、确认或界定是什么？第三，因女性生活经验与法律的假设前提或强加结论之间差异而造成的不吻合、歪曲或否认是什么？第四，为这种不吻合所服务的父权利益是什么？第五，在法律或女性生活方面提出哪些改革？这些改革建议一旦被采纳将如何从实际生活或意识形态方面影响女性？第六，理想世界的女性生活状态，以及这种未来生活状态的法律关系是怎样的？如果有的话，是什么？第七，我们如何从这儿走到那儿？①

女性主义法学方法表现为三个方面：首先是意识的觉醒（conscious-ness‑raising）。其代表观点为美国学者麦金农"如同马克思主义的研究方法是辩证唯物主义一样，女性主义的研究方法是意识觉醒，即把女性社会经验的意义加以集体地和批判地重构，如同女性经历了一样……女性的意识不是个人的或主观的观念，而是一个集合的社会存在"②。意识觉醒的形式是将女性聚集在一起，女性讨论和分析她们的生活，男性不得参与其中，以更好地了解她们所受的压迫。"通过意识觉醒，女性得以立即感知这种非常特殊的现实——女性如其经历般地体会到了她的社会状况和自我观念；这是一种女性以各种不同方式却又或多或少地参与其中且从中被定位的社会现实……性别歧视应被视为一个整体并构成了无所不包的生活背景的一部分，甚至它需要大量的集体性努力以辨识其界限。意识觉醒就是这样的一种努力。由此观之，意识意味着远比一套观念更丰富的东西，它本身就构成了一种女性对社会现实的经验认知。"③ 意识的觉醒使得弱势群体有了表明自己立场的自由，人们能够体会到女性的心声，许多国家建立了一些非传统的社会机构保护不平等的社会性别中的女性。如强奸危机中心、遭虐待的妻子中心、各种妇女刊物、小型集体企业，这些反映出社会与法律对女性意识觉醒的重视。④

---

① 杜瑞芳：《关注弱势群体——女性主义法学的启示》，《妇女研究论丛》2002 年第 1 期。
② ［美］凯瑟琳·A. 麦金农：《迈向女性主义的国家理论》，曲光娣译，中国政法大学出版社 2007 年版，第 118 页。
③ 孙文恺：《法律的性别分析》，法律出版社 2009 年版，第 190 页。
④ 黄宇：《婚姻家庭法之女性主义分析》，群众出版社 2012 年版，第 137 页。

其次，询问妇女问题的方法（asking the woman question），"就法律而论，询问妇女问题意味着考察法律怎样失于将那些看似典型的女性而非男性的经验和价值考虑在内；意味着无论基于何种原因，现行的法律标准和概念又怎样对妇女不利。询问妇女问题的方法假定，法律的某些特征不仅在一般意义上并非中立的，而且在特定意义上还是'男性'的。询问妇女问题的目的即在于揭示法律这些特征及其运作方式，并提出改进这些法律的建议"。[①]　询问妇女问题，对法律的性别中立提出了质疑，法律是否有忽略女性经验和感受的情形，法律是否存在偏袒男性的嫌疑，要求决策者重视可能被忽视的利益和事项。

最后，女性主义的实际推论（feminist practical reasoning），这种推论方式不同于以往的推论方式，法律问题的解决不是以相互对立和矛盾的二分法为工具，而是通过对具体问题的实际考察和反映来实现的。传统的法律推理注重抽象、客观、理性，女性主义的实际推论方式则认为妇女对事件的来龙去脉更为敏感，她们反对普遍化原则和一般性论断，她们认为不能因为抽象的公正而忽略日常生活中的实际细节，个人式的事实发现方法由于单纯的规则应用。[②]　女性主义的实际推论也不是完全反对"男性"的理性，其理性就是在实际推论中寻找差异和联系的过程。

女性主义法学对法学的贡献是提供了社会性别视角，改变了人们仅从法律内部认识法律，其深刻认识到逻辑上无懈可击、日益完善的法律，其实存在一个隐蔽的事实即法律具有某种性倾向。女性主义法学在其发展过程中呈现出开放的、充满各种可能的状态，最终发展也是以性别歧视的消除、实现法律的公正为目标的。社会性别视角对法学研究的意义具体体现在五个方面：第一，社会性别改变了传统法学对社会关系模式的认识。第二，社会性别研究是从一个"有性人"的视角去考量法律。第三，社会性别研究是从"行动中的法"的角度去考察性别平等的实际生活内容。第四，社会性别研究弥补了传统法学关于妇女权利研究方法的不足。第五，社会性别研究修正了传统法学关于阶级分析方法的缺陷。[③]

---

① 孙文恺：《法律的性别分析》，法律出版社2009年版，第191页。
② 同上书，第192页。
③ 周安平：《性别与法律——性别平等的法律进路》，法律出版社2007年版，第24—30页。

二　我国法律中的社会性别视角分析

我国在《北京宣言》中明确了中华人民共和国将男女平等作为促进社会发展的基本国策，承诺将社会性别纳入政府决策的主流。《中国妇女发展纲要（2001—2010）》申明在国家立法中体现社会性别意识，规范影响妇女发展的社会行动。我国在制定公共政策包括法律时，要考虑该项政策对男女两性的影响，以实现公共政策协调公共利益的作用。

我国的宪法中明确规定了男女平等的基本原则，人们开始更多关注男女的人格尊严和价值的平等以及男女权利、机会和责任的平等。人们不仅关注法律文本即宪法上明确反映男女平等的各项权利，而且还关注法律运作状况即司法机关根据宪法原则对违反男女平等原则的立法进行审查，以及各项推动男女平等的立法措施与政治实践。正如黄列所言"社会性别在 20 世纪 80 年代成为联合国框架下的一个重要分析范畴。社会性别分析超越了仅仅关注妇女为一个孤立群体的做法，强调审视政策、法律和项目对男女产生的不同影响和作用"。[①] 对于法律的社会性别分析，已经涉及了《妇女权益保障法》、《刑法》、《劳动法》等诸多法律部门的具体规定，针对这些法律规定中存在的性别歧视，积极探索实现性别平等的路径。

婚姻法作为贯彻男女平等宪法原则的最基本的法律部门，是社会性别分析的重要对象。应用社会性别视角对婚姻家庭法学中的核心问题——配偶权进行研究，秉承社会性别公正的价值观，检讨现有的有关配偶权的理论研究，通过实证研究检视现有法律规定对男女的不同结果，提出合理可行的具有社会性别意识的配偶权制度。

---

① 黄列：《社会性别与国际人权》，《环球法律评论》2005 年第 1 期。

第二章　配偶权概述

第一节　配偶权概念

20 世纪 90 年代末，我国立法机关提出了对婚姻法修改的决定，针对破坏婚姻家庭关系领域越来越多的婚外恋行为，很多学者提出了夫妻之间的配偶权和侵害配偶权责任的观点。自此，配偶权是否存在，存在是否合情合法，有无规制的必要，如果规制、如何规制等一系列问题渐渐步入了学术研究者的视野。关于配偶的内涵、外延的争论不断，有必要对配偶权作一梳理。

一　我国学者关于配偶权的争议

2001 年婚姻法的修订案草案的制定，引发了我国学者关于配偶权的大讨论。在关于配偶权是否列入婚姻法的问题上，我国学者对配偶权的争议主要可以划分为两种：一种是有些社会学者否认的配偶权；另一种是大多数法学家主张的配偶权。这些社会学者认为法学家主张的配偶权，其核心是性权利，配偶权这种提法是"开历史的倒车"，认为国家干预夫妻关系是法律干涉道德调整领域的事务。社会学者眼中的婚姻关系不是权利义务关系，他们认为配偶权的提法在发达国家和发展中国家也未见。[①] 社会学家比较有代表性的观点有"'用法律创造社会秩序'是我们从历史上的

---

① 周孝正：《"配偶权"断想·载婚姻法修改论争》，光明日报出版社 1999 年版，第 289—292 页。

法家老祖宗那里继承下来的衣钵。在这样的观念指导下，自认为是现代法治构建者的人们，期望用法律来改造和建设一个精英们所认为的理想社会"。"一个突出的例子是修法（婚姻法）中拟创造'配偶权'的法律概念，以防止轻率离婚，减少由离婚而产生的社会问题，维护婚姻家庭的法律秩序。……用'配偶权'维持没有感情的婚姻，是否具有道德合理性？"认为配偶权的核心是贞操权。

　　法学家提出了配偶权的概念，并主张配偶权制度成立。部分学者还研究了配偶权中的核心权利如忠实权利义务、贞操权利义务。他们认为配偶权的提法可以惩戒夫妻关系中的第三者，维护家庭的稳定。这次大讨论后，虽然我国的婚姻法最终没有确立配偶权，但是法学家对配偶权的研究并没有停止，而是继续深入。现在形成了对配偶权的基本认同，即配偶权的概念是由英美法系国家学者率先提出并使其日臻完善的，"配偶权利是直接标志和象征婚姻关系实际价值的唯一法律范畴。虽然法律上关于婚姻的其他问题，如纳税、继承范围等都可以表明法律对婚姻的注重，但由于这些问题都不能直接反映婚姻关系的实质，因而并不能反映婚姻的心理内容"。[①] 台湾学者也认为"婚姻关系"具有权利性质，婚姻是以夫妻永久共同生活为目的的，配偶之间应该互相协力，保护其共同生活的圆满、安全及幸福。

　　社会学家和法学家关于配偶权之争，焦点集中在配偶权的内涵和外延是什么？配偶关系主要的调整方法即法律的方法和道德的方法是否相互冲突？解决这些问题首先需要明确配偶权的概念。概念乃是解决法律问题所必需的和必不可少的工具，没有限定严格的专门概念，我们便不能清楚地和理性地思考法律问题。[②] 我国学者虽然有配偶权具体权利的详细论述，但对概括性配偶权研究较少，配偶权作为一具体权利的上位概念，应当符合概念是内涵和外延有机结合的原理，因此对配偶权概念的研究要从其内涵和外延两个方面，进行必要、全面的分析研究。

---

　　① ［美］威廉·杰·欧·唐奈、大卫·艾·琼斯：《美国婚姻与婚姻法》，重庆出版社1986年版，第74页。

　　② ［美］E. 博登海默：《法理学：法律哲学与法律方法》，邓正来译，中国政法大学出版社1999年版，第486页。

二　配偶权的内涵①

《元照英美法词典》有"conjugal rights"即婚姻权利、配偶权利，是指夫妻间相互享有的权利，尤指相伴、同居和性交的权利，但任何一方不得强制实现这些权利。② 英美法系国家认为的配偶权是指配偶之间要求对方陪伴、钟爱和帮助的权利。③ 美国早期普通法在侵害配偶人身造成伤害的责任承担中，提出了配偶权权益，普通法认为对妻子的人身伤害同样也给丈夫带来法律上的伤害。基于"夫妻一体"主义，普通法认为只有丈夫可以对涉及妻子的损害提出诉讼。丈夫本人除了可以获得第三者对妻子的损害赔偿外，还可以就配偶权权益所遭受的侵害获得赔偿。"历史上，法律就已经通过配偶权利这一概念确认和保护婚姻关系的独有利益。配偶权利这个普通法的概念虽为某些人所不取，但它对于表述婚姻结合的法律意义和象征意义有着极大的重要性，因为它能够将构成婚姻实体的各种心理要素概念化，诸如家庭责任、夫妻交往、彼此爱慕、夫妻性生活等因素被概括于其内并为法律所承认。如果侵害这种权利依制定法或判例法被认为是违法行为，侵害者就将因这种侵害负经济赔偿之责。"④ 美国《已婚妇女财产法》规定了妻子可以对自身所受的损害提出诉讼。有些地区甚至为婚姻外的同性伴侣提供"配偶权"救济。⑤ 美国司法判例认为夫妻之间构成家庭共同体，因而配偶权不仅在夫妻之间产生权利义务关系，而且在夫妻与第三者之间产生赔偿婚姻利益的法律关系。大陆法系国家的立法中没有配偶权，仅是在婚姻的一般效力中有配偶权的具体内容，概括性的配偶权概念是模糊的。国外有些学者对配偶权概念进行学理上的阐述，其

---

　　① 配偶是指处于合法状态的丈夫和妻子，在婚姻关系存续期间，丈夫以妻子为配偶，妻子以丈夫为配偶。参见《法学词典》编委会《法学词典》，上海辞书出版社1980年版，第556页。配偶的范围大于我们平常所说的夫妻的范围，参考其他国家的立法例还包括民事伴侣和同性婚姻中的当事人。

　　② 薛波：《元照英美法词典》，法律出版社2003年版，第285页。

　　③ 戴维·M.沃克：《牛津法律大辞典》，光明日报出版社1998年版，第199页。

　　④ ［美］威廉·丁·欧德纳尔、大卫·A.琼斯：《美国婚姻与婚姻法》，顾培东、杨遂全译，重庆出版社1986年版，第73页。

　　⑤ ［美］哈里·D.格劳斯、大卫·D.梅耶：《美国家庭法精要》，中国政法大学出版社2010年版，第71页。

中有代表性的学说是康德关于配偶权的学理解说。该学说从婚姻的自然属性入手，认为夫妻之间建立了一种相互利用的关系，是对对方的身体的利用，主要是指彼此性器官的交出和接受，这种契约关系建立后个体的理性的人格重新又建立起来了，"配偶权的实现是符合法律和同居事实两个条件缺一不可"①。

我国学者关于配偶权内涵的观点也有不同的看法：杨立新教授认为，配偶权是夫妻之间互为配偶的基本身份权，表明夫妻之间互为配偶的身份利益由权利人专属支配，其他任何人均负有不得侵犯的义务。② 杨大文教授认为，配偶权仅是夫妻双方因结婚、基于婚姻效力和配偶身份而享有或承担特殊权利义务的统称。③ 更有学者从发生学视角对配偶权进行解读，认为："婚姻产生之后，自然形态的性资源就被改头换面为社会形态的'性权利'，而性权利无疑是配偶权最重要的组成部分。发生学意义上的配偶权是一种对性资源的排他占有权，因而配偶首先应理解为'丈夫对其他男性的权利'或'妻子对其他女性的权利'。"并认为："即便在现代社会，配偶也首先是丈夫对其他男性，妻子对其他女性的权利，其次，才是一种'夫对妻，妻对夫'的权利。"④ 以上学者从不同的角度对配偶权概念进行了描述，虽有差异，但都有一个共同点，即配偶权是夫妻基本身份权，是基于法律规定的夫妻身份地位而产生的基本权利，是权利人享有专属支配其身份利益的权利，对方及其他第三者均负有不得侵犯的义务。

我国台湾地区立法没有配偶权的概念，但是在司法实务中，法官以造法之方式，认定通奸行为因侵害配偶权而有侵权行为之民事责任，进而从众多案例中逐渐初构配偶权之轮廓，唯在法规未能直接规定身份权救济的情况下。实务对配偶权的塑型趋向保守与限制，使配偶权之内涵似乎仅限于夫妻之"互负诚实义务"，但后来民法增订第一百九十五条第三项，规定了不法侵害他人基于父母、子女或配偶关系而生之身份法益且情节重大时，亦应就被害人因此所受之非财产上损害，赔偿相当之金额。学说与实

---

① ［德］康德：《法的形而上学原理》，沈叔平译，商务印书馆1991年版，第100—103页。
② 杨立新：《人身权法论》，人民法院出版社2006年版，第755页。
③ 张晖：《婚姻法修改再掀高潮》，《民主与法制》2000年第17期。
④ 桑本谦：《配偶权：一种"夫对妻，妻对夫"的权利?》，《民商法学》2004年第4期。

务依据该条保护身份权的宗旨，逐渐承认配偶权间因其亲密关系而具有"生活相互扶持利益"，强调夫妻关系所应享有的权利，主张扩充配偶权的内涵，对配偶权的型塑及发展，具有指导性意义。[①]

三　配偶权的外延

配偶权的内涵决定了配偶权的外延。配偶权有广义上、狭义上、最狭义上三种不同的内涵，导致配偶权对应的外延也有很多种分类，最多的有十五种权利，包括同居权、贞操请求权、感情联络权、生活互助权、离婚权、扶养权、财产管理权、日常家事代理权、监护权、收养子女权、住所商定权、行为能力欠缺宣告权、失踪宣告权、死亡宣告权、继承权。[②] 杨大文教授认为我国现行婚姻法规定的配偶身份权有夫妻姓名权、夫妻人身自由权、婚姻住所决定权、计划生育权、遗产继承权，还应当规定同居的权利和义务、忠实义务、日常家事代理权和配偶生育权。杨立新教授认为配偶权包括八项内容：夫妻姓氏权、住所决定权、同居义务、忠实义务、职业学习和社会活动自由权、日常家事代理权、相互扶养扶助权、生育权与计划生育的义务。[③] 第二类配偶权的范围限制在配偶关系存续期间的夫妻人身关系，严格意义上的配偶身份权是剔除了配偶人格权和财产性权利。[④] 即仅包括同居权利义务、忠实权利义务、家事代理权、婚姻住所权。第三类配偶权的范围最小，仅指夫妻之间的同居权利义务。

第一类配偶权的范围过于广，不仅包括夫妻人身权还包括夫妻财产权。很多国家的法律中没有配偶权的具体概念，但是在婚姻的效力这部分内容中实质上隐含了广义上配偶权的外延，即立法都是将婚姻的效力分为婚姻的普通效力和夫妻财产制两部分进行规制的。夫妻关系缔结后，产生两种关系即人身关系和财产关系，两种法律关系的地位不完全相同，人身关系具有基础性的、决定性的作用，财产关系是由人身关系决定的。配偶权是一种基于身份利益产生的权利，其表现为一系列具有人身性质的权利

---

① 参见吕丽慧《从身分法角度论侵害配偶权之民事责任》，《月旦民商法杂志》2013年第41期。

② 张俊浩主编：《民法学原理》，中国政法大学出版社1991年版，第161页。

③ 杨大文主编：《婚姻家庭法》，中国人民大学出版社2008年版，第139页。

④ 杨立新：《亲属法专论》，高等教育出版社2005年版，第228页。

束，如忠实权利义务关系、同居权利义务关系、住所决定权以及姓名权等等。① 相比较而言，夫妻财产关系，不直接体现人身性质，从属于夫妻人身关系，反映夫妻经济结合的内容。

第三类配偶权的范围是从配偶权最狭义的角度理解的，第三种定义一定程度上契合了大陆法系婚姻学理说代表——康德的婚姻理论。康德认为婚姻是男女双方以其性的特征为一生的交互占有。他把婚姻关系分为对人类之物的支配和人格的支配。夫妻双方以对方为物而加以占有，并以对方为人格而加以使用。这种支配权产生的基础是夫妻双方自由意思表示的产物。婚姻中的男女一方拥有他方提供肉体的权利，并排除第三者独占、排他的权利。忠实权利义务和贞操权利义务就是夫妻相互拥有的排他的、独占的权利。但是第三类配偶权的范围又过于狭窄，婚姻关系存续期间，忠实权利义务是核心权利义务，但是男女双方的人身关系的内涵是多方面的，不限于忠实义务还包括同居权利义务、婚姻住宅选择权，等等，这些都属于配偶双方互相负有婚姻共同生活的义务，配偶双方互相为对方负责任。② 康德的婚姻理论将夫妻关系局限于忠实义务，可以理解为已婚者因与他人有自然的、自发的性关系而负责，进而侵害了个人基于自然合意性关系的隐私权。一方面，配偶权过于狭窄，局限于性权利，而且性权利被理解为一方的权利，另一方的义务。康德的理论已经不合时宜，夫妻之间的关系不是简单的物的占有关系，而是基于平等的相互的请求关系，即妻子单方面的贞操义务转化为夫妻双方的守贞义务。这也是社会学家诟病配偶权的重要原因，认为配偶权就是性权利，法律规定了配偶权，就是干涉了已婚者与他人自然而然发生的性关系，性关系不应是国家所关心的。李银河教授认为，婚外性行为是婚姻的附属物，不仅不会破坏婚姻反而会使不圆满的婚姻得以维持。惩罚婚外恋的法律是通奸罪，但已经被视为不文明、落后的法律被历史所抛弃了。另一方面，配偶权过于狭窄，也不符合

---

① 有学者对配偶权的外延学说进行了整理，总结出了配偶权的种类有近 20 种之多，相互监护权、离婚权、收养子女权、送养子女权、住所商（决）定权、行为能力欠缺宣告申请权、失踪宣告申请权、死亡宣告申请权、同居权、贞操权、选择职业学习生活自由权、家事代理权、相互合作权、生活保障权等。参见黄金桥《配偶权法律概念重构》，《中共四川省委党校学报》2005 年第 4 期。

② 《德国民法典》第 1353 条以立法的形式明确了配偶权的范围。

我国国情。在现阶段中国，一个社会还没有完全工业化还不那么富裕的情况下，许多女性放弃个人的努力方式，换得丈夫的成就和地位。因为更年轻女性的出现，妻子面临离婚的状况，如果不考虑这些实际状况，可能会得出婚外恋是婚姻附属物的结论。规定配偶权不意味着法律就规定了通奸罪，他们之间没有必然的关系。

相比较而言，第二种配偶权的范围是比较合理的，它充分反映了配偶权的特征。婚姻关系的缔结改变了当事人单身生活状态，开始向婚姻共同生活迈进。配偶人格权和配偶身份权发生了分离，夫妻姓氏权、人身自由权、生育权都属于配偶人格权的范围，由人格权法进行调整。反映配偶身份利益的同居权利义务、忠实权利义务、住所商定权成为了配偶权的内容。配偶在人身上的关系通过共同生活表现于外部。婚姻的共同生活产生的人的义务的总和。① 婚姻在当事人之间产生婚姻的权利义务，涉及国家法律应当在何种程度上规定配偶之间的人的关系（意思自治问题）；即使国家法律可以规定配偶关系，这种规定在何种程度上可以通过间接或直接的方式进行强制执行（高度人身领域的自由问题）。但是，也要看到配偶权是抽象性和概括性的权利，配偶权的核心权利是忠实权利义务、同居权利义务和婚姻住所决定权。配偶权与一国的习惯关系紧密，因此习惯也应是配偶权研究的对象。如夫妻一方离家出走，有告知对方的义务。

由上述分析，可以看出社会学家所言的配偶权与法学家的配偶权具有很大的差异。社会学家主张的配偶权主要指配偶间的忠实权利义务，法学家主张的配偶权是包括忠实权利义务在内的身份权，前者的范围小于后者。社会学家和法学家对配偶权是否由法律调整存在重大分歧，争议的焦点是忠实权利义务是否由法律调整。对现阶段忠实权利义务调整是有必要的，因为现阶段的家庭仍承担着抚育的功能，女性在家庭的社会分工中承担着主要的照顾责任，社会没有提供评价家务劳动的价值体系和替代女性抚育的其他有效抚育机制。忠实权利义务的规定，有助于女性权益的保障。放任性权利、性自由，会使承担抚育责任的这部分人利益受损，进而

---

① 　［德］迪特尔·施瓦布：《德国家庭法》，王葆莳译，法律出版社 2010 年版，第 103 页。

影响家庭功能的发挥。总而言之，配偶权从内涵和外延两个方面都有其独立性、客观性，有法律调整的必要性。

现阶段，法学家大多是从配偶权的外延作为出发点去研究配偶权的，将配偶权作为一系列权利的集合，尤其配偶权与忠实权利义务的集合探讨配偶权的。实务中的侵犯配偶权，也多是以违背夫妻间贞操义务的案例讨论侵权责任成立与否。比较有代表性的是台湾地区的王泽鉴在《民法学说与判例研究》中所分析的第三者侵害夫妻权案①。

四　配偶权与婚姻本质的关系

很多国家在其婚姻法中都涉及配偶权的具体内容，只不过存在或多或少的差异，这与婚姻具有地域性、民族性、传统性的特点有关。"亲属法多属其所固有，夫妻亲子之自然关系，莫不受其国家环境、风俗、人情之影响，各有其传统，故亲属间之法律关系，多随习俗而移转，其与国情不合之规定，鲜能发挥其效用"。它是各国所固有的，相对于财产法，各国婚姻法的差别大。② 不同国家的婚姻法有关于婚姻本质的不同学说，配偶权是由婚姻本质决定的，因此研究配偶权时，有必要考察不同国家对婚姻本质的认识。

（一）婚姻关系的本质

关于婚姻关系的本质的观点很多，主要可以分为以下几类：

1. 婚姻关系是契约关系

婚姻之所以成为契约，主要符合了契约的核心要素的特征即当事人意思表示一致的特点。康德认为"婚姻就是两个不同性别的人，为了终身相互占有对方的性官能而产生的结合体……它依据人性法则产生其必要性的一种契约"。③ 美国劳埃德·R. 科恩认为婚姻是一种协议，尽管这种协议订立后当事人的意志微乎其微，但是在缔结的过程中，充分体现了当事人的意思自治。同时婚姻也是有对价的，男女结婚时彼此交换性、生育能力、生计维持，等等。法国大革命时期法律视婚姻为契约。它是资产阶级

---

① 王泽鉴：《民法学说与判例研究》（1），北京大学出版社 2009 年版，第 181—190 页。

② 参见史尚宽《亲属法论》，中国政法大学出版社 2000 年版，第 5 页。

③ ［德］康德：《法的形而上学原理——权利的科学》，商务印书馆 1991 年版，第 89 页。

革命后的成果，许多国家纷纷在法律和司法实践中承认了这一成果。1791年法国革命宪法规定了法律上承认婚姻是一种民事契约。1804年法国民法典第一百四十六条规定"未经双方同意，不得成立婚姻"。婚姻的民事契约与法国大革命主张的天赋人权，自由神圣不可侵犯是紧密相连的。私法自治将个人从封建等级制度中解放出来，契约将婚姻从教会法支配中解放出来。1804年的法国民法典最终确立了未经合意不得成立婚姻的条款。美国也承认通过合同缔结的婚姻。1888年，联邦最高法院认为婚姻合同与其他民事合同的不同之处在于婚姻关系形成后，国家的法律产生会规范当事人行为的效力。"当签约双方进入婚姻状态时，与其说他们签订了一个合约，不如说他们建立了一种新的关系……这种关系应该通过签约而建立起来，但是一旦关系建立，双方的权利就其范围或期限来说就终止了。他们的权利由主上的意志决定，由法律见证。"① 婚姻的契约性主要体现在婚姻的缔结过程中，婚姻一旦成立，当事人的自由意志范围缩小，当事人之间的权利义务由法律规定。近年来的情况是让与更多的权利给当事人，方便他们就婚姻关系以及离婚后果进行协商。当双方当事人就此讨价还价设定明确条款时，法院也越来越愿意执行这些条款——甚至认为他们的合同不受婚姻法未来所修订的影响。② 婚姻中契约关系扩大到了为婚前、婚姻关系存续期间的协议。这种观点使得英美法系国家关于婚姻法配偶关系的论述多集中在婚后侵权部分，关于配偶权的具体内容很少涉及。

2. 婚姻是一种伦理实体

黑格尔认为婚姻是具有法的意义的伦理性的爱。爱是感觉，是具有自然形式的理论，爱制造矛盾并解决矛盾，是伦理性的统一体。③ 黑格尔认为，婚姻不是契约的产物，而是一种道德和理性的关系。他否定婚姻仅指性关系，否认婚姻是契约的观点，婚姻的神圣性被破坏，婚姻成为相互利益的形式。婚姻中男女构成共同体，互爱互信。"婚姻本质上是一夫一妻制，因为置身在这个关系中并委身于这个关系，乃是人格，是直接的排他

---

① 参见［美］舒尔兹《婚姻的签约制：国家政策的新模式》，《加利福尼亚法律评论》1982年第2期。

② ［美］哈里·D. 格劳斯、大卫·D. 梅耶：《美国家庭法精要》，中国政法大学出版社2010年版，第54页。

③ 参见黑格尔《法哲学原理》，范扬、张企泰译，商务印书馆1961年版，第175页。

的单一性。因此，只有从这种人格全心全意的相互委身中，才能产生婚姻关系的真理性和真挚性。"① 但同时他又认为男女的地位不平等，女性的地位低于男性。黑格尔认为妇女天性不配研究较高深的科学、哲学和从事某些艺术创作，妇女不是按普遍物的要求而是按偶然的偏好和意见行事，如果妇女领导政府，国家将先于危殆。黑格尔关于婚姻的论述，对马克思形成其关于婚姻家庭及其法律的早期认识，产生过一定的影响。

3. 婚姻是一种法律制度

黑格尔也认为婚姻不仅是伦理实体，还是一种制度，即具有法意义的伦理的爱，上升为一种制度。英国思想家罗素认为婚姻不同于其他的性关系，它是一种法律制度。他认为，"婚姻是比两个伴侣的欢乐更为重要的东西：婚姻是一种制度，这种制度通过生育这一事实，成为社会内部结构的一部分，它的价值远远超过夫妻之间的私人感情"。在这种法律制度下，夫妻有绝对平等的地位，彼此不干涉对方的自由，认定的价值标准趋同。夫妻在法律制度下，仍可以保持各自的自由，这是获得婚姻幸福的途径，"双方必须有绝对平等，对相互之间的自由不能有任何干涉；身体和肉体必须亲密无间；对于各种价值标准必须有某种相似之处。丈夫和妻子都明白，无论法律如何规定，他们在自己的私生活中必须是自由的"。② 爱德华·亚历山大·韦斯特马克认为，婚姻，通常被作为一种表示社会制度的术语，婚姻不仅仅规定了男女之间的性关系，而且，它还是一种从各方面影响到双方财产权的经济制度。③ 学者哈里·D. 格劳斯认为在婚姻缔结时，婚姻的契约性质突出；一旦婚姻缔结，婚姻就转化为一种法律制度，法律通过规定当事人的权利义务的方式介入当事人的生活中，这种介入一般要遵循有益于公众利益的原则。④

（二）婚姻本质与配偶权的关系

婚姻本质说中的法律制度说，比较客观地反映了婚姻的特点。

首先，调整夫妻关系不能完全由意思自治来实现。在婚姻缔结阶段，

---

① 参见黑格尔《法哲学原理》，范扬、张企泰译，商务印书馆 1961 年版，第 183—184 页。

② ［英］伯特兰·罗素：《婚姻革命》，靳建国译，东方出版社 1988 年版，第 96—97 页。

③ 参见［芬兰］E. A. 韦斯特马克《人类婚姻史》（第一卷），李彬、李毅夫、欧阳觉亚译，商务印书馆 2002 年版，第 33 页。

④ 参见 Harry D. Krause：Family Law，法律出版社 1999 年版，第 88 页。

法律保护当事人的意思自治，一旦婚姻成立，当事人之间产生相应的法律后果，具有法律效力。

　　法律重视婚姻的团体性的特点，尊重当事人的意愿，但由于婚姻具有社会伦理道德方面的重要影响，国家对婚姻不是袖手旁观，而是遵循一定的规则适当的干预和控制。家庭领域内人与人之间形成紧密的联系，这种联系是一种团体关系。团体关系的结合按性质分为目的的社会结合关系和本质的社会结合关系两种类型。目的的社会结合是作为的、便宜的、目的的结合，该结合关系的构成成员皆怀有特殊的目的，因偶然的动机而结合，因此仅是意欲的结合关系而已，如合伙成员的结合，公司股东的结合等。本质的社会结合是指自然的、必然的、本质的结合，是一种不得不结合的社会结合关系，如婚姻关系、父母子女关系都是自然发生的，无法推却的全面的结合。① 由于婚姻关系是本质的结合，影响到社会公共利益、社会秩序，恩格斯提出"婚姻不是两个人的私事"。② 如果将婚姻关系的性质认定为契约关系，那么婚姻就是私人之间的协议，国家的干预被排除，国家和私人之间的制度安排被打乱，但是基于婚姻的团体性特点，法律对夫妻关系必须进行适当调整。即使是婚姻被视为一种契约关系，也与一般的财产性契约不同，契约内容也已经由法律加以规定，不容当事人进行修正。以夫妻间的侵权行为为例，早期的夫妻间的侵权行为不受法律的规置，但是现在很多国家立法和司法实践改变了夫妻之间的侵权行为豁免的规定，认为夫妻间侵权行为不具有阻却违法性，国家对由当事人婚姻关系的适当干预越来越多的渗透到了夫妻关系领域。即使是认可婚姻法缔结的是一种契约关系的美国，也承认国家适度干预婚姻私人领域，美国公民适用的婚姻法因其居住的州法律规定的不同而有所不同。公民从所在州迁移到新的州郡时，婚姻产生的法律后果会有很大的改变。甚至有人认为美国的婚姻是当事人和州三方订立的合同契约关系。

　　其次，我国民众心理符合法律制度说。法律制度说模式中的配偶权契合我国婚姻家庭的历史发展传统。改革开放以来，中国出现了离婚率提

---

①　陈棋炎：《民法亲属》，台湾三民书局1975年版，第2页。

②　参见《马克思恩格斯全集》（第1卷），人民出版社1965年版，第182—185页。

高，核心家庭增多，未婚同居、生育、"包二奶"等现象，瓦解中国传统的伦理道德。但是，中国有家、国、天下一体的传统。"古人惯以忠、孝相提，君父并举，视国政为家政的扩大，纵没有将二者完全混同，至少认为家、国可以相通，其中并无严格的界限"，婚姻是合二姓之好，上以事父母，下以继后世。对中国人产生重要影响的儒家伦理思想，"我们的家既是个绵续性的事业社群，它的主轴在父子之间，在婆媳之间，是纵的，不是横的。夫妻成了配轴。配轴虽则和主轴一样并不是临时性的，但是这两轴却都被事业的需要而排斥了普通的感情。……在中国的家庭里有家法，在夫妇间得相敬，女子有着三从四德的标准，亲子间讲究负责和服从"；① 从去其糟粕的角度上看，很重视维持、保护亲亲之情的亲属关系，家庭和睦，老有所养，幼有所育是社会所期盼的。现在这种传承烙印在人们的内心深处，当夫妻感情出现问题，不是马上终止婚姻关系或夫妻私底下解决纠纷，而是寄希望以婚姻外中立第三者，通过第三者作出调解、和解。有些学者已经认识到家事纠纷不同于财产纠纷的解决，实践中妇女主任、治安主任、调解委员会、热心公益人士、德高望重人士都是家事纠纷的参与者。②

我国现行法律制度的设计上也体现了婚姻关系是法律制度的这一特点。婚姻法中涉及当事人自由意志的内容主要表现在婚姻的缔结、婚姻关系的解除以及婚姻关系存续期间财产的约定。婚姻关系的缔结形式上要求双方自愿，是否结婚、和谁结婚都由当事人自己决定。婚姻关系在双方自愿的前提下解除，法律没有设立任何禁止性的条款。即使是法定解除婚姻关系，法律也没有设立阻止性条款。即使结婚后的权利义务都是法定的，但是在结婚后的夫妻财产关系上，我国法律给当事人提供了协议约定的财产类型，这种约定是宽泛的、不受限制的约定，法律没有对约定财产的效力问题进行规定。但是，婚姻关系的缔结意味着夫妻的财产关系和人身关系从婚前到婚后发生了重大的变化。人身关系又决定财产关系，当事人能不能对婚姻关系存续期间的人身关系进行约定呢？我国现有法律将婚后的

---

① 费孝通：《乡土中国——生育制度》，北京大学出版社 2010 年版，第 41 页。
② 巫若枝：《30 年来我国家事纠纷解决机制的变迁及其启示》，《法商研究》2010 年第 2 期。

人身关系都予以了法定化，反映出立法者的态度，诚如洛克所言："每一个人都拥有对自己本身的所有权。这是除了他本人之外其他任何人都不可能拥有的权力。"① 我国如其他国家亲属法的规定，婚姻关系由国家法律加以规定，以排除当事人的约定，防止当事人利用契约形式，在夫妻间形成不平等的身份关系。

五　配偶权的价值取向——平等的价值取向

配偶权在夫妻间产生人身权利义务关系，这种关系是一种平等的关系。

（一）平等的含义

平等作为一种法律术语，一般被认为是"自然权利"的一种或者一种理想和正义的特征之一，平等的基础是人人皆同样具有自由意志。② 《中国人权百科全书》规定的平等是"人在人格尊严上要求得到同样对待和在权利享有上得到公平分配"③。平等的含义具有多样性和发展性。西方国家很早就有了平等的观念，公元前 6 世纪梭伦认为："制定法律，无贵无贱，一视同仁，直道而行，人人各得其所。"④ 萨托利认为："平等表达了相同性概念……两个或更多人或客体，只要在某些或所有方面处于同样的、相同的或相似的状态，那就可以说他们是平等的。"⑤ 亚里士多德认为平等是正义的标准，同等情况同等对待"数目上的平等是指在数量或大小方面与人相同或相等"；不同情况根据其不平等的比例区别对待"依据价值或才德的平等则是指在比例上的平等"，⑥ 就是正义；他还区分了矫正正义和交换正义。分配正义是对善的东西关注，如财富、资源、荣誉、权力、报酬，等等的恰当分配；矫正正义涉及正当的法律和状态被侵犯或破坏后的矫正和恢复，两种正义概念分别构成了有关社会正义与法律正义思考的思想源头。"人的平等感的心理根源之一乃是人希望得到尊重

①　参见洛克《政府论》（第 2 卷），叶启芳、瞿菊农译，商务印书馆 1964 年版，第 27 页。

②　[英] 戴维·M. 沃克：《牛津法律大词典》，光明日报出版社 1988 年版，第 303 页。

③　王家福、刘海年：《中国人权百科全书》，中国大百科全书出版社 1998 年版，第 434 页。

④　尹剑斌、赖中茂、江金峰：《论行政法上的平等原则》，《广西政法管理干部学院学报》2003 年第 5 期。

⑤　萨托利：《民主新论》，东方出版社 1993 年版，第 340 页。

⑥　参见苗力田《亚里士多德全集》（第 9 卷），中国人民大学出版社 1994 年版，第 1633 页。

的欲望。当那些认为自己同他人是平等的人在法律上得到了不平等的待遇时，他们就会产生一种挫折感，亦产生一种他们的人格和共同的人性遭到了侵损的感觉。"①

罗尔斯总结了平等的两个原则：第一个原则：每个人对与其他人所拥有的最广泛的平等基本自由体系相容的类似自由体系都应有一种平等的权利。第二个原则：社会和经济的不平等应这样安排，使它们：（1）在与正义的储存原则一致的情况下，适合于最少受惠者的最大利益；（2）依系于地位和职务向所有人开放②。这两个原则中的第一原则优先于第二原则。每个人的基本权利是受到法律保护的，权利享有者受到出身、天赋等因素的影响，有不平等的情形出现，法律根据具体情况对这些"最少受惠者"予以补偿，改变因先天因素导致的差异。米尔恩在《人的权利与人的多样性》中提到某种待遇在一种特定的场合是恰当的，那么在与这种待遇相关的特定方面是相等的所有情况，必须受到平等的对待；在与这种待遇相关的特定方面是不相等的所有情况，必须受到不平等的对待；待遇的相对不平等必须与情况的相对不同成比例。③ 从上述论著中，不难发现，平等的含义逐步深化，平等不仅是指同等情况同等对待，更是考虑个体差异，区别对待遵循合理比例。

女性主义者南茜·弗雷泽认为性别平等包括在性别正义之中，"这种多元性既包括与讨论中的平等相联系的一些概念，也包括与差异相联系的一些概念。……为了实现性别公平，几种不同的规范都必须同时得到尊重。不能满足其中的任何一个，都意味着没有实现完全意义的性别公平"。她认为实现以下七个原则，就会实现性别公正：反贫困原则、反剥削原则、收入平等原则、休闲时间平等原则、平等尊重原则、反边缘化原则、反大男子主义原则。④

---

① ［美］E. 博登海默：《法理学：法律哲学与法律方法》，邓正来译，中国政法大学出版社2004年版，第311页。

② 参见罗尔斯《正义论》，何怀宏译，中国社会科学出版社2009年版，第53页。

③ ［英］A. J. M. 米尔恩：《人的权利与人的多样性》，夏勇、张志铭译，中国大百科全书出版社1995年版，第59页。

④ ［美］南茜·弗雷泽：《正义的中断》，于海青译，世纪出版社集团、上海人民出版社2009年版，第46—51页。

很多国家将平等通过法律的形式予以确认。如美国《独立宣言》中就规定了"我们相信这是不言而喻的真理：人人生而平等，造物主赋予他们若干不可剥夺的权利，其中包括生命、自由和追求幸福的权利"。1789 年法国《人权与公民权利宣言》明确了"人们生来并且始终是自由的，在权利上是平等的"。现代社会，平等包括了形式平等和实质平等，出现对弱势群体利益的特殊保护。"当形式上的平等被理解为要求整体性和纯粹是逻辑上的一致性时，当它不仅要求忠于法规而且要求忠于这些法规通过合理论证的方法所假定的各种关于公正和正义的理论时，这些平等保护的实例表明形式上的平等何其重要。"形式上的平等主张所有人在法律和人格上一律平等，通常以法定权利的形式表现出来。实质上的平等并不否认形式平等。"从人们存在差异这一事实出发，我们可以认为，如果我们给予他们平等的待遇，其结果就一定是他们在实际地位上的不平等，而且，将他们置于平等地位的唯一方法也只能是给他们以差别待遇"，① "人民之间，既有差异存在，则欲建设真正的公道，法律的保护亦当有所差别"。② 实质平等正视具体情形和群体差异，对特定人群给予特别待遇，最终实现平等的目标。这种形式平等表现为条件平等，实质平等表现为结果平等，国家或法律如何通过机会平等，来实现结果平等显得更为重要。以形式平等和实质平等为基础的平等概念，认可了"合理差别"的存在，"合理差别"一般依据合理性、正义、禁止恣意、符合公共利益等进行判断。

（二）家庭领域内的平等

婚姻家庭法领域中的平等表现为男女平等的关系。苏珊·奥金认为罗尔斯很少或根本就没有注意到家庭领域中的正义。但是她认为罗尔斯的《正义论》中还是流露出了一定的女性主义倾向。如果将运用"无知之幕"后面的"原始状态"可选择出"公平的正义原则"这一原理，运用于家庭领域，就是男人和女人共同承担其照料孩子的责任。③ 夫妻间的平

① ［英］弗里德里克·A. 哈耶：《自由秩序原理》（上），邓正来译，生活·读书·新知三联书店 1997 年版，第 104 页。
② 王杰、钱端升：《比较宪法》，中国政法大学出版社 1997 年版，第 71 页。
③ 孙文恺：《法律的性别分析》，法律出版社 2009 年版，第 202 页。

等是夫妻虽有性别、年龄、辈分的区别，但是没有主从尊卑和高低贵贱之分；夫妻间要相互尊重、相互照顾、相互关心。1975 年联合国第一次世界妇女大会通过的《墨西哥宣言》中，规定了男女平等，"男女平等是指男女的人格尊严和价值平等以及男女权利、机会和责任的平等"。我国宪法第四十八条明确规定了，"中华人民共和国妇女在政治的、经济的、文化的、社会的和家庭的生活等各方面享有同男子平等的权利"。这一平等体现为机会均等和相同情况的无差别对待。在公平社会环境下，社会中的每一个成员，不论男性还是女性都可以平等地进行竞争。

　　家庭领域内的平等是一种承认差异的平等。男女毕竟还是存在客观的差异。首先表现为生理性别的差异，人体内存在的 X、Y 染色体的组合形式不同，决定了人的生理性别。两性的自然差别是人类实现自身繁衍的基础，是两性社会分工的条件。不过生理的差异对人的社会生活影响不是很大，"除了性和生育功能外，男女生物上的差别对他/她们与生俱来的生物性差异的影响大得多"。① 其次，表现为社会性别的差异，20 世纪六七十年代，"社会性别"这一术语被作为理解性别差异的分析范畴提出，女权主义者对性别差异的研究从表面的生理差异，深入到受社会体制和文化体验影响的社会差异。法国女性主义理论家西蒙娜·德·波伏娃在其著作《第二性》中提出虽未提出社会性别的概念，但社会性别的内涵贯穿于该书。拒绝平等与差异相对立的二元划分法，应该解构这两个概念。与差异相对立的概念不是平等的，而是相同或同一性，如果每个人都是相同的或同一的，那么就没有必要要求平等。平等的含义是在某种特殊的环境中为了某种特殊的目标而忽视个人之间的差异。它设想社会同意为了某个固定的目标而看待明显不同的人是等同的（不是相同的）。男女之间不是建立在差异基础之上的平等是不可想象的。平等对差异的模式实际上是它暗中接受把男女作为一个固定的有区别的范畴造成的。我们必须考察各种差异，男女之间、女性之间、种族之间、文化群体之间的各种差异，这样才能通过智慧建立起差异基础上的平等。② 要实现男女的实质平等，就是消除体制和文化对男女两性的不平等因素。性别平等是在现阶段，承认两性

---

① 孙文恺：《法律的性别分析》，法律出版社 2009 年版，第 3 页。
② 方进莲：《从女权主义到社会性别理论》，复旦大学硕士学位论文，2008 年。

不同特点的基础上，实现夫妻间的实质平等。两性之间最根本、最概括的利益关系就是男女是否平等。① 这种平等考虑社会经济、文化、风俗、文化体验对两性的不同影响，在社会文化大背景下审视男女之间最基本的法律关系即夫妻关系。

（三）社会性别平等是亲属关系伦理性的一项重要内容

婚姻关系的缔结，其后果是在男女之间产生了人身伦理性的关系，形成了男女两性精神生活、性生活和物质生活的共同体。诚如史尚宽先生所言："夫妻、亲子等相互之关系，伦理的色彩特别浓重，亲属法之规定，须以合于伦理的规范为适宜，而且有其必要。……亲属法伦理的色彩浓厚，故亲属上之权利常与义务密切结合，例如父母之义务，夫妻之义务，子女之义务。契约之自由，亦唯在伦理所许之范围以内。其与义务结合之权利，应依诚实信用原则行使之，否则为权利之滥用。"② 配偶关系具有很强的伦理性，调整配偶关系的法律制度是社会中某些伦理观念的反映和要求。社会性别的道德论证是其重要的支撑力量，而这种力量来自于它认真对待两性经验、关注社会持续对两性的作用、询问这些做法对两性有什么意义、使用权利语言、关注社会情境等因素。现代的夫妻间的伦理性关系改变了以往的男尊女卑的人伦关系，而是以夫妻间的平等关系为基础建立的，双方享有平等的权利，承担平等的义务。社会性别平等是对男女平等原则的更深入的发展，是动态的考察男女平等原则的运行情况。

第二节　配偶权的历史沿革

婚姻制度是人类最基本的社会构建，也是历史悠久的法律制度。作为婚姻制度的必然产物——配偶关系，同样也是一种古老的制度。不同时期、不同地域、不同民族，配偶关系展现出来的面貌各不相同。虽然各国立法中没有明确规定的配偶权，但是配偶关系却一直存在于各国的立法和司法实践中。从奴隶社会到现在都存在着法律规制的配偶关系。配偶权从

---

① 参见曹贤信《亲属法的伦理性及其限度研究》，群众出版社 2012 年版，第 99 页。

② 史尚宽：《亲属法论》，中国政法大学出版社 2000 年版，第 5 页。

属于夫权，因此，在对配偶权概念的讨论过程当中社会学家包括一些法学家会不知不觉带有批判的眼光。实际上，配偶权的发展一直都在进行之中，经历了"身份到契约"的转变，现在继续进行着"契约到身份"的转变。不同历史时期，身份和契约对人与人之间的关系的影响是不同的。在"身份到契约"阶段，占主导的是契约关系，它在早期资本主义上升阶段起过历史作用，这时的身份是人与人之间的人身依附关系，契约关系可以打破人身依附关系，实现人与人之间的平等。当代社会，婚姻契约说的反封建的作用已经完成，过分强调婚姻的契约性，不符合婚姻的宗旨、性质。因为婚姻契约性表现为婚姻的缔结阶段、协议离婚和协议解除收养关系，婚姻一旦成立婚姻的内容、配偶权的内容都是法定的。婚姻的解除中的判决解除就不是当事人双方意思表示一致，判决解除收养关系也是如此。现阶段适当淡化契约性，重视身份性，这里的身份的含义发生了重大的改变，指平等、双向的身份关系，关注具体的个别群体，实现实质平等。日本的中川善之助指出："身份"或将其主宰逐渐退让于"契约"，但是"身份"终不可能变为契约，社会上纵有极端发达的财产法，身份法仍可永远存续。①

一　奴隶、封建社会的配偶关系

奴隶社会的基础是身份关系，家庭生活由宗教命令、道德因素决定，男女双方根据当时的风俗和已婚者的经验结合。最初由习惯法规制夫妻关系，后来逐渐采用成文法的形式。以罗马法为例，作一简略介绍。家父权和夫权在罗马亲属法中占有重要地位。家父是法律认可的唯一独立的个体，家父拥有宗教上的一切权利，掌握家庭成员的生杀予夺的权利。"在'人法'中所提到的一切形式的'身份'都起源于古代属于'家族'所有的权力和特权"。② 妻子的权利受到一定的限制。在"有夫权婚姻"形式中，男女缔结婚姻后，产生男性市民对配偶支配的权利，丈夫惩罚妻子或休妻，妻子在家庭中的地位和女儿的相同，受到夫权和家父权的双重控制。妻子的人格削减等，由自权人变为他权人。丈夫对妻子造成他人侵害

---

① 参见陈棋炎等《民法亲属新论》，台湾三民书局1988年版，第8页。
② ［英］梅因：《古代法》，沈景一译，商务印书馆1984年版，第97页。

的，负有责任。丈夫也可不负责任，将妻子交由受害人处置。"无夫权婚姻"形式中，丈夫对妻子没有夫权，妻子仅受到家父权的制约，夫妻的法律地位相对平等，互负同居义务、贞操义务、互助义务。从中世纪起，罗马亲属法仍在欧洲广大地区适用。盎格鲁—撒克逊人的夫妻关系是丈夫拥有对妻子的监护权，父母或妇女的监护人把妇女的"mund"卖给丈夫，"mund"是指各种各样监护的总称。① 但是这种监护权仅是由父亲家族委托给了丈夫，夫妻仍属于各自的家族。婚姻"并不能在丈夫和妻子之间建立相互的血亲复仇、继承的权利和义务的关系，而且这些权利和义务恰恰是衡量是否为同一家族成员的主要特征"。②

中世纪英国的夫妻关系表现为"丈夫与妻子是同一个人，他们是两个灵魂一个肉体，而且这个人实际上是指丈夫，因为：婚姻期间妇女的存在是假定的，或者说至少是合并、融合到丈夫身上了"。③ "法律和社会实践赋予丈夫非常广泛的对妻子进行控制的权利，已经发展成熟的普通法对受到虐待的妻子却未提供任何民事救济措施"。④ 夫妻双方互负同居义务和忠实义务。但是存在通奸的情形，丈夫和妻子的救济不同，丈夫通奸并存在乱伦、重婚、残酷虐待的条件下，妻子才可以获得侵权救济；而妻子只要有通奸行为，丈夫就可以获得法律救济。同时，夫妻是一体，妻子的人格被丈夫所吸收，夫妻间没有具有法律拘束力的协议。丈夫对妻子的身体有一定的控制力，"适当的惩治，其力度相当于一人被允许对其仆人或孩子进行惩戒的力度，因为他作为主人或父亲在某些情况下同样必须为仆人或孩子的行为负责。但是这种惩戒妻子的权利被限制在合理的范围内，法律禁止丈夫对妻子实施的任何暴力行为"。⑤

我国封建社会夫妻关系表面上是平等的，《释名》"夫妻匹敌之义也"。但是夫妻间的关系遵循男尊女卑，夫权统治的规律。《白虎通·嫁

① 李喜蕊：《英国家庭法历史研究》，知识产权出版社 2009 年版，第 39 页。

② 李秀清：《日耳曼法研究》，商务印书馆 2005 年版，第 185 页。

③ J. H. Baker, An Introduction to English Legal History, London Butterworths, 1990, pp. 550—551.

④ ［英］约翰·哈德森：《英国普通法的形成》，刘四新译，商务印书馆 2006 年版，第 251 页。

⑤ ［英］威廉·布莱克斯通：《英国法释义》，游云庭等译，上海人民出版社 2006 年版，第 494 页。

娶》："夫妇者何谓也？夫者，扶也。扶以人道者也。妇者，服也。服于家事，事人者也。"要求女子遵从三从四德，幼从父，出嫁从夫，夫死从子，夫为妻纲，要求妻子服从丈夫。夫妻还要受到家长权的支配。在封建婚姻家庭中，夫权、父权、家长权三位一体，"父子有亲，夫妇有别，长幼有序"。我国古代封建社会对夫妻关系的调整手段不限于法律，礼的作用甚至超过法律的作用，只有充分认识礼法结合的特点，才能对夫妻关系的规制方式有全面的了解。《家语·本命解》中有"教令不出于闺门。事在供酒食而已"，《礼记·内则》中"男不言内，女不言外"，即男子"七年，男女不同席，不共食。八年，出入门户，及即席饮食，必后长者，始教之让。九年，教之数日。十年，出就外傅，居宿于外，学书计。衣不帛襦裤，礼帅出，朝夕学幼仪，请肆简谅。十有三年，学乐，诵诗，舞《勺》，成童，舞《象》，学射御。二十而冠，始学礼，可以衣裘帛，舞《大夏》，惇行孝弟，博学不教，内而不出。三十而有室，始理男事，博学无方，孙友视志。四十始仕，方物出谋发虑，道合则服从，不可则去。五十命为大夫，服官政。七十致事"。女子则"十年不出，姆教婉娩听从，执麻枲，治丝茧，织纴组纫，学女事以共衣服，观于祭祀，纳酒浆笾豆菹醢，礼助相奠。十有五年而笄，二十而嫁。有故，二十三而嫁，娉则为妻，奔则为妾"。[①] 妻子有供酒食、侍巾节、执箕帚的义务。

　　封建时期的法律体现了男女有别的伦理观念，针对夫、妻的地位不同而规定不同的处罚规则。清户律、婚姻门出妻条附例规定，"君（夫无愿意之情）妻（辄）背夫在逃者，杖一百，从夫嫁卖；（其妻）因逃而改嫁者，绞。其因夫逃亡，三年之内而逃去者，杖八十；擅改嫁者，杖一百"。这些规定反映出男女同罪处罚的轻重大相径庭。通奸行为侵害的是传统的伦理纲常，侵害到了家长的权威下的两性关系，男女两性都是为家族而生的无权个体，在婚姻家庭生活中女性还受到男性的压迫，传统伦理观念通过守住节操的观念限制女性的精神和身体自由，倡导妻子从一而终。

---

　　① 陈澔：《礼记·内则第十二》，《新刊四书五经：礼记集说》，中国书店1994年版，第250—252页。

二　资本主义语境下的配偶权

婚姻还俗运动后，婚姻事务国家化。19 世纪早期，一些国家州的民事法律中开始有婚姻法，对婚姻事务管辖权不再仅限于是宗教裁判权。随后，西方国家在财产所有权、管理孩子、离婚等方面，认为妇女与男性权利理所应当是平等的，导致了家庭的性质以及与家庭有关的权利和保障方面都发生了相应的变化。英美法系的英国出现了婚姻法律还俗，婚姻事务国家化。国家开始对父母的监督权进行调整，教育从家庭转向学校，家庭气氛变轻松了。

工业革命带来了生活方式的变化，它将经济分工转移给了工厂，对很多家庭的经济和社会条件产生了影响，对配偶的角色分工也产生了冲击。相关国家进入工业化革命，婚姻家庭关系也发生了巨大的变化。

（一）英美法系国家的配偶权

20 世纪，英国一方面配偶关系受到个人自由主义、平等和妇女权利等思想的影响，另一方面家庭形式和婚姻法律的发展趋势又加速促进妇女在法律社会和经济上平等，英国相继颁布了 1962 年的《法律改革（丈夫和妻子）法》、1964 年的《已婚妇女财产法》、1967 年的《夫妻住所法》、1969 年的《家庭改革法》、1970 年的《处理夫妻案件程序和财产法》等。这些法律确定了不仅夫而且妻也有选择姓氏和住所的权利、妻子的财产权利等。其中 1962 年的《法律改革（丈夫和妻子）法》规定了夫妻间可以相互进行诉讼，就像他们没有结婚一样，至此改变了夫妻一体主义的局面，夫妻作为两个独立的个体被平等对待。21 世纪初期，生物和基因科学的进步继续对家庭关系和发达国家的婚姻法产生深远的影响。

美国早期法律中，大部分州都采取了普通法的模式规定夫妻间的权利义务关系。仅有八个州没有采取普通法的模式，而是受到西班牙民事法律关于夫妻权利义务规定的影响，其中的路易斯安那州还受到法国法的双重影响。普通法模式下，结婚后夫妻合为一体，妻子依附于丈夫，没有独立的法律地位。已婚妇女被认为不具备为自己利益考虑的能力，缺乏成为法律上自治的权利主体的条件，因此也就丧失了承担多种形式的法律角色的权利。如她签订的任何合同都是无效的，她的家务劳动和其他劳务成果都归丈夫所有。如果出现妻子被第三方侵害的情形，一般被认为是丈夫的财产受到了第三者损害，丈夫可以以妻子的婚姻责任能力受损为由，向法院提起诉讼。损害赔偿的范围包括妻子提供的陪伴服务的赔偿，具体化为性陪伴和家务劳动的赔偿。已婚妇女虽然不能从丈夫那里获得对等的权利，但是作为法律人格丧失的交换条件，已婚妇女有权获得丈夫的抚养，丈夫需要对妻子在婚后的各种债务承担责任。丈夫承担了抚养责任，便毫无疑问成为了法律认可的家庭事务决策者，妻子的地位仅是丈夫决定的追随者。西班牙民事法律模式下，采取夫妻别体主义，妻子的法律地位并没有并入到丈夫的法律地位中。相反的，配偶中的任何一方都保留各自独立的法律地位，婚姻被看作是一种合伙关系。但是婚姻中的当事人并不是平等对待的，由于采取的是婚姻期间获得的财产为共同财产，丈夫不仅对自己而且对妻子的财产都有任意的支配权利，仍存在夫妻之间不平等的关系。

从 19 世纪 30 年代末期开始，陆续有些州通过了已婚妇女财产法案，使得妇女的法律地位逐步开始改善。20 世纪早期，美国在婚姻法的各个方面表现出个人自治和政府管理的矛盾关系。1940 年，密歇根州的联邦地区法院拒绝支持一对夫妻间的协议的效力，该协议的内容是丈夫同意放弃工作，随妻子的迁移而迁移。作为回报，丈夫可以按月获得报酬。联邦地区的法官认为该协议的内容违反了法律预设的社会性别分工，与公共政策相违背，因而不能被执行。"婚姻合同的结果……丈夫有责任抚养妻子和妻子共同生活，妻子必须为家庭贡献自己的服务，服从丈夫关于居住住所的决定。已婚者或者打算结婚者如果制定的私人契约的内容，涉及试图改变法律所界定的婚姻契约实质义务的，都认为是与国家的公共政策相违背的，而且不具有强制执行的效力。即使是有的州规定了自由不受限制的条款……对丈夫和妻子通过私人协议的方式，以改变婚姻契约的实质要素，是超越了法律的界限所允许的程度"。① 在该案中，男女社会性别分工的固有模式是婚姻契约的实质内容，即使承认当事人对自己私生活可以约定，也不能打破这种法律承认的模式，进而影响了司法者对婚姻家庭法

---

①   J. Shoshanna Ehrlich. *Family Law for Paralegals* ASPEN, 2010, p. 5.

律的理解和适用。

20 世纪中后期，美国女权运动发展影响着夫妻间的权利义务，随着第二次女权运动的开展，女性对限制她们权利（主要是依据不正确的女性行为产生的固定的概念，这些概念又成为权利产生的依据）的法律展开了斗争。比如要求女性采用其丈夫的姓，丈夫选择的居所作为婚姻居所、限制妻子对财产处分的权利，等等。以美国宪法第十四修正案的平等保护条款为依据，美国法庭改变了州法律对男女设定权利和义务的无性别视角的现状。以美国 1979 年联邦最高法院判决的厄尔（Orr v. Orr）案为例来解释启动消极主义样态。1974 年 2 月，厄尔夫妇经法院判决离婚，依据此离婚判决厄尔先生每月须给厄尔太太一笔赡养费。1976 年 7 月，因厄尔先生迟延交付赡养费，厄尔太太向阿拉巴马州一地方法院提起诉讼。厄尔先生则随之提出抗诉，主张阿拉巴马州法律仅仅规定丈夫支付赡养费，而未规定妻子支付赡养费的条款，违反了联邦宪法第十四条修正案中的平等保护。州法院驳回了厄尔先生的主张，认为本案所涉州法不违宪。但厄尔先生的主张得到了联邦最高法院的支持。由布伦南（William J. Brennan Jr.）大法官执笔的联邦最高法院司法意见指出："阿拉巴马州法律将赡养费加诸丈夫身上，而对妻子没有这样的规定，乃是基于性别差异所为的不同分类，应在宪法平等保护条款下接受审查（to scrutiny under the Equal Protection），并不因过去多歧视女性，本案为歧视男性而有所区别，除非政府能举证有非常重要之目的，且其法律所规定者与达到该目的有相当关联性，否则此法律规定违宪。"[1] 美国婚姻中法律预设的权利义务关系开始考虑对特殊当事人的要求和需要，也改变了女性在婚姻中的从属法律地位。

（二）大陆法系国家的配偶权[2]

大陆法系国家夫妻双方的配偶权经历了从不完全平等到平等的过程。以大陆法系的代表国家法国为例，1804 年的《法国民法典》规定了夫应保护其妻，妻应顺从其夫。未经夫之许可，妻不得进行诉讼，不得赠与、

---

① Orr v. Orr 440 U. S. 1979, pp. 268, 278—280.

② 有学者认为大陆法系国家的配偶权应该是一个学理上的概念，并认为康德是最早提出配偶权一词的。参见王洪《从身份到契约》，法律出版社 2009 年版，第 44 页。

转让、抵押财物。该条规定反映出了妻子的人身权利处于丈夫的支配之下，丈夫是妻子的家长。妻子负有和丈夫同居的义务，以丈夫决定的居所为婚姻住所，"妻除有夫的住所外，不得有其他住所"。选定住所后，丈夫有接纳妻子并按其"资历与身份"供给生活需要的义务。《法国民法典》对夫妻间相互忠实义务的规定，因夫妻身份的不同有不同的规定，丈夫可以通奸为由诉请离婚，妻子则附加更多的苛刻条件，"夫得以妻通奸为由，诉请离婚。妻亦得以夫通奸且于夫妻共同居所实行姘居的理由，诉请离婚"。正如包塔利斯所言："双方的不平等待遇理由很简单：妻子的不忠比丈夫的不忠后果更严重、更危险。既然妇女首先是传宗接代的工具，她的不端行为对家庭的统一和完整就具有极大的危险性。"[1]

1938 年修订的民法典法律原则上废除妻子行为能力受限的制度，增进妻子的地位，但是丈夫仍是家庭的首长。1942 年修订的民法典规定丈夫是家庭的首长，应为夫妻及子女共同生活的利益而执行此职务。1967 修订的法国民法典对夫妻相互权利和义务进行变动，夫妻各方享有完全的法律权利被最终确立。法国 1965 年的第 570 号法律规定了妻子可以不经丈夫的同意具有从事某种职业的权利，并且按该职业的要求，单独随时对其拥有完全所有权的个人财产进行转让或承担责任。1970 年 6 月 4 日法律规定，家庭住所应在夫妻一致选定的住所。1975 年法律规定了"夫与妻可以各有分别的住所，但不得因此损害有关夫妻共同生活的规则。……在人之身份与能力方面，向夫妻一方进行的任何通知，即使夫妻已经分居，亦应通知另一方配偶，否则，通知无效"。[2] 现行的法国民法典也已废除了以不平等的通奸条件作为夫妻离婚的标准。

1900 年的《德国民法典》依然保留了男女不平等的规定，规定了夫妻共同生活中的事务的决定权属于丈夫，妻子以个人名义处分自己婚姻财产的必须取得丈夫的同意。德国虽然不采取夫妻一体原则，但是丈夫仍是夫妻共同体的首长。20 世纪以后随着男女两性平等原则的深入人心，夫主导的家庭形式发生巨大的变化，表现为以夫妻间的平等关系构建家庭结构。资产阶级革命中的契约理论也被婚姻法所吸收，婚姻中的男女双方法

---

[1]　参见孙文恺《法律的性别分析》，法律出版社 2009 年版，第 118 页。

[2]　《法国民法典》，罗结珍译，中国法制出版社 1999 年版，第 54 页。

律地位平等，已婚妇女具有独立人格。妇女地位的提高导致了夫妻间的纠纷被诉诸法律解决。妇女和子女的"解放"，在一定程度上以家庭关系的法律化为前提。① 纳粹德国后的宪法规定了男人和女人享有平等的权利，任何人不因性别、出身、种族、语言、国籍、信仰、政治观点而享有特权或不享有特权。德国 1953 年的婚姻法被废止了，该部法律违背了男女平等原则。德国婚姻法为实现男女平等，颁布了一系列相关的修订法案，如1957 年的《平权法》，1976 年的《婚姻法和家庭法改革第一号法律》，2001 年的《改善民事法院针对暴力行为和跟踪的保护以及简化分居时离开婚姻居所的法律》，等等。

三 马克思主义语境下的配偶权

（一）无产阶级国家婚姻法的配偶权

无产阶级的导师恩格斯在《家庭、私有制和国家的起源》中，提出了无产阶级的婚姻家庭关系。② 首先，认为男女之间的性爱成为双方结为夫妻的基础。"只有在被压迫阶级中间，而在今天就是在无产阶级中间，性爱才可能成为并且确实成为对妇女的关系的常规，不管这种关系是否为官方所认可。不过，在这里，古典的一夫一妻制的全部基础也就除去了"。其次，妇女和男子一起成为家庭经济的承担者，因此在家庭中男女双方是自由平等的。男子统治压迫妇女的现象已经减少到最低程度。最后，这种家庭没有一夫一妻制所特有的道德矛盾，使男女间具有高尚的道德和情操成为可能。夫妻之间是自由平等的关系，是以性爱为基础的。

苏联在 1917 年 12 月颁布的《关于解除婚姻关系》和《关于民事婚姻、子女及户籍登记》、1926 年通过的《俄罗斯苏维埃联邦社会主义共和国的婚姻、家庭及监护法典》。其中，《俄罗斯苏维埃联邦社会主义共和国的婚姻、家庭及监护法典》规定了夫妻平等的原则，婚姻当事人有选择职业的自由，家庭事务由双方协商处理，妇女与男子在各方面享有平等的权利。1969 年的《苏俄婚姻和家庭法典》在总则中规定了男女在家庭

---

① ［德］迪特尔·施瓦布：《德国家庭法》，王葆莳译，法律出版社 2010 年版，第 4 页。

② 汪永祥、李德良、徐吉升：《〈家庭、私有制和国家的起源〉讲解》，中国人民大学出版社 1986 年版，第 128 页。

关系中权利平等，享有平等的人身权利和财产权利，认为家庭中的平等以公法领域中的平等为基础。具体规定了结婚时夫妻有选择姓氏的权利，夫妻共同决定家庭生活问题、自由选择工作、职业和居住地点的权利。苏联婚姻法认为婚姻不是交易，婚姻家庭关系不从属于财产关系，子女不是家长支配的客体，婚姻关系与民法调整的财产关系格格不入，处理婚姻关系的法律规范应该不同于民事法律规范。但是苏联妇女在家庭中的状况"对莫斯科近郊所作的一项研究表明，样本中有 30% 的人认为，妻子应该把自己完全贡献给家庭和孩子。"

苏联的婚姻家庭法对中欧及东南欧的无产阶级专政形式的人民民主国家的法律产生了深远影响。我国婚姻法的立法既受到苏联立法模式的影响，也保留了本土化的内容。1949 年的《中国人民政治协商会议共同纲领》规定了"中华人民共和国废除束缚妇女的封建制度，妇女在政治的、经济的、文化教育的、社会的生活各方面，均有与男子平等的权利"。1950 年婚姻法的第一条规定了"废除包办强迫、男尊女卑、漠视子女利益的封建主义婚姻制度。实行男女婚姻自由、一夫一妻、男女权利平等、保护妇女和子女合法权益的新民主主义婚姻制度"。1950 年的婚姻法肯定了家务劳动的价值，"妻照料家务抚育子女的劳动，应该看作与夫从事于获取生活资料的劳动有同等价值的劳动；因而夫的劳动所得的财产，应视为夫妻共同劳动所得的财产"。法律对夫妻的权利提供了保障。但是在一些地区还存在歧视、虐待和残害妇女的情况。中共中央采取文件指示的方式，确保新婚姻家庭的健康成长。1980 年婚姻法以及 2001 年婚姻法的修订案中都规定了夫妻在家庭中的地位平等，夫妻间享有姓名权、人身自由权。对夫妻间同居义务和贞操义务在革命根据地立法中都有体现。在民法通则颁布后，我国民法明确了调整范围包括平等主体间的人身关系和财产关系，婚姻法成为民法的一个分支。我国婚姻法最终确定了以男女平等、婚姻自由、一夫一妻为原则的配偶等亲属关系。

（二）马克思女性主义法学的配偶权

女性主义法学家借鉴了马克思主义理论，认为法律中的男性偏见并非来自男性与女性在个性上的差异，而是源于男性对女性的征服。有学者认为是男性对女性的性剥削，也有学者认为是女性在劳动的性别分工中被男性分配的任务。① 在性别化的权力基础上建立理论，需要从文献上所记载的男性优势以及"统治者总是基于自己的利益进行统治"这一被历史所证明的假设前提处出发。其关注点是从男女之间的差异，转移到了女性与外部环境的关系，认为女性只有实现共产主义才能获得解放。

马克思女性主义法学早期观点是从家务劳动入手，揭示了妇女受压迫的根源。后期观点认为父权是男人剥削女性的工具。"父权制是人们之间的一种社会关系，这种关系尽管是等级制的，却在男人们中间确立或者造成他们之间的相互依赖和团结，这种依赖和团结能使她们支配妇女。……我们应当使父权制独特的运转规律脱离生产方式和生产关系，并且了解父权制的特殊矛盾以及这种矛盾与资本主义制度特殊矛盾的关系"②。马克思女性主义法学审视男女的不平等的根源，认为女性受压迫的根源是资本主义制度，为找到实现男女平等的途径做出努力。法律上实现平等了，还要改变富人和上层阶级拥有更多的社会资源和权力，配偶权设立的目的也就可以达到了。

纵观中外各国从夫权到配偶权的历史演变过程，不难得出结论，配偶关系由不平等到平等是历史发展的必然结果。但是奴隶社会、封建社会男性占支配地位的两性关系的法律制度化，以及两性对这种法律制度所安排的性别角色认同，使两性不平等的性别关系意识形态化。这种被意识形态化的不平等两性关系渗入到社会生活的各个领域，从而让人们确立了根深蒂固的、两性就"应该"不平等的观念，③ 这种两性关系在婚姻家庭领域得到了集中的体现。资本主义社会、社会主义社会在如何打破两性之间不平等的意识形态化的束缚方面做出积极努力。大多数国家已经确立了规定配偶权利平等的婚姻法律制度，不过性别歧视的意识仍然存在，需要对配偶权利从社会性别平等的角度进行审视。

---

① Nancy C. M. Hartsock. *Money, Sex, and Power: Toward a Feminist Historical Materialism*, New York: Longman, 1983, p. 234.

② 李银河主编：《妇女：最漫长的革命》，中国妇女出版社 2007 年版，第 76 页。

③ 孙文恺：《法律的社会性别分析》，法律出版社 2009 年版，第 69 页。

第三章　社会性别平等视角下对
现阶段配偶权的新要求

第一节　配偶权适应社会性别平等的要求

进入 20 世纪 70 年代，男性和女性地位发生重要的变革，社会性别平等理论的提出，对女性地位研究产生深远意义。从配偶权的历史发展历程中，可以观察到配偶权在同时期对这一变革的积极响应。配偶权概念的重新被提出，其内涵的被修正、充实，顺应了社会性别平等运动的发展趋势。

一　社会性别平等的内容

社会性别的概念为性别的平等研究提供了新的视角。社会性别平等，不仅重视生物学意义上的男女平等，而且重视社会学意义上的男女平等。社会性别平等要求消除社会性别角色分工观念，消除现有的歧视，以达到所有的人不论男女，都可以在不受各种成见、不受各种限制的情况下自由发展，自由选择。

社会性别平等有两大主要的理论，即强调同一平等的理论和强调差异平等的理论。这两者在是否给予女性特殊保护方面有较大差异。同一平等理论是以自由主义为基础的，男女应该有相同的竞争机会。自由主义主张理性能力是公民取得民主权利的前提，因此女性要取得民主权利，必须证明女性有理性能力。同一平等理论认为，不应给妇女区别于男性的保护，如果对女性有特殊保护就认可了男性优于女性，女性处于劣势地位。同一平等理论更注重女性与社会的关系，法律中的男性偏见并非来自男性与女性在个性上的差异，而是男性对女性的征服，没有消除歧视比促进平等来得更重要。美国女性主义者麦金农认为这是一种男性对女性的性剥削，南希·哈索克则认为女性在劳动的性别分工中被（男性）分配的任务，她认为女人的活动被制度化为两个方面：维持生计和抚养孩子。① 我国曾经适用同一平等理论，出现了铁姑娘现象，女人和男人一样参加社会劳动。但是抹杀女性的特征的做法，给女性带来了身体上的伤害。同一平等理论对男女之间的差异持否定的态度，女性要取得和男性同样的权利，必须和男性一样具有同样的理性能力。如果男女有不同的存在，则是后天机会不同造成的，或者干脆避而不谈。以六七十年代的美国为例，许多社会福利政策假设的前提是女性在经济上依赖配偶。法律规定，男性死亡时，他的配偶可以直接得到一定的救济；而女性死亡时，其配偶必须提供女性是家庭主要经济来源的证据后，才可以领取政府的补助。这个规定看似有利于女性，但是依据同一平等理论，这个规定实质存在对女性的歧视。因为它假设并且强化了女性在经济上的弱势地位，并且对于那些不符合"男主外，女主内"的性别分工模式的家庭不公平。②

差异平等理论则认为生理差异是社会化的产物，女人的个性有别于男性，后天的教养和天生的本性对这种差异的建构起到了同等重要的作用。差异理论认为应该正视男女的不同的社会角色，给予女性以特殊的保护，承认女性的劣势地位。差异平等理论分为三个阶段，第一阶段的差异理论主要是指男女两性之间的差异，第二阶段的差异理论主要是集中在女性内部之间的差异，第三阶段的差异理论则是包括了种族、民族、阶级等因素的差异。后两个阶段的差异理论已经超越了性别平等的范围。因此，性别平等中的差异仅是指第一阶段的差异。这两种理论都各有利弊，应从实现实质平等的角度出发，不仅要求同等情况同等对待，而且要求不同情况不同对待。女性主义者南茜·弗雷泽认为，"女性主义者一直把性别公平与平等或差异联系在一起。其中，'平等'意味着将女性与男性一视同仁，

---

① ［美］迪斯·贝尔：《女性的法律生活》，北京大学出版社 2010 年版，第 28 页。
② 詹焱：《社会性别视角下的法律分析》，吉林大学博士论文，2011 年，第 106 页。

而'差异'则因为女性与男性不同而将女性区别对待。……无论是平等还是差异都不是一个行得通的性别公平的概念",法律在男女相似时给予同等待遇,在男女有别时给予区别待遇。①

二　男女婚姻地位是男女社会地位的必然反映

社会性别平等理论认为家庭中每个人都有生存的需要,这种需要的满足成为一项强加于男人和女人的法律责任。男性与女性有社会赋予的性别角色期待,这种期待往往带有歧视的因素,即男人在价值层面上高于女性。性别角色期待的根源是女性和男性的社会分工不同。女性的角色分工使得女性被定位为依附于男性的角色,表现为一般女性被限制在照顾他人的传统角色当中,男人定位为婚姻家庭中起主导的力量。夫妻间的权利义务往往表现为一方的权利或者说是特权,对另一方而言则只有义务。

社会性别理论是女权运动的产物。随着 21 世纪六七十年代女权运动如火如荼地展开和深入,女性运动使得各阶层、种族、年龄和各种生活状态下女性都获益。女性的角色分工被逐渐认识并改变,个人主义的深化成为现代家庭的特征,夫妻一体主义向夫妻个体主义转化,夫妻间的一方的特权转变为双方的平等权利,权利性质从丈夫对妻子绝对权转化为夫妻之间的相对权。婚姻关系中核心关系的性关系呈现出平等的状态,家庭伴随着性关系的现状已经成为人们接受的惯例,人们开始谈论妇女的性快乐与性享受。② 性不再被认为是犯罪行为,不是专门针对女性的禁锢。在很多国家,爱是性关系的前提,是夫妻进入婚姻的前提条件。婚姻家庭发展表现出人们对家庭的持久性的向往,维持这种持久性就需要夫妻关系的平等、稳定。相关国家的立法反映出了夫妻平等地位的实现。如夫妻间的侵权责任在夫妻一体主义下被豁免,在夫妻别体主义下则有存在的可能。以美国夫妻侵权责任、美国妇女财产立法为例:夫妻一体主义时,妻子的人格被丈夫吸收,已婚女性也就没有财产权,夫妻间侵权责任无法实现,而且丈夫承担妻子对他人的侵权责任。但是夫妻别体主义下,妻子有独立于

---

① [美]南茜·弗雷泽:《正义的中断》,于海青译,世纪出版集团、上海人民出版社 2009 年版,第 46 页。

② 李喜蕊:《英国家庭法历史研究》,知识产权出版社 2009 年版,第 205 页。

丈夫的人格，独立拥有自己的财产。原来美国《已婚妇女财产法》中的有关夫妻不平等的财产法律规定已经被废止。夫妻间的侵权责任实现已成为可能，夫妻间侵权豁免条款被废止。家庭领域社会性别平等、夫妻间的平等还需要社会制度为其提供有力支持。如社会福利制度提供了女性真正意义上的自由选择，改变了女性以家庭为生存的唯一方式，家庭为感情寄托的地方。德国男女平等的法律认可了男女平等的合作形式婚姻，打破了传统意义上的男女合作形式即男性社会角色安排为养家糊口，女性为家庭主妇，家务劳动是生物意义上的隶属于妇女的。

三　社会性别平等是实现实质意义上的平等

社会性别平等承认男女社会性别角色，这种角色的分配就是一种不公平。如何消除角色分配带来的消极影响，就是实现实质意义上的平等。正如罗尔斯在《正义论》中提到的，第一原则要求平等的分配基本的权利和义务；第二原则认为社会和经济的不平等（例如财富和权力的不平等）只有其结果能给每个人，尤其是那些最少受惠的社会成员带来补偿利益，它们就是正义的。①

社会性别平等根本前提是确立女性的主体性地位和平等原则。主体性地位从哲学角度而言，强调人的本质，在于有自主自由的能动性、创造性。从现实角度而言，主体性地位强调的是对资源的控制。女性的主体性地位是指女性作为人所应享有的地位，包含作为与男子平等的人，女性的价值，在道德、社会、政治、法律上应当得到承认或已经得到承认的平等的、自由的一切权利的统称。②法律的建立更多的是男性思维的结果，围绕的是主观客观、逻辑演绎推理、抽象思维建立的，缺乏女性的视角。很多国家的法律现在虽然已经认可男女平等的原则，承认男女法律地位平等，但这种是同一性别平等，形式意义上的平等。要达到实质意义上的平等，还必须承认女性所独有生存体验和个性气质，以及她们与男性之间的差异关键不在于女性在婚姻、家庭、劳动就业和社会福利保障等方面享有与男性同样的权利，而是要求在分配和界定上述权利的过程中乃至在以法

① 参见［美］约翰·罗尔斯《正义论》，中国社会科学出版社 1988 年版，第 14 页。
② 陈志英：《现代性法律中的阴和阳》，《江汉大学学报》2011 年第 4 期。

律为核心的整个现代性治理结构中加入女性的视角和女性的生存体验与思维方式。它是要求承认男女生理属性的差异是由社会造成的，改变法律的单性繁殖特征，使法律不再呈现出单一的雄性（Masculine）特质。[①]

第二节　配偶权应当受到国家对婚姻领域的适当干预

一　婚姻家庭领域的私人领域性质

婚姻家庭是社会的细胞，与每个人休戚相关。有学者认为公共领域和私人领域的划分可以追溯到柏拉图。亚里士多德在政治理论上确定了公共领域和私人领域的划分。天性使然，男性被有意识安排城邦生活，在那里他可以获得可能获得的最高评价。妇女、奴隶和孩子没有或不能够参加城邦生活，他们被限制在家庭等非公共领域，家庭中的评价是一种低层次好的评价。

17 世纪，以洛克为代表的自由主义传统预设了理性和激情、知识和欲望、头脑和身体之间的差异，这导致了公共领域和私人领域的分离。公共领域和私人领域的最初划分，形成了公民社会和国家之间的关系，这是自由主义对公共领域的第一种区分形式。自由主义者认为个人形成私人联合体的形式最好，但是公民社会中家庭被男性所遗忘。"……或者家庭与公共领域的分离，也是女性与男性的分离通过女性对男性的服从而出现的。兄弟们建立了他们自己的法律以及他们自己的性别和婚姻统治形式。兄弟式社会契约创建了一种新的、现代的父权制秩序，这种秩序被分为了两个领域：一个是公民社会或自由、平等、个人主义、理性、契约和公正法律的普遍领域——这是男性或'个体们'的领域；另一个是局部性、自然服从、血缘关系、感情、爱和性欲的私人世界——这是一个女人的世界，在这里进行统治的依然是男性。"公共领域个人慎重的计算自己的个人利益，根据个人利益行动，公共领域包括市场、市民社会及政治，男性可以在这些场所行使自由意志，男性是国家的政治公民。私人领域则是主

①　郑戈：《法律的性别》，载北大法律信息网，http://www.chinalawinfo.com。

观和欲望，私人领域范围是家庭领域，女性被限制在家庭中，女性的角色分工是不需要国家管理的，她们承担赡养、抚养、扶养职责。[①]

浪漫主义对公共领域和私人领域作了第二种分类，"纯粹的浪漫主义和传统自由主义不仅在对私生活的看法上分离开来，这种分离还表现在他们对私域有各不相同的侧重点"。浪漫主义认为社会生活是公共领域，因为公民社会的各种纽带虽然是非政治的，但他们却要将个人置于他人的判断和可能的审查之下。公共领域与个人隐私分离，公共领域包括了第一种区分形式的两部分，公民社会和国家。浪漫主义者把"像友谊与爱恋这类亲密关系之外的、与他人联合的所有形式"都认为是公共的，第二种分类从性别视角重新审视了第一种分类的不足，是第一种分类的补充。[②]现代自由主义的私域继承了浪漫主义的分类方法，诚如威尔·金里卡所言，私域既包括社会生活，还包括可以安放个人隐私的领域。

二　传统法律对公私领域划分及调整的弊端

（一）公私法的调整方法及其弊端

公私领域的划分不是一种自然发生的社会现象，而是一种社会建构。罗马人是人类历史上最早实现了法和伦理分化的民族。公共领域的调整方法是法律，私人领域的调整方法主要是伦理道德。公共领域对应的调整方法具体划分为公法方法和私法方法。公共领域中的法律又被划分为公私法，公私法的基本分类来源于古罗马。罗马法学家乌尔比安将法律分为公法与私法两个部分。公私法划分最初是源于公权力和家父权两大权力的泾渭分明。开始罗马国家对私人领域的事务不予过问，而是由家父对私人领域的家属和家事行使权利。后来，公共权利逐渐介入私人领域，国家权力和私人领域需要一种屏障，公私法就是这一屏障。查士丁尼法典中的《法学阶梯》肯定了这一划分，并规定了公法涉及罗马帝国的政体，私法涉及个人利益。公私法的划分是法律最基本的分类，构筑了法律体系分类

---

① ［美］卡罗尔·帕特曼：《兄弟式的社会契约》，曹欢荣、邱洪艳译，载包利民编《当代社会契约论》，凤凰出版传媒集团、江苏人民出版社 2007 年版，第 239 页。

② 参见［加］威尔·金里卡《当代政治哲学》，刘莘译，上海译文出版社 2011 年版，第 401—416 页。

的理论基础。18 世纪法国大革命促进了市民社会的建立，使政治国家与市民社会完全分离。市民社会，法律作用于社会普通成员的个人及其组织之间，形成私的关系。"法不入家门"，法只是调整有限的私人领域的社会关系，这里的法是私法性质的。自由主义关于公私领域的划分，确立了公法保护的是国家和社会的利益，私法保护的是个人利益。改变了专制统治下的市民社会受到政治国家公权力控制的局面，建立了资产阶级民主制和社会契约、权力制衡的社会。

涉及私人领域中的家庭领域部分是主要由伦理方法进行调整，当然私法也要对其调整。一方面由于家庭具有封闭性，因此私法对家庭领域的调整受到隐私权的制约。法律在对结婚、离婚、性行为和家庭暴力进行的规定遵循一个基本原则，即私人领域尊重个人选择和个人自由，公共权威介入特定领域、活动、关系和情感法律不予认可。法律对家庭领域调整也是在涉及公共利益时，对私人领域的关系有选择的进行调整。从国外立法中可以发现，仅有个别国家在某一时期规定了详尽的配偶间的权利义务。如在普鲁士普通国法典的内容就详细地规定了家庭生活的内容。比如健康的母亲有为自己的孩子喂奶的义务，父亲有决定喂奶期间的决定权；夫妻性生活的一切关系也由法律来加以规定。① 将夫妻间的上述行为定位为个人的、隐私的和主观的，会将它们排除在现有法律规制的范围之外。公私领域的划分方法存在没有考虑社会性别因素的问题。"公共领域与私人领域之间过于明显的区别隐藏了妇女在家庭中的从属和受压迫地位。从此视角出发，人民将妇女视为公认而神圣的天然家庭秩序的组成部分，而这种秩序是不受法律和政治约束的。"② 因此，事实上公共权威的不干涉是被社会构建出来的，是不可避免的政治决定。

另一方面，即使法律对私人领域调整，法律也是以西方思想的二元对立理论为基础，这种理论对男性至上的传统法律的构建做了基础性的铺垫。传统的法理学只有在男性至上主义构建了整个社会之后，才是自由主义，只有在男性至上主义构建了整个经济体系之后，才是资本主义。亚里士多德赋予哲学和公共生活在人类活动中的优越地位。法国哲学家德里达

---

① ［日］川岛武宜:《现代化与法》，中国政法大学出版社 1994 年版，第 15 页。
② 孙文恺:《法律的社会性别分析》，法律出版社 2009 年版，第 86 页。

认为，当使用男性/女性、灵魂/躯体、精神/物质这一系列二元概念时，"我们不仅使这两个术语在含义上相互对立，同时也以等级秩序排列的方式赋予前者以优先权"。①"公共领域与私人领域划分的直接结果，女人从一开始就基于一种自然分工而远离了公共关系，并且通过法律得以强化，同时也在男权文化不断的'科学'解释下而获得了合理性与正当性。……在公共领域当中，法律主体的地位平等成为公民社会得以延续的基本保障；而在家庭领域中，平等远没有亲情那么重要，利他性的伦理原则使家庭领域中的平等从一开始就退避三舍。"②

建立在社会契约理论上的公私法的二分法，成为相互对立的两个领域。政府的管制领域局限在公的领域。政府原则上不干预私人领域，实际上公私领域是社会建构的。男性、女性在公共领域，享有平等的法律地位；女性在私人领域，伦理因素排斥平等原则的适用，没有权利自由只有责任义务。

（二）家庭隐私权的调整方法及其弊端

婚姻家庭领域属于私人领域，呈现出隐私性，不受法律干扰的特点。隐私是指私人生活安宁不受他人非法干扰、私人信息保密不受他人非法搜集、刺探和公开，一般而言，国家有保护个人隐私不受干扰的权利。但是，隐私原则是建立在公共和私人领域的划分基础上的，女性在该领域的活动一般与男性在其他领域中的活动相比，创造的社会价值被严重低估了，相应的这领域中的女性在地位上也是低于男性的。女性经过社会教育的途径进入到私人领域，这使得女性成了两性关系中弱势的一方。隐私权最终"强化了公域与私域的划分……使私域不受制于公共的矫正措施，并使妇女在私域之内的从属地位失去了政治意义"。

隐私权使得身体、两性关系、性交与生育行为、亲密感情这些敏感的范畴得以逃避法律的保护，它最终保护的是男人在卧室里的支配性权利。隐私权最早发端于美国，对其他国家包括我国的隐私权理论的形成产生了重要的影响。美国隐私权保护的对象是家庭的集体隐私、共同隐私，但不

---

① ［美］朱迪斯·贝尔：《女性的法律生活》，熊湘怡译，北京大学出版社2010年版，第69页。

② 周安平：《社会性别的法律构建及其批判》，《中国法学》2004年第6期。

包括家庭内部成员个人的隐私，家庭内部的个人没有隐私权。如果夫妻缔结婚姻，隐私权的存在成为国家不干涉夫妻家庭决定的屏障。这意味着对家庭的任何外在干涉都是对隐私的侵犯。国家没有干涉家庭内部成员事务的权利，妇女在家庭中的权利得不到有效的保护。如果女性在婚姻开始没有隐私，在家庭事务中又没有决定权，家庭隐私权禁止国家采取措施保护其隐私权。现实中为保护妇女不受家庭暴力和婚内强奸的国家就被排除在外。实际上，有学者认为美国早期的夫妻关系就是一种财产关系。妇女从属于丈夫，妇女成为丈夫的私人财产，"家庭被认为是一家之主的人格延伸"，这一观点保留了家庭领域的身份制、等级制的观念，这一观念发展到现今就成为了隐私权的辩护理由。因此，"关心隐私的学说促成了国家对妇女的成功放弃"。① 即使婚姻家庭领域有法律的规定，也可能存在纸面上权利的现象，权利在实际操作中又呈现出另一番情景：当夫妻地位不平等，妻子受到丈夫的暴力时，隐私权的观念会使女性得不到有效的救助；又或者妇女家庭中的弱势地位会在隐私权的观念下加深，并影响到公共领域的利益，等等。

我国婚姻法调整的婚姻家庭关系属于私人领域，现有法律对其进行了调整。我国法律调整的范围究竟有多大，如何确定调整范围这一关键问题，法律调整的方式、程度、力度适当与否，这些问题都会影响夫妻地位平等的实现和保障。法律调整婚姻关系范围的大小实际上反映了立法者对婚姻价值的思考，这种思考又与现阶段占主导地位的婚姻家庭的定位密不可分。

法律调整婚姻关系的内容也影响夫妻地位平等的实现。随着市场经济的不断深入，打破地域界限的大迁徙，陌生人式的生活方式都会影响各种男女之间的不平等关系的产生。社会主流化下的立法作为构建家庭私领域和社会公领域的良性沟通的途径，有利于实现家庭领域的真正的平等。如我国民众对配偶权的内容法定化愿望迫切，希望在法律中有所体现，② 以2010 年颁布的最高人民法院《关于适用〈婚姻法〉若干问题的解释

---

① 参见［加］威尔·金里卡《当代政治哲学》（下），刘莘译，上海三联书店 2004 年版，第 703—704 页。

② 北京大学马忆南教授反对忠实义务协议，但是现实中忠实协议越来越多，马教授对忠实协议的态度也逐渐有所缓和。忠实义务要不要具体化，在这个婚外恋情充斥的社会，维护家庭稳定的人们希望能有相关的制裁措施。

（三）》的法律规定为例，该解释对夫妻配偶权利义务调整内容很少，质疑声此起彼伏。而且该解释涉及较多的是夫妻财产关系，有很多人认为法律调整的范围局限于夫妻财产关系，极端者甚至认为婚姻法趋同于夫妻财产法。即使是《婚姻法司法解释（三）》中涉及财产的内容也存在忽视女性现实生活弱势地位的问题，有人称它为"男人的法律"。

三　社会性别视野下的配偶权实现国家对婚姻领域的适当干预

法律以抽象平等的理论出发，虽然法律规定了男女平等原则，但难免出现忽视妇女在实际生活中的弱者地位，弱化对妇女权利的保护。社会以一种不言自明的方式规范人们应当做什么，不应当做什么；应当说什么，不应当说什么；应当想什么，不应当想什么。不仅规定了思想的内容，而且规定了思维的方式和语言表达的方式，个人成了语言所创造的社会存在，女性在这种社会存在中是"他者"。[1]

婚姻是私人领域，在该领域国家的触角受到限制，伦理排斥了法律的适用。法律按照一个无须承担家庭责任、没有人际关系牵绊并具备谋生能力的人的想法被构建而成的那一天就是"把性别纳入考虑的那一天"[2]。

前文提到我国的婚姻的性质应定位为婚姻实体，婚姻具有极为重要的社会影响，国家必须依法对其秩序加以控制。我国在新中国成立之初，全面否定公私法的划分，婚姻家庭领域属于国家管理调控的范围，公权力在私人领域过度泛滥。在改革开放之后，公民的自由权利受到了高度的重视，国家逐渐退出了私人领域。但是，随着社会的变化，切实保护所有人的利益成为应该深思的问题。

社会性别平等就是在法律的制定、实施等环节中加入性别视角，不仅考虑法律主体抽象主体的地位，更要正视社会性别的存在，承认女性在法律中实际地位的不平等。社会性别平等认为传统自由主义所提倡的主体自由、个人权利和抽象正义对女性并不适用，传统的法律对女性或者表现为漠视的态度，或者表现为女性的责任。国家对私人领域进行适当的干涉，

---

[1]　李栗燕：《后现代法学思潮评析》，气象出版社 2010 年版，第 50 页。
[2]　Catharine A. MacKinnon, *Feminism Unmodified*, Cambridge, Mass：Harvard University Press, 1987, p. 37.

实现私人领域的公平和公正。

　　社会性别平等视野下的配偶权，改变了传统的男尊女卑的夫妻关系，将夫妻关系重新定位为一种男女实质意义上的平等。不仅考虑法律字面上的平等，还考虑法律在实际运作中的平等状况。以夫妻忠实义务为例，我国婚姻法第四条规定了倡导性的夫妻忠实义务，夫妻有相互忠实的义务。最高人民法院《关于适用〈婚姻法〉若干问题的解释（一）》中规定"承担婚姻法第四十六条规定的损害赔偿责任的主体，为离婚诉讼当事人中无过错方的配偶。人民法院判决不准离婚的案件，对于当事人基于婚姻法第四十六条提出的损害赔偿请求，不予支持。在婚姻关系存续期间，当事人不起诉离婚而单独依据该条规定提起损害赔偿请求的，人民法院不予受理"。该司法解释进一步明确了夫妻忠实权利义务的救济途径。但是，还要结合法律运作的具体情况进行分析。

　　有学者调查发现社会对男女双方忠实义务的忠实程度的包容度不同。由于男女在社会中的经济地位不平等，社会对男性的婚外恋的包容度要高于女性的婚外恋，针对"一夜情"或称"一夜性"，则有超过六成（61.3%）的公众予以排斥，且男性和女性对这一行为的态度存在较大差异，女性中排斥"一夜情"现象的比例高达68.0%，而男性中此比例则为51.7%。[1]因此，法律对违反忠实义务的行为是否进行惩罚，男女就该问题的态度也是有区别的。按前面提到的数据，女性比男性要求惩罚婚外情的可能性更大。但是法律是男性思维下的法律，私人领域的事件一般交由伦理处理而不是法律规制。我国法律对该问题采取了模糊化的做法，仅在婚姻法第四条中规定了倡导性的忠实义务，没有可操作性。考虑到国家法律有必要介入，而私人领域中的忠实义务明确化，对男女法律地位实质平等具有意义，法律应该对其进行调整，而不是仅设计一个倡导性的规范，导致现实中忠诚协议大量涌现，[2]当事人自己协商处理不忠的处罚问题。[3]

---

　　[1]　王歌雅：《中国亲属立法的伦理意蕴与制度延展》，黑龙江大学出版社2008年版，第144页。

　　[2]　刘继华：《夫妻忠实义务的界定及违反之法律救济途径》，《中华女子学院学报》2011年第6期。

　　[3]　时至今日，各地出现了各式各样的忠实协议。各地法院对待忠诚协议的态度不一致。北京、安徽、广东等地出现过支持的判决，上海、浙江等地法院则倾向于不予受理。

第三节　配偶权应考虑两性群体差异和婚姻个体差异

现代法学以理性的人为出发点，强调主体的自由、自治，个人之间自治建立社会契约，根据社会契约建立国家和社会，法律维护市民社会的秩序，用无神论和唯物主义去挑战上帝的权威。

后现代法学认为主体是被创造出来的，西方法治的法律主体是政治权利或者法律精英。他们不强调宏大叙事，用多元论和解构主义去颠覆人的理性主义形象。法律的普遍性在后现代背景下显得空泛和远离实际。福柯认为以启蒙精神为代表的现代性是进步还是退步？是文明还是野蛮？是幸福还是灾难？是希望还是绝望？我们看到的是"一切坚固的东西都烟消云散了"。吉尔兹认为法律"乃是一种地方性的知识，这种地方性不仅指地方、时间、阶段与各种问题而言，而且指情调而言——事情发生经过自有地方特征并与当地人对事物之想象能力相联系"。[1] 后现代理论对法律本质的认识可能会引发主流法学家的抵制，后现代理论的有些主张和批评过于偏激，但是其观点具有可取之处。[2] 后现代法学重视事物的细微之处，这与配偶权的要求不谋而合。

一　两性群体差异、婚姻个人差异与配偶权的联系

后现代理论的兴起不意味着现代法学的没落，后现代的法学理论仍处于发展之中的，现代法学仍处于主导地位。后现代法学理论能够让我们在宏观理论之外，理解具体现象以及它们之间的关系。女性主义作为后现代理论的重要分支之一也具有其特征。性别平等的提出，要求在追求男女实质平等的过程中，重新定义配偶权的身份性，即配偶间的身份权利义务是平等的，不仅是法律规定上的女性和男性平等，还要在遵循社会性别平等

---

[1]　[美] 克利福德·吉尔兹：《地方性知识》，王海龙等译，中央编译出版社2000年版，第273页。

[2]　参见信春鹰《后现代法学：为法治探索未来》，载朱景文《当代西方后现代法学》，法律出版社2002年版，第39页。

的同一论基础上要考虑差异论，男性与女性之间，女性与女性之间也有很多的差异。

就西方社会性别平等理论而言，女性是被假设的白人、中产阶级，相对有色人种和其他阶级的女性，前一类女性会对后一类女性形成剥削的关系。如何消除女性之间的不平等，就要考虑女性的社会角色——人与人的和谐关系。

在现代西方的法治体系中，强调法律规则的普适性，否定了社会边缘人群的要求和经验，不同性别人群的微观的、具体的经历和感受往往容易被忽略。而女性自己的社会经验和价值标准，会被视为异端。

关怀伦理补充了传统的正义理论，关怀理论注重具体的情境，对情境中的体验和情感较多考虑，重视"关怀行动"。①② 男性的道德发展重视"权利与不干涉"，女性的道德则"明显导向人际关系与相互依赖"，女性的道德规范重视连接，和他人的具体关系，事件发生的具体情境，而不是抽象统一的法律规范。但是，女性的关怀他人的体验，虽然是人类最基本的维持生存的要求，但是这种基本的需求却没有受到应有的重视，反而被有意忽视和贬损。美国女性主义学者吉利根认为正义理论与关怀理论的核心区别就是前者是一种自我保护的机制，实行不干涉他人的原则；后者是对他人的福利予以积极关注。

二 传统法律忽视两性群体差异和婚姻个体差异

传统法律强调二元论，主张主客观世界观，法律要求的是明确化、规范化。它是一种推理式、二分式、对立式、阶段式、抽象式与归纳式分离认识论。它与女性主义理论是一种直觉式、整体式、非侵略式、具体式与情境式连接认识论相区别。③

黑格尔在《法哲学原理》一书中，认为"个别的人，作为这种国家

① 参见肖巍《关怀伦理学及其思考》，载邱仁宗《女性主义哲学与公共政策》，中国社会科学出版社 2004 年版，第 294 页。

② 美国女性主义学者吉利根认为正义理论与关怀理论的核心区别就是前者是一种自我保护的机制，实行不干涉他人的原则；后者是对他人的福利予以积极关注。参见威尔·金里卡《当代政治哲学》，刘莘译，上海译文出版社 2011 年版，第 428 页。

③ 朱迪斯·贝尔：《女性的法律生活》，北京大学出版社 2010 年版，第 115 页。

的市民来说，就是私人，他们都把本身利益作为自己的目的。由于这个目的是以普遍物为中介的，从而在他们看来普遍物是一种手段，所以，如果他们要达到这个目的，就只能按普遍方式来规定他们的知识、意志和活动，并使自己成为社会联系的锁链中的一个环节"①。黑格尔因为推崇历史和整体，他没有给当下经验、个体生命及其本能留下空间，一切都在历史的"理性狡计"的掌控之下。因为强调理性和思辨，他同时拒绝哲学主义和经验主义，情绪化的东西受到排斥。绝对精神是世界的本原。自然、人类、社会都是它在不同发展阶段的表现形式。事物更替和发展就是绝对精神本身。

马克思也认为市民社会是对私人活动领域的抽象，忽视个体的特征，认为个体是自己利益的最佳判断者。自由平等的独立主体成为商品交换的基本因素，自由平等原则也成为"国民的牢固成见"。② 现代法学认为人们在社会中达成价值共识，最终形成统一遵守的规则。这些规则通过归纳、演绎等一些逻辑方法上升为法律，法律具有技术性、价值性、可预知性。

但是后现代法学认为人们的具体需求各不相同，不能形成价值共识，不能最终形成法律。每个群体有各自的主张，他们是多元的，没有永恒的正义。法律的普适性是脱离了具体情况的，并可能对社会边缘的人群造成不公正的后果。福柯认为，法律中的隐私权和个人自治权湮没在由规训和强制所构成的准法律制度之中。

传统法律肯定法律的普遍意义，但是对法律针对不同社会群体的不同含义考虑不足。加入后现代法学视角，可以改变法律被认为极端化、空泛的观点。

三　社会性别视野下的配偶权重视两性群体差异和个体差异的要求

现代法律被认为是按照男人看待和对待女人的方式来看待和对待女人的。社会性别视角是女性主义发展的阶段性成果，是后现代法学在女性地位方面的贡献。社会性别视野下的配偶权注重、强调个体的差异，认为法

---

① 黑格尔：《法哲学原理》，商务印书馆1961年版，第201页。
② 《马克思恩格斯全集》第3卷，人民出版社1965年版，第448页。

律不仅要有抽象的公正，也要有"日常生活的实际细节"，这在一定程度上改变了法律刻板的形象。

实际要求法律做到两个方面：一方面，法律规范应实际解决具体困境；另一方面，女性的推论不同于男性，女性对事情的处境和来龙去脉更为敏感。[1] 女权主义学者丽贝卡·J. 库克认为，"要求法官在妇女活动的现实世界里看待妇女，以便裁定妇女的受虐待或权利的被剥夺是否是由于她们在性别或社会性别的等级中的位置所导致的"。[2]

以家庭暴力为例，心理学领域的受虐妇女综合征被加拿大法庭首次引入到审判当中，考虑由于加害人和受害人的亲密关系，受虐妇女具有不同于普通的加害人的经历，长期受虐形成的特殊的心理特征，在庭审中向陪审团告知受虐妇女综合征这一疾病的存在，获得陪审团的支持，法官最终对加害人判处了较轻的处罚。受虐妇女综合征打破了法制和法学研究的独立性和自治性，在法律研究中添加了心理学的内容，倡导了开放性、跨学科的研究。注重女性的情境式、具体的认识，注重人与人之间的联系，和他人之间的具体关系，事件发生的具体情境。

我国最高法院法学应用研究所的陈敏研究员在审判实践中，最早引入了受虐妇女综合征，并获得了法官的认可。从审判结果的社会效应考察，引入受虐妇女综合征的审判结果获得了公众的认可，被认为对加害人和受害人都是相对公平的。

配偶权中的同居权利义务，既考虑男性在性关系中的传统主导地位，又考虑了女性在性关系中被动、从属地位。将性关系定位为平等关系，请求与被请求关系，而不是一种女性对男性的同居义务。

第四节　社会性别平等视角下调整配偶权的基本原则

配偶权在社会性别平等的视角下，获得了极大的推进，也发展出了区别于婚姻家庭领域中其他关系的新特点，形成了由契约到身份新的发展格

---

[1]　黄宇：《婚姻家庭法之女性主义分析》，群众出版社 2012 年版，第 135 页。

[2]　转引自周安平《性别与法律》，法律出版社 2007 年版，第 96 页。

局，归纳为形式平等与实质平等兼顾、公权力介入私领域以及注重个人细微体验的这几项基本原则。

一　形式平等与实质平等兼顾原则

社会性别平等正视社会性别角色分工，致力于消除已有的歧视，从法律对配偶权的调整而言，应加入实质平等的视角。

第一，法律继续肯定夫妻关系中的男女平等。在婚姻关系缔结后，男女双方应该受到同等的对待，享有同样的权利，承担同样的义务。

第二，规定保护女性权利的特殊条款。法律规定男女共享的权利，承担相应的义务，而且针对女性弱势地位，应制定区别于男性的规范。法律从女性的切身经历入手，考虑女性的感受，深入分析女性弱势地位形成的社会、法律、政治、经济等诸多因素，构建社会性别领域的法律概念和相应的法律制度。

第三，关注法律在现实中的实际运作情况。如果法律仅限于文本的平等，无法关照女性的正当诉求，是一种表面的男女平等，[①] 不能真正实现男女的平等，所以还要考察法律在现实中的适用、执行及其社会中实际效果如何，法律是否适应社会需要，可以达到检测法律是否达到贯彻性别平等的目的。分析性别歧视存在的真实根源，剔除有性别歧视的法律制度、法律理念，等等。

二　公权力介入婚姻领域原则

家庭私人领域不再是一个封闭的领域，不是公权力不能干预的隐私范围。家庭私领域的治理模式发生重大的变化，契约理论对主体之间假象的平等模式，被现实中夫妻之间不平等关系所粉碎，女性处于依附男性的"他者"地位。

第一，作为规制配偶权的婚姻法地位具有独立性。婚姻法区别于民法

---

① 联合国《消除对妇女一切形式歧视公约》中规定，"加速实现男女事实上的平等"。我国在1980年成为该公约的缔约国，公约要求"缔约国应采取一切适当措施，改变男女社会和文化行为模式，以消除基于性别而分尊卑观念或基于男女任务定型所产生的偏见、习俗和一切其他做法……"。

有其特殊的调整对象，婚姻法属于民法的分支，但要承认婚姻法的确有
别于民法其他部门的重大差异。为贯彻真正的男女平等，法律对配偶权
的具体权利内容予以明确化，并为夫妻之间的不平等关系提供国家救济
的途径。

第二，扩大隐私权的内涵，法律不仅只认可家庭隐私权观念，而且承
认妇女个人的隐私权。[①] 中国传统社会"家国同构"的伦理秩序基本上被
彻底打破，家庭已经在多元的价值体系和法律制度中被"肢解"掉了。
我国传统的家庭模式逐渐土崩瓦解，涉及夫妻隐私权的研究，还不够深入
或者说实践中还很少见，可以借鉴美国隐私权的发展，对夫妻间侵害配偶
权利进行救济，适用个人隐私权制度。

三　注重两性群体差异和婚姻个体差异原则

婚姻法中的自然属性决定了配偶权必定涉及伦理范围，关涉情感领
域，个体的细微体验如此明显，也会影响到婚姻案件的裁判。

首先，在规定配偶权的时候，将关怀理论具体化为利他原则和义务原
则。调整配偶权的法律也要遵循关怀理论原理，即利他原则和义务原则。
配偶当事人相互考虑对方时，把他人处境想象为自己的处境，配偶之间的
权利关系和义务是相统一的，尤其强调当事人的责任。

其次，法官在配偶权案件的审理中可以适用自由裁量权。从普通人的
立场出发，依据风俗、传统等具体情境，考虑法律之外的实质因素，根据
具体的事实作出利益判断。由于婚姻法关于配偶权的规定都比较粗线条，
法官在判案时行使裁量权的时候，可以考虑案件主体的具体情况，对不同
社会群体的不同利益综合考虑。

最后，考虑对家庭案件适用特殊的家庭诉讼审理程序，建立多元的纠
纷解决机制化解家庭纠纷。日本学者高野耕一认为家事纠纷有以下特点：
一是引起家事纠纷的原因复杂，不能轻易地探明；二是家事纠纷的过程时

---

① 国家没有办法去管理家庭领域——这个说法现在的依据是：法律不应该干涉家庭领域的
情感关系，因为它太棘手了……然而，这种关注的重要性却因为法律拟制——如关于妇女婚内死
亡的民事案件——也曾为同样的结果作辩护而被降低了。威尔·金里卡：《当代政治哲学》，刘
莘译，上海译文出版社 2011 年版，第 414 页。

刻在流动，对它的变化无法预先判断；三是解决家事纠纷的方法和途径多种多样；四是家事纠纷的处理结果往往伴随着家事纠纷的拖沓、复杂和呈现出的困难态势，而出现当事人不予执行的情况。[1] 建立家事法院不失为一种兼顾个体细微体验原则的办法。家事法院不仅调查法律事实，还关注"生活上的事实"；不仅调查"要件事实"，还要调查"心理上的事实"。处理纠纷按照该个人个性，作具体的、个别的处理，符合亲属身份关系之实质，通过家事法院个案解决实现实质正义。

---

① 高野耕一：《家事调停中裁判官的责任》，《案例》72号。

第四章　社会性别视角下配偶权的性质研究

　　法律发展中，权利是私权无可争辩的核心概念。[①] 权利这一概念是大陆法系国家法律体系的核心，关于权利的内涵学说很多，主要有自由说、利益说和法力说。[②] 权利说中的法力说成为当今的通说。权利建立的基础关系可以转化为"权利和法律谁先存在的问题"，自由说认为权利先于法律，利益说认为权利和法律同时存在，法力说认为法律先于权利存在。自由主义理论下的法律关注个人自由、个人权利和抽象正义。民事权利按其调整的社会关系性质的不同可以分为财产权利和人身权利两大类。其中人身权利按其客体不同，又可划分为调整身份利益的身份权和调整人格利益的人格权。配偶权属于民事权利中的人身权利，是人身权利中的身份权。配偶权作为民事权利中的一种，其建立的基础具有特殊性，权利先于法律存在。婚姻关系确立后，当事人之间的身份关系发生改变，不以法律调整为前提，具有"事实在先"的特征。

　　社会性别平等视野下的法律权利，是对传统的男性视角制定、适用、执行和监督法律的审视的结果。我国法律确立了男女平等的基本原则，在

---

　　① ［德］迪特尔·梅迪库斯：《德国民法总论》，邵建东译，法律出版社 2000 年版，第 62 页。

　　② 意思说的主要代表人物为德国学者萨维尼（Savigny）和温德夏特（Windscheid），该说基本观点是权利本质乃意思自由或意思支配。亦即权利为个人意思能自由活动或任意支配的范围。故意思为权利基础，无意思即无权利，权利的本质应归着于意思。利益说的创始人为德国学者耶林（Jhring）。此说基本观点是，权利本质为法律所保护的利益，凡依法律归属于个人生活之利益（精神的或物质的）即为权利。法力说由德国法学家梅克尔（Merkel）首创，此说基本观点是，权利本质乃享受特定利益的法律上之力。也就是说，权利由内容和外形两要素组成，前者为法律上的特定利益，是人类为求生存不得不发生的人类与事物之间的各种关系；后者为法律上之力，即法律因充实其所认许的利益不能不赋予的一种力量。参见张弛《民事权利本质论》，《华东政法大学学报》2011 年第 9 期。

整个婚姻阶段，法律规定的夫妻权利义务平等，但是作为弱者的女性，事实上没有完全实现平等。首先，相对于男性，女性在缔结婚姻时处于劣势。由于经济社会转型期的产业结构调整引发的劳动力过剩和社会对女性连续就业保障的弱化，女性的经济地位一般弱于男性，有些女性在选择配偶时往往看重的是男性的经济实力。女性在选择配偶时较多考虑的是男性的经济收入等因素。其次，婚姻缔结后，社会分工模式加剧了夫妻双方的地位不平等，"女主内，男主外"是常见的分工模式，女性在职业和家庭方面，更注重家庭，视选择配偶为第二次投胎，女性在工作之外还要负担沉重的家务劳动。第三期中国妇女社会地位调查主要数据报告显示，工作日，男性的工作时间（包括了家务劳动）低于女性 37 分钟；休息日，男性的休闲时间多于女性 57 分钟。由此可见，现阶段我国女性的家务劳动时间多于男性。女性兼顾家庭的职业发展受到了一定的限制。随着社会进步，我国的家庭模式虽然有了一定的改观，但是在家庭中男性仍比女性的地位高，因此法律的规定应更多偏向女性。

将权利观念、权利保护适用到家庭领域，先正视家庭中存在夫妻事实上存在不平等的现象，在此基础上再进行身份利益的保护。具体配偶权利性质的分析上，考虑女性人身权方面的体验不同于男性，现有的关于女性生育健康、强奸、虐待妇女等方面的权利以女性体验为基础，重视女性的感受，实现实质上的平等。归根结底，我国婚姻立法从宏观角度重视男女平等，但是，从微观角度对婚姻主体的个体差异、性别差异考虑的不够充分。因此，法律不仅关注宏观意义上的平等，还要关注个体间的平等。

第一节　配偶权是身份权

一　身份、亲属身份

（一）身份的内涵

身份在拉丁语中是"status"，按照《元照英美法辞典》的解释，在罗马法上，该概念指一个人的地位和身份。一个完全的罗马市民必须享有自由身份、家族身份和市民身份。该词条还指法律人格的属性之一，特指一个人在法律上所处的地位，而这又决定其在特定法律关系中的权利和义务，实际上等同于自然人的法律地位。一个人的法律地位多由法律所决定，而非以个人选择或协议改变；即使在可以选择改变法律地位的情况下，例如结婚，由此而改变法律地位的结果仍由法律所规定。史尚宽先生认为，民法上身份云者，谓基于亲属法上之相对关系之身份，有一定身份然后得享有独立之权利也。①

现在身份的内涵所呈现出来的面貌，是身份到契约的历史发展的结果。最初，身份的概念与奴隶制度、封建制度关系密切，这些制度孕育出了身份的概念，身份成为确定社会成员地位和决定社会资源配置的重要依据，身份存在意味着等级存在，意味着法律面前没有人人平等。古代社会"在'人法'中所提到的一切形式的'身份'都起源于古代属于'家族'所有的权力和特权"。② 在古代中国，君臣之间存在绝对的支配关系"君要臣死，臣不得不死"。欧洲封建国家出现的主仆关系、行会中的师徒关系等。但是，资产阶级革命后，身份界限被打破了，等级制度也被废除了，身份所附加的额外意义彻底消失了。身份成为说明人与人关系的概念，不同身份的人法律地位是平等的。现代社会，身份功能发生变化，身份内涵扩大化，身份关系到社会公共利益和社会利益，是保护弱者、保留或强化社会的工具。身份制度是用来保护一定的社会关系和个人状况，是对社会进行法律意义上的组织。

身份的特征表现为以下几个方面：

首先，身份是在特定社会关系中的地位，不局限于亲属关系。有关身份的界定有两类观点：一种认为身份存在于有血缘关系的人当中，身份是亲属法的专有概念。身份是平等主体之间基于婚姻、血缘、法律拟制产生的特殊的权利义务关系。只要身处在社会中的人，都有身份关系的存在。如台湾地区的史尚宽先生、我国的其他一些学者和日本的学者③。另一种

---

① 史尚宽：《民法总论》，台湾正大印书馆 1980 年版，第 16 页。
② ［英］梅因：《古代法》，沈景一译，商务印书馆 1984 年版，第 51 页。
③ 张俊浩教授认为，身份是自然人在团体或者社会体系所形成的稳定关系中所处的地位。日本学者认为，身份是人们在家族或亲族关系中享有权利义务的法律地位。（参见 ［日］《世界大百科事典》，人民法院出版社 2006 年版，第 80 页。）是亲属法上的特定法。（参见 ［日］我妻荣《新版新法律学辞典》，中国政法大学出版社 1991 年版，第 913 页。）

则认为身份是民事主体在特定法律关系中的地位，不仅局限于亲属法中，还包括了知识产权人基于知识产权获得的地位和自然人基于贡献获得的地位，等等。① 后一种观点更符合身份的发展。

其次，身份具有利益性和稳定性。身份的利益，与财产有一定联系，但是没有直接的财产内容，表现为精神上的利益。身份一旦确立，具有稳定的特性。一般而言，不能转让和继承，与人身不可分离。

综上所述，身份是特定社会关系的地位，具有稳定性和利益性的特点。

（二）亲属身份

身份中数量最多、最重要的一类就是亲属身份。亲属身份是基于婚姻、血缘和法律拟制所产生的人与人之间的社会关系。亲属身份中的亲属一般是自然形成的，亲属之间有特定的称谓，如父母子女、兄弟姐妹。这种亲属间的特定社会关系主要表现为亲属共同体关系，如配偶身份就必须存在于配偶共同体中，离开了配偶关系，也就无所谓配偶权了。

一般身份分为法律上的亲属身份和生物学上的亲属身份。生物学上的亲属，一般是按照遗传学规律自然形成的亲属，由于其数量庞大，不宜全部作法律上的规定。法律上的亲属，一般限定在血缘很近的亲属之间，他们之间有法律规定的利益关系，如夫妻之间、父母子女之间、兄弟姐妹之间，等等。当然，法律上的亲属还包括法律所确认的亲属。

二 身份权、亲属身份权、配偶权

拉丁语中的身份权（jus personarum）解释是指基于主体在不同关系中的不同身份所产生的权利。身份权的概念主要是大陆法系国家适用的，如前述关于身份的范围有两类不同的划分，因而身份权也有不同的定义。日本法学家我妻荣认为，身份权也或亲属权，是伴随身份地位而产生的生活利益，是基于在亲属共同生活体中的个人所处的地位而赋予的权能。史尚宽认为，身份权亦称亲属权，为由身份关系上所生之权利，广义的包括亲属法上的及继承法上之权利。杨立新教授认为，身份权是民事主体基于

---

① 王利明：《人格权法研究》，中国人民大学出版社 2005 年版，第 51 页。杨立新教授也认为，身份是指民事主体在亲属关系以及其他非亲属的社会关系中所处的稳定地位，以及由该种地位所产生的与其自身不可分离，并受到法律保护的利益。

特定的身份关系产生并由其专属享有，以其体现的身份利益为客体，为维护该种关系所必需的权利。身份权在不同的历史时期，有着完全不同的内涵。身份权在现代有扩张的趋势，其主体逐步扩大，内容逐渐拓宽，消费者等弱势群体也是身份关系，有享有身份权的可能。一般而言，身份权就是基于身份而依法享有以人身利益为客体的权利，区别于带有等级烙印的身份权。资产阶级革命后的身份权的特点，表现平等、民主的人身关系使身份权性质发生了根本变化，身份权的客体不再是相对人的人身，而是身份利益。

当代身份权具体划分为三种类型：第一类是亲属身份权。亲属身份权分为配偶权、亲权和其他亲属权。第二类是成员权。如公司中的股东、董事、董事长；农村集体经济组织中的村民。第三类是知识产权中的身份权如著作人的身份权，发明人的身份权。身份权还有不断扩大的趋势，劳动者的身份权、消费者的身份权、法人身份权和合伙组织身份权等都是不断出现的身份权的类型。

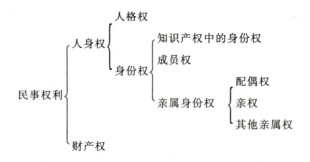

亲属身份权是身份权的一类，主要是指基于亲属关系所产生的权利。① 亲属身份权具有以下特征：

1. 主体之间具有亲属关系。亲属身份权是身份权的一种，按其身份关系的性质所作的分类，具体划分为具有亲属关系的身份权和亲属关系以外的身份权两大类。具有亲属关系的身份权就是亲属身份权，亲属身份权

---

① 台湾地区学者认为，身份权亦称亲属权，是指由身份关系所产生的权利，广义上包括亲属法上及继承法上的权利。

的范围与台湾地区对身份权划分的范围相一致。

2. 权利的主体受到限制。亲属身份权作为一项法定权利，有法定的权利主体范围。不是所有具有亲属关系的主体都享有亲属身份权，法律仅根据血缘关系的亲疏程度对部分亲属关系作了规定。一般来说，对直系血亲和较近的旁系血亲关系的亲属之间的身份利益法律作了规定，存在于这些关系的当事人享有特定的亲属身份权。主体的特定性，决定了身份权只能附随于该主体。身份关系发生改变，权利内容就会无法实现。

3. 权利具有人身性质。亲属身份权的产生、变更和消灭多依据的是法律事实中的事件，不以主体的意志为转移，如父母子女关系的确立就依据的是出生这一法律事实。对依据法律行为（亲属法领域主要是亲属法律行为）的亲属身份权的变动，其变动确立的身份利益也是法律明确规定的。如结婚是当事人的自由意志的行使，是一种亲属身份行为，但是结婚行为中当事人的自由意志也仅限于婚姻的缔结，婚姻缔结后的后果都由法律明确加以规定。因此，亲属身份权体现自由意志的因素不浓重，甚至有些轻描淡写，更多是一种相对人的义务，"不独为权利人之利益，同时为受其行使之相对人之利益而存在"。① 所以，亲属身份权不能转让，也不能继承，权利人放弃亲属身份权的行为被严格禁止。

亲属身份权的范围按台湾学者的分类，包括基本的身份权和支分的身份权。② 基本的身份权是指为基本身份地位的总称，如为亲的权利、为子的权利、为夫的权利、为妻的权利。支分的身份权，是指由基本的身份权所支生出来的各个权利，如为亲的权利支生出的亲权、为子的权利支生出的抚养请求权、为夫的权利支生出的同居请求权、为妻的权利支生出的日常家事代理权。基本身份权可以看作是身份，支分的身份权就是基于身份享有的身份利益。我国学者将身份权分为配偶权、亲权、亲属权。③ 按照亲属身份权的性质，可以分为形成权性质的亲属身份权、支配权性质的身份亲属权和请求权性质的身份亲属权。④ 从亲属身份权的客体特征，按照

---

① 参见史尚宽《亲属法论》，中国政法大学出版社 2000 年版，第 35 页。
② 参见史尚宽《亲属法论》，台湾荣泰印书馆 1980 年版，第 32—33 页。
③ 参见杨立新《人身权法论》，人民法院出版社 2006 年版，第 82—84 页。
④ 参见余延满《亲属法原论》，法律出版社 2007 年版，第 123 页。

亲属身份是否可以由当事人解除进行划分，可以分为任意性的亲属身份权和非任意性的亲属身份权两类，前者的代表是配偶权，后者主要指亲权、其他近亲属权。我国配偶身份权益可以因当事人离婚、死亡而终止，但是自然血亲的父母身份利益及其他近亲属身份利益是法定的，不能由当事人按自己意愿解除。有关亲属身份权的分类，配偶权、亲权和其他亲属权的分类比较合理。亲权是父母对未成年子女有人身和财产方面的管教和保护的权利义务。亲权派生身份权包括：对未成年子女进行管教、保护的权利；子女住所决定权；法定代理权和同意权；职业许可权等。其他亲属权是指除配偶、父母与未成年子女以外的其他近亲属之间的身份权。具体来说，它是父母与成年子女、祖父母与孙子女、外祖父母与外孙子女以及兄弟姐妹之间的身份权。其他亲属权的派生身份权包括：亲情权、亲属称谓权、亲属名誉权、亲属间相互尊重、相互扶养和赡养、相互帮助和体谅等权利义务。

区别于其他亲属权，配偶权涉及夫妻之间的精神利益，是夫妻之间的相互陪伴、钟爱和帮助的关系，具有一定的私密性质。其派生的身份权包括：夫妻同居权、忠实权利义务、同居权利义务、婚姻住所决定权等。

三 社会性别视角下的配偶权发展了亲属身份权理论

（一）从身份到契约

亲属身份权中的配偶权最终是由资产阶级革命所确立的，在这之前经历了从奴隶社会、封建社会的等级身份制度到现在平等的身份制度的变化。奴隶社会、封建社会中的配偶关系主要表现为丈夫对妻子的支配权。《摩奴法典》规定了在夫妻关系中，夫权高于一切。夫主对嫌弃他的妻子，可以没收她的财产，对有不良习惯、不孕、生病等的妻子，都可以进行更换，甚至妻子说话难听也是丈夫更换妻子的理由。① 我国古代的"三纲五常"中的"夫为妻纲"就反映了这种身份制度。资产阶级革命后，实现了"从身份到契约"的跨越，个人对家族的依附成为历史，人格独

---

① 参见蒋忠新译《摩奴法论》，中国社会科学出版社 1986 年版，第 180—181 页。

立、自由，人们通过契约来缔结婚姻关系。亲属之间的结合成为了本质的社会结合，结合和支配相辅相成。诚如史尚宽先生所言，婚姻关系改变了过去丈夫对妻子的支配状态，成为了达到夫妻为永久共同生活目的，夫妻之间的一种相互支配的关系。① 梅因在《古代法》中提到"所有进步社会的运动，到目前为止，是一个'从身份到契约'的运动"，"在运动发展的过程中，其特点就是家族依附的逐渐消灭以及代之而起的个人义务的增长，'个人'不断代替了'家族'，成为民事法律所考虑的单位"。"我们也不难看出：用以逐步代替源自'家族'各种权利义务上那种相互关系形式的，究竟是个人与个人之间的什么关系。用以代替的关系就是'契约'。在以前，'人'的一切关系都被囊括在'家族'关系中，把这种社会状态作为历史的一个起点，从这个起点开始，我们似乎是在不断地向着一种新的社会秩序状态移动，在这种新的社会秩序中，所有这些关系都因'个人'的自由合意而产生的。"②

资产阶级革命虽然提出了人生而平等的口号，并将之贯穿于自己的法典之中，但是轰轰烈烈的资产阶级革命并没有触动封建家长制，更没有引起家庭领域的变革，对封建婚姻家庭法律制度的影响微乎其微。真正在家庭领域实现这一平等的思想，却是在第二次世界大战以后，伴随着几次女权运动的高潮而逐步实现的。社会经济的发展、思想意识的变化、婚恋观念的变迁，促使婚姻家庭法律发生重大的变革。高度发达的工业社会，家庭结构发生变化，核心家庭逐渐处于主导地位，夫妻成为家庭的轴心。要求法律不断地修改，摒弃男女不平等规定的封建残余，确立夫妻在家庭中的地位平等，享有平等的就业权和财产权利，并负有相互扶养、忠实等义务。③ 婚姻家庭领域中配偶身份的平等性原则延伸到家庭成员的平等性原则，亲属身份权最终实现了契约化。

（二）国家适当规制亲属身份权

伴随着社会性别理论和实践的发展，配偶之间的平等仅依赖法律的字面规定是不能实现实质意义上的男女平等。法律不仅关注抽象意义上的平

---

① 史尚宽：《亲属法论》，台湾三民书局2004年版，第30页。
② ［英］梅因：《古代法》，沈景一译，商务印书馆1984年版，第96—97页。
③ 参见雷春红《婚姻家庭法的地位研究》，法律出版社2012年版，第89页。

等，也关注个体平等，注重个体差异和性别差异，法律带有性别平等色彩的触角有必要深入到男女两性关系中。

1. 任意性的亲属身份权的法定化

首先，亲属身份权由于其具有的身份利益通常是精神层面的利益，表现为权利有边界的义务性的利益。"各种类型之亲属身份，虽各有其一定内容，但其本身并不是权利，而因亲属的身份行为或事实行为，亲属的身份人即将取得或丧失某一种类型之特定的亲属的身份。至于特定的亲属身份内容，绝无财产法上之实质，而只是用财产法上权利这一名称，便宜上称之已耳。"① "身份权虽然名为权利，其实处于权利与权限的过渡之中，是边缘形态的权利，因而含有义务的成分。对于某些权利而言，同时也是义务，例如配偶权、监护权即是。"② "身份权虽然在本质上是权利，却是以义务为中心，权利人在道德和伦理的驱使下自愿或非自愿地受制于相对人的利益，因而权利之中包含义务。"③ 现代法律因其家庭事务的操作性不强，一般将其作归为私人领域不予干预，而是由伦理道德进行调整。亲属身份关系中的人之间地位平等，以善待人、关怀人为基点。婚姻家庭伦理是在人性上形成的，法律则是对婚姻家庭伦理的超越。"家庭按照孰人社会的模式运作，法律的规则对其并不适用，家庭组织完全受到情感和优势者的支配。"④ 而亲属身份关系中的夫妻身份关系也是遵循这一规律，主要由现有的伦理道德进行调整。夫妻缔结婚姻后，形成了婚姻共同体。但是，在这个共同体中如果双方并不是一种平等的关系，而是一方处于优势地位，另一方处于不利地位，如果法律忽视这些实际状况，可能出现优势一方侵害另一方权益的现象。以美国为例，美国的婚姻被认为是夫妻之间的契约关系，国家不对其进行干涉。但是在面对婚外性行为这个婚姻的癌症时，美国 20 世纪 90 年代晚期，约有 90% 的男性和女性认为婚外性行为总是错误的或者几乎总是错误的。1998 年实施的一项研究揭示，近 3/4 的美国人认为"已婚的人发生婚外情"不仅仅是不能接受的，而且不

---

① 陈棋炎、黄宗乐、郭振恭：《民法亲属新论》，台湾三民书局 1998 年版，第 22—23 页。
② 张俊浩：《民法学原理》，中国政法大学出版社 1997 年版，第 159 页。
③ 王利明：《人格权法新论》，吉林人民出版社 1994 年版，第 209 页。
④ 周安平：《性别与法律》，法律出版社 2007 年版，第 162 页。

应该被宽容。① 婚外情是导致婚姻解体的主要原因之一，而离婚常会使妇女陷入贫困，在各方面比男性处于更困难的境地，尤其是带着孩子的离婚母亲，生活水平大多降低到贫困线下。1997 年，北卡罗来纳州法院作出了美国司法史上首次"第三者"受到处罚的判例。该州一名叫桃丽丝的妇女，援引该州一项有百年历史的保护家庭不受第三者破坏的法律，向法院控告第三者玛姬与自己的丈夫通奸，使原本幸福的婚姻关系破裂而离婚，要求玛姬为此支付赔偿金。北卡罗来纳州格拉姆法院作出了一个"令所有惨遭遗弃的怨妇扬眉吐气的裁决，要求玛姬向桃丽丝支付高达100 万美元之巨的赔偿金"。

其次，社会和国家对处于具体情境之中的当事人的体验没有感同身受，对他们的身体和心理的损害的严重性没有体会，法律缺乏对具体情境中的人具体情境的体会，没有个人细微体验，法律表现为宏观意义上的男女平等关系。

学者李敖曾举了这样一个案例，某村一位妇女 Q 丈夫 M 常年在城里打工，在同村的另一位男子 W 的引诱下，Q 同 W 发生了历时一年多的两性关系（Q 称是先强奸后通奸）。其丈夫回来后得知此事非常愤怒，声称自己"没脸在这个村子里活下去了"，多次打骂 Q，并威胁 W 及其家人特别是其儿子的生命安全。村委会首先出面调解，W 表示愿意向 M 支付7000 元人民币作为"精神和名誉损害赔偿"，但要求 M 保证，私了之后不再威胁自己和孩子的人身安全。M 拒绝了这一出价，继续纠缠威胁 W。W 感到自己和孩子的人身安全受到了威胁，为了寻求保护，将此事反映给本村书记，书记建议他向当地人民法院提起诉讼，要求被告 M 停止对W 的人身威胁和财产侵害。面对 W 提出的反诉，M 异常愤怒，在没有任何可以站得住脚的法律的情况下，M 提出反诉，认为原告的行为对自己造成了"精神和名誉损失"，要求法院据此判决原告赔偿自己人民币10000 元。面对这种非常微妙的案件，法院既没有轻易接受 W 的诉讼请求，也没有轻易拒绝 M 的诉讼请求，而是模棱两可地对此案进行了调解。

---

① ［美］A. 桑顿、L. 扬·德马斯：《美国四十年家庭观念的变化趋势——从 20 世纪 60 年代到 90 年代》，胡玉霞摘译，转引自雷春红《婚姻家庭法的地位研究》，法律出版社 2012 年版，第 93 页。

在调解过程中，法院一方面通过劝说，使得 W 接受了对他实行拘留的决定；而另一方面，法院又用这种拘留作为交换条件之一，要求 M 作出让步。经法院同双方做工作，和解协议终于达成。协议规定了 W 赔偿 M 精神和名誉损害费 8000 元；M 停止威胁、骚扰 W 及其家人，此后，双方均不得挑起事端（对于 W 来说，这意味着不得再去"找"这位妇女）；本案诉讼费 600 元，W 承担 400 元，M 承担 200 元。协议达成当天，在"班房"里安全且莫名其妙地待了 13 天的 W 被释放了。W 对自己的遭遇没有半点抱怨，相反一个劲儿地感谢主持调解此案的法官。而 M 则很快携带自己的妻子离村到城里打工去了。

这个案件中，法律并没有提供对丈夫身份利益受损的权利救济途径，法官按自己的经验给丈夫提供了救助。在法官的观念中，结婚后的妻子是丈夫的私有财产，"只有妻子能发挥一种属于她的特殊地位的作用：提供合法的孩子和确保家族的延续"，① 被他人侵犯或侵占后受损害的不是妻子，而是她的丈夫，做丈夫的失去了"面子"，其严重程度远远大于妻子所受的种种伤害。至于这位妻子是否真的被强奸过，遭受丈夫殴打后果如何，今后是否还愿意和丈夫共同生活、她对于丈夫和"第三者"之间的官司有何感受或要求或个同意见、家庭暴力是否将长期延续……没有任何交代。本案中的法官在无法可依的情形下，以法律的名义肯定了男性控制女性性行为的父权思想，妻子通奸的违法性为法官所不能容忍，维持传统观念对女性的歧视，忽视对具体情境中的女性的具体情境的体验，法律中的男女平等被曲解适用。

从以上两个方面可以得出结论，我国婚姻法对夫妻间权利义务内容规定的过于简单，法律的疏漏不仅不能实现法律的指引作用，还为某些违法行为规避法律的制裁留下空间。法律对任意性的亲属身份权进行规定或者法律要介入其中是有必要的。法律对家庭领域内的夫妻关系进行适当干预，以重新认识家庭事务中当事人之间的关系为前提。夫妻在家庭中的关系是平等的，这种平等表现为夫妻的地位不仅是以法律书面形式加以确定，而且还要在实际生活中避免夫妻一方对另一方人身的支配、控制。我

---

① ［法］米歇尔·福柯：《性经验史》（增订本），余碧平译，上海人民出版社 2002 年版，第 246 页。

国现阶段法律介入家庭成员关系的形式，主要表现为家庭成员间发生暴力行为时国家积极介入，具体为反家庭暴力领域中的身体暴力行为的救济。不局限于此形式，法律还应扩大适用范围，有限度的对夫妻间的其他身份关系进行必要的规制，以避免婚姻生活在完全的封闭状态下，夫妻关系中强势一方损害弱势一方利益的情况发生。比如，家庭暴力中的精神暴力和性暴力不仅是用身体侵害对方独立人格的问题，而且还是滥用配偶权侵害夫妻的身份利益的行为，法律不应对其不予救济。如果法律的不作为，将会加剧男女关系中的不平等地位。

2. 完善亲属身份权的救济

配偶权作为权利，法律应提供相应的权利救济措施，这是对亲属身份权的一种贡献，受侵害的精神性质的身份利益通过对加害人惩罚获得救济，保障权利人的权利。法律介入配偶权关系有限度要求。被害配偶宽宥加害配偶，法律不干预，这与其他亲属身份关系相类似。如虐待、不履行抚养义务的继承人的，法律规定了继承人丧失继承权，但是也有例外情形在继承人宽宥被继承人的情形下，法律不必然介入。总之，配偶关系涉及夫妻的身份利益，注重个人的细微体验，法律不宜作全面的调整，而应在适度范围内对其进行调整。

第二节　配偶权的相关权利体现人权精神

一　基本人权公约的社会性别视角

人权最早起源于希腊，资产阶级革命中提出了人权的概念，即人之所以为人的权利，主张自由平等、天赋人权的理念，反对封建君权和森严的等级制度。第二次世界大战后联合国宪章在人类第二次大战后的废墟上被制定出来，反对战争、保障人权成为人们内心的真实写照。紧接着联大又相继制定了《世界人权宣言》、《公民权利和政治权利国际公约》、《经济、社会和文化权利国际公约》。人权公约的发展大致分为三个阶段：第一阶段人权主要体现为公民权利和政治权利的内容；第二阶段人权主要是社会、经济和文化的内容；第三阶段人权的主题是休戚相关权。这三个阶段的人权内容各不相同，但是他们总是相随相伴的。第一阶段的人权就对女性的暴行具有非公共性，可能发生在一国国内或家庭内部。如性侵犯、家庭暴力、通奸、计划生育等，一般由国内法进行调控，但是有些国家认为这些行为是宗教、文化活动，不予规定。第二阶段的人权弱化了公法和私法的区别，公、私法划分的色彩减轻，其人权内容是经济、社会和文化权利，这些权利与女性权利更密切相关，但是由于权利是针对所有人创设的，使女性的一些特别要求难以得到满足，对女性承担的家务劳动的价值没有认可。第三阶段的人权是发展权，发展权是权利的集合，"积极参与经济、社会、文化、政治的发展并享受其成果，从而充分实现所有的人权和基本自由"。

在人权法的发展历程中，社会性别平等也始终是人权法关注的一个重要议题。联合国宪章中规定了鼓励和促进基本人权、人类尊严与价值以及男女平等，虽然关于女性的一般保护是个别的、原则性的，但是却表明了对女性权利的关注态度和立场。早期三大公约中都提到了权利和自由享有的平等权，并且在以后的缔结的公约中不断加入社会性别平等的视角，对现有的规定进行修正完善，《消除对女性一切形式歧视公约》就是针对女性在经济、社会、文化权利的特殊诉求而给予特别的法律规定。随后制定的《欧洲人权公约》、《美洲人权公约》也明确规定了性别平等。其中《欧洲人权公约》第八条规定了尊重个人和家庭的生活是每个人的权利，第十四条规定了禁止歧视原则，排除基于性别的不平等待遇。现代一些国家如德国将国内反映性别平等的配偶权上升到宪法的层面进行规定，德国基本法规定了男女享有平等的权利，任何人不因性别受到歧视或享有特权，男女平等的原则适用于婚姻家庭领域。

二　人权丰富了婚姻家庭法的价值基础

人权反映了人最根本的需求，这与民法作为根本法反映普通个体的要求是根本一致的，公约规定了部分法定权利，其立法的宗旨和倾向性规定，以缔约国的国内法的形式加以适用，因此依公约完善国内民法的规定，达到人权保护的最终目的。

人权提出了性别平等的新要求，作为国内法的民事法律也要对其有所反映。具体表现为婚姻家庭领域中针对男女实质不平等的现状，如何在制定、执行、实施、监督、跟踪法律过程中，实现男女性别平等。人权要求改变法律中立的和客观的特征，考虑女性的经历，加入关怀理论的视角规定权利和义务关系，尤其是在涉及女性权益的婚姻家庭领域中要更为明显地体现这一要求。

人权公约的立法宗旨是逐步打破公私领域的绝对划分，改变政府不干预私领域的现状。人权介入婚姻家庭领域，改变了传统婚姻的一些价值理念，更加强调实质意义上的平等。如按人权公约确定的反歧视原则，有些国家对非婚同居和同性婚姻都给予了规定，打破了传统的一夫一妻的婚姻模式，对传统婚姻的模式和家庭的功能不能不说是一个巨大的挑战。对隐私性身份利益不干预理念逐渐被动摇。隐私性的身份利益实际上是给夫妻关系中的配偶他方（一般是丈夫）侵害妇女的身体、经济和性提供了便利，家庭属于传统的私人领域，有造成妇女身份、自治、控制和自我界定能力被限制甚至剥夺的可能性。在所颁布的相关公约中对人权加入婚姻家庭领域这一新发展都有所体现，并被相关国家所采纳。

三　配偶权中的相关权利体现人权精神

1975 年的《关于妇女平等和她们对发展与和平的贡献的墨西哥宣言》第五条规定：“男女在家庭里和社会上具有同等的权利和责任。在家庭里，应保证男女平等，因为家庭是社会的基本单位，也是培养人类关系的地方，男子应该更积极地、更有创造性地，而且更负责地参加家庭生活，使家庭生活健全发展，以便妇女能够加紧参与社会的活动，并使夫妻双方都可以有效地兼顾家务和职业。”[①] 1979 年的《消除对妇女一切形式歧视公约》，加速了男女平等的步伐，向缔约国提出了消除对妇女的歧视的措施保障。该公约第四部分的第十六条规定：缔约各国应采取一切适当措施，消除在有关婚姻和家庭关系的一切事务上对妇女的歧视，并特别应保证妇女在男女平等基础上：在婚姻关系存续期间以及解除婚姻关

---

① ［美］爱德华·劳森：《人权百科全书》，董云虎等译，四川人民出版社 1997 年版，第 334 页。

系时，有相同的权利义务；夫妻有相同的个人权利，包括选择姓氏、专业和职业的权利。1993 年维也纳联合国第二次世界人权大会提出了妇女的平等地位和人权，认为不仅公共领域而且私人领域都有消除对妇女暴力的人权义务。

1995 年，北京召开了第四次世界妇女大会，通过了《北京宣言和行动纲领》，我国承诺将社会性别平等纳入各国的政策的制定、实施、监督和构建中。《北京宣言和行动纲领》是这一宗旨的深入化。2005 年，北京纪念第四次世界妇女大会十周年会议就家庭暴力、艾滋病、贫困与女性人权的关系，作了深入的研讨。作为私人领域中的配偶权，其立法也要贯彻基本人权的宗旨，对个人内在价值予以肯定和平等保护。①

首先，对不仅侵害配偶权而且侵害人权的行为进行规制。对违反夫妻忠实义务、同居义务的严重情形，公约作为侵犯人权的行为予以制裁。1993 年的《消除对妇女暴力宣言》，明确提出了国家对私领域的暴力可以进行介入。人权公约涉及婚姻家庭领域的、有关隐私性质的身份权的救济要求，夫妻之间本应该相互照顾、扶助和爱慕。但是夫妻之间存在夫妻配偶权的严重违反的情形时，如性暴力、精神暴力和身体暴力，在家庭的私领域或在熟悉与亲密关系中侵犯妇女的权利普遍存在，人权公约要求缔约国对此种行为予以制止。缔约国内学者也纷纷展开对上述行为的全面的研究。

其次，保护夫妻姓名权。夫妻姓名权②在国际人权公约的个人申诉程序中通过个案的形式，得到了平等的保护。在穆勒和恩格尔哈德诉纳米比亚案中，人权事务委员会认为纳米比亚的有关夫妻之间的姓氏权无法解释妻子改姓丈夫的姓氏，为何比丈夫改姓妻子的姓氏容易的问题，认为这里涉及了对男女姓名权存在歧视的问题。

---

① 有学者提出了家庭生活权，认为这也是一种人权，包括尊重家庭成员的个人自由，反对歧视，家庭成员之间应该是平等的关系。参见蒋月《人权视野下婚姻家庭法最近六十年的变迁及其对我国的启示》，载《厦门大学法律评论》卷总第六辑，厦门大学出版社 2009 年版，第 101 页。

② 1999 年 10 月 29 日，德国公民迈克尔·安德雷斯·穆勒先生和纳米比亚公民伊姆克·恩格尔哈德女士向人权事务委员会提交来文，声称他们是纳米比亚违反《公民权利和政治权利国际公约》第二十六条等条款的受害人。穆勒先生 1995 年来纳米比亚为恩格尔哈德女士拥有的"恩格尔哈德设计"（Engelhard Design）珠宝制造厂工作。两人 1996 年 10 月结婚，婚后他们通过律师办理改姓手续，得到的答复是：妻子改随夫姓不需要任何手续，丈夫改姓则要提交申请。

第三节　配偶权与配偶人格权

一　人格与人格权

人格（personality）是大陆法系国家使用的一个概念。人格最早出现在希腊国家，是自然法的概念，[①] 后来被罗马人使用。人格的含义很多，随着时间的推移，它也处在发展变化之中。实际上人格不仅含义众多，而且除法学外还在其他的学科中有不同含义，但是其众多含义都是研究人的价值、尊严和地位的问题。作为法学概念的人格概念发展到现在，也有了很多的含义，不同国家的民法典对法律上的人格有了各自的形式。《法国民法典》承认人的平等自由的人格，《德国民法典》创造出了抽象的民事权利能力制度。如前述两大法典中的人格就是主体资格、权利能力。这里我们仅是指其作为人格权的客体来定义人格。人格就是指人格利益，人格利益也是一项精神利益，其具有维护主体作为人的存在的目的。

人格权是人之所以为人的权利。人格与人格权的关系是既有联系又有区别。有学者认为人格和人格权不能分离，有人格，就有人格权，无人格，即无人格权。[②] 实际上人格是自然法上的概念，人格权是实在法上的概念。

人格权的概念也是不断发展的。在罗马社会没有现代意义上的人格权，但是不乏保护人格利益的法律，其中对贞操的保护涉及精神性人格权，侵害妇女的人格权受到妇女亲属的处罚。[③]

二　社会性别视角下人格与亲属身份的分化与重合

（一）人格与亲属身份的分化

身份曾经是确定个人在公、私法领域法律地位的重要因素。罗马法中

---

① 马俊驹：《关于人格权基础理论的探讨》，《法学杂志》2007 年第 5 期。

② 参见梁慧星《松散式、汇编式的民法典不适合中国国情》，《政法论坛》2003 年第 1 期。

③ 参见［美］霍贝尔《初民的法律》，周勇译，中国社会科学出版社 1993 年版，第 187—189 页。

身份既是确定罗马公法领域个人的权利义务关系的依据，同时它还是对私人领域的关系调整的基础。罗马公民的人格是具有公民权、自由权和家父权三权合一的法律地位，人格是社会阶层划分的标准，具有"公私法兼容、人格和身份并列、财产关系和人身关系合为一体"的概念①。人被身份所限制，没有对人的关注。

进入近代以来，各国纷纷承认了人格权的民法地位，不仅仅是公领域而且在私领域也有人格权的存在。身份领域的主体实现人格保护阶段，婚姻家庭领域中的人具有人格权，与民法其他领域中的人格权的主要不同在于，前者的人格权的主体是具有具体的、相关性的、联系的身份体②成员，后者的人格权建立在抽象的、分散的、独立的个体之间。前者人格权是与出生血缘相生相伴的，后者人格权是与个体成员间的契约关系相伴相生的。由于存在身份体，国家对人格的保护也就止步于此，即家庭自治体。

因此民法法典化后，虽然公法领域身份确定权利的做法被彻底废除了，人格也被认为是社会属性最基本的、必然的要求，但是私法领域中身份仍是个人在该领域中承担权利义务关系的依据。家庭自治体中的个人权利受到家庭结构的影响，家庭的权利结构影响人格权的最终实现，家庭结构有三个方面：第一方面是由婚姻缔结设立的婚姻关系，第二方面是由血缘设定的代际关系，第三方面是婚姻家庭成员的个人权利。这三方面的影响力和控制力的总和构成家庭成员对其他家庭成员的总影响力和总控制力。家庭成员中最具权力者，对家庭资源的分配、家庭福利的安排、家庭发展方向有决策权，对家庭其他成员拥有控制力。这种影响表现为最具权力者通过身份支配达到控制其他家庭成员的目的。国家对此领域的放任，会出现一些问题，譬如女性在家庭中实际地位处于劣势，放任的结果是女性的人格利益法律无法给予保护。同一主体在公、私法领域享有的权利内

---

① 姚辉：《人格权的研究》，载杨与龄主编《民法总则争议问题研究》，台湾五南图书出版公司1998年版。

② 身份体是人们赖以生存和发展的组织或群体，是私法秩序的重要载体。身份体为人们布局了结构化的生存空间，设定了法律化的行为规范。身份体的典型形态是分配性身份体，一般可以通过支配的利益和参与利益分配的成员范围确定，如家庭。参见马俊驹、童列春《身份制度的私法构造》，《法学研究》2010年第2期。

容是完全不同的，换句话说国家对其提供的保护也是不同的。人人平等的宪法原则适用于男女，只是女子在婚姻家庭中没有实现真正的男女平等。《法国民法典》鲜明地将调整领域划分为公共领域和私人领域，对婚姻家庭领域的人的关系仍是以身份为权利取得的依据。正如萨瓦蒂埃认为的家庭法是父权制的产物，国家对家庭内部不予干预，但是对"家庭会议"予以保护。[①] 1804 年的《法国民法典》规定了丈夫有保护妻子的义务，妻子有顺从丈夫的义务。妻子只有在获得丈夫同意的情形下，才能诉讼、订立契约以及赠与、转让、抵押财物。夫妻之间是按身份确定权利义务关系的。罗马法上的家父权仍充斥在婚姻家庭领域，人格的翻天覆地的变化在私领域没有得到贯彻。法典化的代表《德国民法典》规定了人格权的保护方式，但是人格权是由宪法规定的，私领域国家仍然承认男女不平等，以身份区别当事人的权利范围大小和他们之间的隶属关系。

（二）人格与亲属身份的重合[②]

人格与身份的重合，是指人充分地享有亲属身份和人格所带来的身份利益和人格利益，人格利益的享有不因公、私法领域的划分而有所区分。但是这一结果的实现也不是一蹴而就的。

法律面前人人平等，自由原则转化为男女平等原则，身份不是区别权利范围、决定当事人法律地位的依据。享有身份权的主体，同时，也享有作为人的权利，身份不成为阻止人格权受保护的屏障。一个人拥有"自己决定权"，即一个智力健全的人是一个理性的人，每一个人都具有独立的人格，对自己的行为和利益具有独立的判断能力与决策能力，每一个都是自己利益最大化的最佳判断者和决策者。[③] 婚姻生活中的个人决定权是权利人意志支配的反映，个人决定权的行使必然产生出现权利的冲突的后果，国家有必要对婚姻家庭领域的个人不当行为进行适当的干预。人格独

---

① 萨瓦蒂埃：《立法的艺术——波拿巴与〈法国民法典〉》，第 25 页。转引自［德］K. 茨威格特、H. 克茨《比较法总论》，潘汉典等译，法律出版社 2003 年版，第 130 页。

② 关于人格权和身份权的关系，学者意识到人格和身份两者的同源的关系，提出了财产性人格权和人身性人格权，认为人身性人格权是身份权；也有人认为身份权是派生性人格权。身份权被人格权所吸收，但是身份权在现代也具有不同于传统的含义，所以不同于人格权，不能完全被人格权吸收。

③ 参见周安平《社会自治与国家公权》，《法学》2002 年第 10 期。

立、人格自由、人格尊严，使得每一个人在平等的基础上，尊重当事人的意愿，基于特定的身份，产生身份利益支配的权利，不能对对方人身的支配，强制履行。

人格权改变了依家庭身份确定权利的规则，以美国为例，家庭共同体的隐私成为国家不便介入的理由。现实状况是家庭成员以家庭共同体隐私权为借口，在婚姻中实施侵害另一方的权利的行为，国家不便介入。但是，家庭的隐私权与受害个人权利冲突的时候，当一方以夫妻身份为借口侵害另一方人格权时，国家可以冲破家庭封闭的藩篱，保护个人权利。个人在享有身份权的同时，也享有人格权，不因家庭的屏障而受到限制。

三　社会性别视角下配偶人格权与配偶身份权的分离

配偶权是一个不断发展的概念，配偶人格权和配偶身份权最初没有分离，配偶身份权中夹杂配偶人格权。群体成员（夫或妻）在行使身份支配权时，有可能利用身份或强势损害其他成员的人格。为避免婚姻中弱势一方遭受强势一方的侵害，在配偶身份权中增加了人格权的内容。"在人类历史上，曾经普遍存在且仍有现实表现的男性中心文化氛围及其制度构造，使婚姻成为扼杀女性人格的牢笼，所以，近现代亲属法不得不将部分人格权内容反映在配偶身份权中。"[1] 配偶人格权的主体是具有身份关系的群体成员，"婚姻本质上是一夫一妻的，是两性全心全意地相互委身的一个人格"，"虽然婚姻是统一的人格，但它毕竟是由两个人格组成。只有在子女身上，这种统一才成为无可动摇的"。[2] 婚姻是两性的结合，对外形成一个统一体；对内男女两性各自独立的人格权却不能因结婚这一客观事实而有所增减。婚姻关系所附加者系身份权利，非人格权利。人们逐渐认识到夫妻间的有些权利，不因婚姻的缔结而受到限制。在倡导人的尊严、人格独立的今天，以夫妻身份实现对一方的控制已经被人们所认识、所警醒，还身份权中的人格权部分以原来的面貌，反映出男女在法律形式上实现平等。

---

① 杨大文主编：《婚姻家庭法》，中国人民大学出版社 2000 年版，第 13 页。
② 吕世伦：《黑格尔法律思想研究》，中国人民公安大学出版社 1989 年版，第 11 页。

（一）生育权

1. 生育权概念。生育权是主体在法律允许的范围内，自主决定生育或不生育子女的权利。① 生育权的概念是与 19 世纪后期的西方女权运动紧密相连的。女权主义者要求有自愿成为母亲的权利，生育权是女性自我决定生育和控制生育的权利。美国生育权与个人隐私权紧密联系在一起。在 1965 年的格瑞斯沃尔德诉康涅狄格州案（Griswold v Connecticut）中，认为已婚夫妻控制生育属于隐私范围，宪法保证的自由包括婚姻、建立家庭、抚育孩子的权利。如果没有充分的理由，国家不应随意干预个人的家庭生活。1973 年的罗伊诉韦德案（Roe v Wade）② 扩大了个人的生育和隐私权。最高法院的多数意见确认女性有能力做出生育选择。但是，关于女性是否有生育选择权在美国一直是有争议的，罗伊案改变了女性与生育、法律与天性的传统法律关系。

我国学者关于生育权的概念认识不一，概括有以下三种：第一种观点认为生育权是夫妻之间决定是否生育子女、如何生育子女的权利。③ 第二种观点认为民事主体享有的生育子女或不生育子女的权利，不以配偶关系为限。④ 第三种观点认为国家为保证人口质量和控制人口数量，以法律的形式赋予已婚公民的一项民事权利。⑤ 生育权的概念与生育权的分层有关。

2. 妇女生育决定权

关于生育权的内容有很多种分类：第一种是生育权就是生育决定权；第二种认为生育权是生育的自由、不生育的自由和选择生育方式的自由；第三种认为生育权是生育请求权、生育决定权和生育时间和方式的选择

---

① 何勤华、戴永盛：《民商法新论》，复旦大学出版社 1999 年版，第 66 页。

② 1969 年，一个 21 岁的女招待怀孕了，她不想生下这个孩子，当时没有医生敢给她施以堕胎手术，因为这是很多州法所禁止的。这个化名"罗伊"的女孩子在律师的帮助下把官司打到了联邦最高法院。1973 年，最高法院以 7：2 的多数意见裁定该州法律违宪，因为该法限制了妇女的选择权，"侵犯了宪法第十四修正案正当程序条款所保护的个人自由"。从那以后，美国有 46 个州废除了禁止堕胎的法令。但是法院认为妇女的隐私权和堕胎权并不是绝对的，政府可以凭某种具有足够说服力的权益来限制堕胎。

③ 参见杨遂全、陈红莹、赵小平等《婚姻家庭法新论》，法律出版社 2003 年版，第 135 页；马慧娟《生育权夫妻共同享有的权利》，《中国律师》1998 年第 7 期。

④ 参见许莉《人工授精生育的若干法律问题》，《华东政法学院学报》1999 年第 4 期；谭桂珍《论"生育权"主体救济》，《湘潭大学学报》2003 年第 2 期。

⑤ 参见陈智慧《妇女生育权实现的法律保护》，《政法论坛》2000 年第 4 期。

权；第四种认为生育权是生育决定权、生育请求权、生育方式选择权和生育知情权；第五种认为生育权是生育方式选择权、生育请求权、生育决定权、生育调节权、生育知情权、生育隐私权和生育安全权。①

生育权的核心是生育决定权、生育时间和方式的选择权。生育决定权是指是否生育的权利即生育的自由和不生育的自由。我国在1954年开始，提倡节制生育，我国妇女并没有像西方妇女被剥夺了生育决定权。但是鉴于生育权的权利性质虽然是人格权，但是我国生育权的主要实现方式却是夫妻共同完成的，因此实践中的夫妻生育权的冲突也很严重。女性的天性即其生理构造，造成了女性在孕育子女的过程中，被社会赋予了更多的责任和义务，有必要确定女性生育决定权。在我国司法实践中，出现了丈夫主张生育权的现象，主要表现为妻子在丈夫不知情的情形下堕胎，丈夫认为是侵害了自己的生育权，要求妻子给予赔偿。法院对此做法不统一，有的支持丈夫的诉讼请求，有的驳回了丈夫的诉讼请求。② 陈苇教授主持的"中国婚姻家庭新情况调查"很有代表性，调查的结论是被调查者的59.69%认为丈夫有权在妻子私自堕胎的情形下，提出损害赔偿；39.69%认为丈夫不能提起赔偿之诉；有30.52%的人认为妻子没有生育权。③

男女两性生理上的差异对生育权的实现有很大的影响，因此不仅是赋予男女平等的生育权，而且还要考虑女性在孕育生命中的风险。鉴于此女性有生育决定权，男方无权对女方身体进行控制。笔者认为当夫妻生育权发生冲突时，双方先平等协商处理矛盾，生育子女必须夫妻双方相互协作才得以实现；达不成一致意见时，一方拒绝生育的，只能选择离婚的方式实现自己的生育权。实践中出现的男方违背女方的意愿，通过强制手段迫使女方生育的，不仅侵犯了女方的生育权，也侵害了女方的其他权利。至于夫妻间的生育协议不具有法律效力，不能成为约束当事人生育权的方式。我国首例因生育协议引发的纠纷确认了女性有权自行决定是否终止怀

---

① 参见余延满《亲属法原论》，法律出版社2007年版，第87页。
② 参见孙若军《身份权与人格权的冲突——以婚姻关系为视角》，中国人民大学出版社2013年版，第105页。
③ 陈苇：《家事法研究》（2008年卷），群众出版社2009年版，第332页。

孕。河南南阳市方城县的农民石磊 2000 年 8 月份和妻子签订了一份《生育协议》：妻子阿岚必须在两年内给他生个孩子，否则就付给丈夫石磊 7.85 万元。2004 年 12 月，石磊把妻子告上法庭，要求法院判决妻子赔偿自己 7.85 万元。但无论是一审还是二审，石磊的诉讼请求都未能得到法院的支持。一审法院认为被告有不生育的自由，二审法院认为被告堕胎行为是双方协商行为，未侵害原告生育权。我国《婚姻法司法解释（三）》明确规定了妻子在丈夫不知情的情形下堕胎，丈夫可以起诉离婚，肯定了妇女生育决定权。

（二）姓名权

1. 姓名、姓名权、夫妻姓名权

姓名是个人进行社会交往所必需的，是社会代码。姓名在不同的国家、名族和社会中，具有多种功能，选择性发挥作用。原始社会，姓名不分；现代社会，姓名区分个体比重增加。姓名区分有三种形式：个体区分、身份区分和血缘区分。身份区分包括族属、阶级、财产、信仰、态度等；血缘区分包括父子、母子、父母双亲、婚姻、血族等社会认知因素。日本在 1870 年之前平民百姓有名无姓，只有贵族才有姓氏，后来封建等级制度被废除了，姓名身份区分功能也就发挥很小的作用了。姓名也是区分血缘关系的重要标志，人们以此作为择偶考虑的因素之一，我国古代就有"男女同姓，其生不蕃"的说法。姓氏后两种形式在现代社会起的作用日渐式微。姓氏曾经的对外区分血统、对内整合群体的作用已不再发挥作用了。姓名所蕴含的政治、经济、法律、伦理、道德等价值，远远高于其生物学意义。

姓名权是自然人以使用自己姓名为内容的私权。[①] 杨立新教授将姓名权进行列举式定义，认为姓名权是公民决定、使用和依照规定改变自己姓名的权利。[②] 自然人拥有姓名权，使姓名个体区分的功能发挥作用，便于人与人之间的交往，确定具体个人的权利义务关系。同时，通过姓名权的行使也便于国家对个人进行管理。国家的户籍制度、身份证件制度、人事档案管理都要通过姓名权人行使姓名权，使个人社会化，被纳入国家管理

---

① ［日］《新版新法律学词典》，中国政法大学出版社 1991 年版，第 435 页。
② 杨立新：《人身权法论》，人民法院出版社 2002 年版，第 493 页。

的范围内。通说姓名权是人格权，德国民法典第十二条规定了姓名权，拉伦茨认为姓名权是民法典中受保护的人格权中的其他权利类型。"姓名并非是人的身外之物，如同一件东西可以从一只手交付到另一只手，而仅仅是能够使人个体化的一种标志，一个象征，所以它是个人本身所具有的精神财产，一种人格财产。"① 姓名权发展到今天，不仅有文化价值、人格价值，还有物质价值。

夫妻姓名权是夫妻作为姓名权的主体对自己姓名使用的权利。夫妻姓名权是区别于姓名权的概念，夫妻姓名权一方面是夫权制的产物，另一方面是婚姻关系的效力体现。随着社会进步，夫妻姓名权作为夫权制的产物慢慢的成为历史。它作为婚姻关系的效力体现还将继续存在。男女结为婚姻关系后，男女之间有了身份关系，由于这种关系在有些情形下没有特征性标志，不为外界所知，有学者提出有必要确立夫妻姓名权。美国学者就认为女性虽然有选择姓氏的权利，但是夫妻之间缺乏共同的姓氏确实带来了认定普通法婚姻的麻烦，原来的共同姓氏可以帮助认定普通法婚姻。② 同时夫妻姓名权对子女的姓氏也会产生影响。③ 立法上的典型代表是德国民法典第十二条规定的姓名权，同时又在一千三百五十五条规定了婚姻姓氏。④

2. 夫妻姓名权被认为是身份权阶段

夫妻姓名权不同于一般姓名权在于其权利的主体是特定的夫妻。夫妻姓名权有几种形式：一种是夫妻仍保有各自的姓名权；另一种是夫妻一方在婚后没有继续保留自己姓名的权利，改用另一方姓名的权利。夫妻姓名权反映了夫妻之间是否平等的关系。在夫妻一体主义之下，妻子依附于丈夫，没有独立的法律地位。我国古代重血缘、重祭祀，这一传统延续到新中国成立前，具体表现为我国的妇女在未出嫁之前没有自己的名只有父亲的姓氏，结婚后在父亲的姓氏之前加入夫家的姓氏，主要考虑的是女方进入夫家的族谱，妻子如果没有加入夫家的姓氏，就没有办法对祖先进行祭祀。罗马法上的自由婚姻模式下，妻子与丈夫法律地位平等，妻子不因结

---

① ［德］拉伦茨：《德国民法通论》，王晓晔等译，法律出版社 2004 年版，第 166 页。
② 参见陈苇主编《外国婚姻家庭法比较研究》，群众出版社 2006 年版，第 220 页。
③ 参见戴炎辉、戴东雄《中国亲属法》，台湾顺清文化事业有限公司 2000 年版，第 153 页。
④ 我国很多学者将姓名权认定为人格权，将夫妻姓名权认定为配偶权的内容。

婚就必须加入夫家的姓氏，仍可以保留父亲的姓氏。教会法的婚姻模式下夫妻使用同一姓氏，对相关国家的立法产生了影响。如德国认为夫为一家之主，妻子是家庭主妇，其旧民法第一千三百五十五条规定了"妻称夫之姓"；《日本民法典》第七百八十八条规定"起因结婚而入夫家"，结合第七百四十六条规定"家长与家属称其家之姓"，妻子也没有姓名权，因结婚引起的身份关系的改变，取得丈夫的姓氏。

第二次世界大战后上述立法有了修正，"夫有权决定妻子的姓氏或妻子必须使用丈夫的姓氏"的情形逐渐发生了变化。但是，有些国家继续坚持妻从夫姓，认为丈夫的身份使夫有决定妻子姓氏的权利，夫妻姓名权是一种身份权。如瑞士民法和意大利民法，就认为夫妻缔结婚姻后，妻子必须变为丈夫的姓氏。

3. 夫妻姓名权是人格权

第二次世界大战后，随着人权运动、女权运动的开展，夫妻人格一体主义被夫妻人格别体主义所取代。以日本为例，规定了夫妻缔结婚姻后，在夫姓或妻姓中选择一个，作为婚后共同的姓氏。但是日本法务部在拟修改民法的建议案中①，意识到了夫妻分别行使各自姓名权的重要性，认为在男女平等的原则下，夫妻婚后共同姓氏必将被夫妻的各自姓名权所取代。② 德国 1976 年的《婚姻法和家庭法改革第一号法律》规定了夫妻在夫或妻的出生姓氏中选择共同的姓氏，但是没有选择共同姓氏的情况下仍

---

①　参见杨大文《亲属法》，法律出版社 2004 年版，第 113 页。

②　日本曾经发生国立大学女教授不愿改用夫姓的案件。该名女教授于私立大学任教时，结婚后户籍登记上虽改为夫姓，但仍继续使用其原本姓氏从事学术研究与教学工作。前往国立大学任教后，学校强制该名女教授在学校的课程、大学简介、政府文部省登录的科学研究辅助经费研究者姓名、大学的教职人事名册、教授的名片……等等方面，必须使用户籍上所登录的姓名，对于女教授的教学、研究各方面产生不利，女教授欲继续使用原姓氏，并认为更改姓氏是剥夺研究者的生命，因此，于 1988 年 11 月间，向东京地方法院提起诉讼。教授主张国家与大学强制其变更为户籍上的姓名，使其不能使用原本姓氏是剥夺研究者的生命，是侵犯姓名权、姓氏保持权、幸福追求权（宪法第十三条所保障的人格权与幸福追求权），因此成立不法侵害的行为。请求损害赔偿，并请求排除妨害其姓氏保持权的事实行为。东京法院 1993 年 11 月 19 日的判决中，不认同教授的请求，因此再上诉至东京高等法院。在长达 10 年的诉讼后，于 1998 年 3 月双方成立和解，法院认可在一定范围内使用通称为姓名。参见福岛瑞穂《国立大学の教授通称使用をめぐって》，收录于浦部法穂、中北龙太郎编著《ドキュメント「日本国憲法」》，日本评论社 1998 年版，第 63 页。转引自李孝悌《从生理差异与社会性别角色论性别平等审查》，辅仁大学法律系研究所硕士论文，2004 年，第 57—58 页。

使用夫的姓氏。1994 年的《家庭姓氏权利法》对姓名法的规定作了修改，取消了婚后共同姓氏的强制性规定。2005 年再次修订了姓名法的规定，对婚后共同姓氏的选择范围作了进一步扩大。同时规定了同性伴侣登记时，适用法律的依据也是婚姻姓名法的规定。[①] 美国各州的法律规定了妻子有权决定自己的姓氏，她可以保留自己的原姓，可以在其原姓前冠以夫姓，也可以随夫姓。[②] 苏联在 1926 年颁布的《关于婚姻、家庭、监护法典》第七条规定了夫妻在婚后可以选择共同姓氏或各自婚前姓氏。我国台湾民法规定了夫妻各保有其本姓的规定。我国颁布的几部婚姻法都规定了夫妻有各用自己姓名的权利。

（三）夫妻人身自由权

1. 人身自由权、夫妻人身自由权

自由权是有公法和私法两个方面的含义。宪法保护的人身自由权、通信自由权就是前一种自由权；私法保护的人身自由权、财产自由权是后一种自由权。私法上的人身自由权是主体在法定范围内，按照自己的意志对其人身和行动进行支配，不受非法约束、干涉和侵害的权利。人身自由权是一项基本的人权。夫妻人身自由权是夫妻在缔结婚姻后，基于平等的地位享有的按个人意愿从事生产、工作、学习和参加社会活动等方面的权利，是夫妻独立人格在家庭领域的体现。

2. 夫妻人身自由权摆脱身份关系的束缚

法国 1789 年的《人权宣言》第七条宣告了人不受非法侵害的自由权利。但是，在婚姻家庭领域的夫妻人身自由权还是受到限制。丈夫是婚姻中的主导者，妻子依附于丈夫，没有独立的法律人格。妻子的人身自由受到丈夫的严格限制，操持家务是妻子的主要活动。到 19 世纪末，资本主义国家先后赋予已婚妇女参加社会活动的权利。我国古代的"三从四德"就反映了妻子在父权、夫权统治之下，没有任何自由可言，被排除在社会生活之外。即使有少数人有封爵但不过是夫的地位附属品，"凡妇人，从其夫之爵位"，"生和死事，以夫为尊卑"。[③] 第二次世界大战后，许多国

---

① ［德］迪特尔·施瓦布：《德国家庭法》，王葆莳译，法律出版社 2010 年版，第 101 页。

② 陈苇主编：《外国婚姻家庭法比较研究》，群众出版社 2006 年版，第 220 页。

③ 参见杨大文《亲属法》，法律出版社 2004 年版，第 115 页。

家修改了法律，承认了妻子的人身自由不因婚姻的缔结而受到限制或侵害。夫妻人身自由权由丈夫对妻子的人身自由的支配权，转变为妻子对自己人身自由的支配权。德国法律中认为配偶没有事事完全一致，在家庭领域之外的其他场合有所不同。配偶任何一方保有独立的人格权和财产权。①

3. 家务劳动对妻子人身自由权的限制

夫妻人身自由权的人格化的实现分为两个阶段：第一个阶段妻子取得了参加政治、社会生活的权利；第二个阶段妻子在家庭私人领域中的家务劳动时间被缩减。过去，男女不平等的根源被认为是女性没有参政、议政的权利，女性通过争取获得了政治上、社会上的权利。但是这种平等是表面现象，女性在家务劳动中耗费了大量的时间，影响他们参加政治、社会生活。以美国为例，七十年代以来，许多家庭夫妻要扮演三个角色——两个上班族和一个家庭助理。美国妇女在家务劳动上花费的时间相当于她们工作时间一半的时间，而男性在家务上花费的时间只有他们工作时间的四分之一。② 家务劳动在德国也得到了重视，配偶双方根据各自的能力、协商料理共同事务。在一方无法照料共同事务时，另一方必须施以援手，配偶有义务配合另一方完成其负责的家庭事务。③

我国第三期中国妇女社会地位调查主要数据显示，中国女性担任领导的人数较少，其首要原因是女性的家务负担过重。中国妇女的家务劳动时间比男性长、家务劳动强度比男性大，女性参加社会活动越来越多，社会应给在女性工作与家务之间的平衡方面给予支持。数据显示了较多数的已婚者认为妻子比丈夫承担的家务劳动多，这部分人数达到了72.7%。女性承担家庭中"大部分"和"全部"做饭、洗碗、洗衣服、搞卫生、照料孩子生活等家务的比例均高于72.0%，而男性均低于16.0%。女性承担"辅导孩子功课"和"照料老人"主要责任的占45.2%和39.7%，分别比男性高28.2和22.9个百分点。幼儿成为妨碍女性参加社会活动最主要的因素。以三岁为界，三岁以下的孩子绝大部分是由家庭照顾生活起居，而母亲作为孩子白天的主要照顾者达到了采访者一半以上。25—34

① 参见［德］迪特尔·施瓦布《德国家庭法》，王葆莳译，法律出版社2010年版，第65页。
② ［加］大卫·切尔：《家庭生活的社会学》，彭铟旎译，中华书局2005年版，第123页。
③ 参见［德］迪特尔·施瓦布《德国家庭法》，王葆莳译，法律出版社2010年版，第63页。

岁年龄段的城镇女性和农村女性有六岁以下孩子的，其在业率都达到了70%以上，但是两者都比没有年幼孩子同龄女性低。部分职业女性因为母亲的身份放弃个人发展机会，要比男性放弃个人发展机会的比例高。

中国社会家庭结构以世代同堂为典范，家庭具有生产和消费的社会功能。现在家庭结构逐渐缩小，社会家庭结构发生了变化，核心家庭逐渐增多，家庭的生产功能被分离出去，妻子的家务劳动属于消费支出，而且不属于社会分工的环节之一，是游离在商品价值之外的劳动。婚姻家庭中的女性开始兼顾工作和家务，女性在获取参加公共事务机会的同时，还要从事家务劳动。女性从传统的家庭角色向工作就业角色转变的速度，和男性从工作就业角色向分担家务角色转变的速度是不同步的。女性承担的大部分家务劳动没有社会价值，从事家务劳动占有女性参见政治、经济、文化和其他社会活动的时间，其结果限制妻子人身自由权的真正实现。我国2001年的全国政协会议上，有政协委员提出的"让女同志回家相夫教子同样是光荣的"的议案，反映出了很多知识男性骨子里的男尊女卑的思想。

实现家庭领域的社会分工性别平等，就是将女性从繁重的家务劳动中解放出来，使女性真正获得人身自由。我国婚姻法在第四十条规定了家务劳动，婚姻法第四十条规定：夫妻书面约定婚姻关系存续期间所得的财产归各自所有，一方因抚育子女、照料老人、协助另一方工作等付出较多义务的，离婚时有权向另一方请求补偿，另一方应当予以补偿。

但是家务劳动的价值实现有两个条件，一是离婚的时候才可以主张家务劳动；二是夫妻财产制的形式是分别财产制。这一规定在实践中的操作性不强，我国夫妻绝大多数采取的是夫妻婚后所得共同财产制，分别财产制的适用范围有限，没有保护婚姻中女性家务劳动的价值。我国法定的夫妻婚后所得共同财产制适用的基础是在物质财富不是很丰富的情形下，根据夫妻对家庭的贡献，对夫妻进行财产分配的方式。家务劳动补偿的取得，以分别财产制为前提，限制了家务劳动价值的实现。① 家务劳动的价值化及家务劳动的分担制度（包括夫妻之间、社会制度等）有助于家务劳动改善女性家务劳动价值不被保护的现状。

———————

① 我国的婚后所得共同制是在夫妻个人经济情况不足以应对婚后的生活，两人的联合才可以应付婚后生活的情形下采取的一种方式。

第五章　社会性别视角下配偶权的结构论

第一节　配偶权的主体

一　夫妻、配偶概念辨析

按照《新华词典》的解释，配偶是法律术语，一般指夫妻。夫妻是男女缔结婚姻后，男子为夫，女子为妻。在《辞海》中"配偶"指男女相配为夫妻。《后汉书·邓训传》李贤注引《东观记》"其无妻者，为适配偶"。[①]"夫"字指女子的配偶，"妻"字指男子的配偶，与"夫"相对。[②]配偶是现代婚姻家庭中的亲属称谓之一，是重要的亲属关系，是婚姻关系存续期间权利义务的承受者。配偶与夫妻相比较，具有不分男女的统一称呼的特点，其适用性更广泛。

配偶是适应家庭模式而产生的概念，随着家庭模式的变化而增加了新内涵。依据社会学的分类，家庭有简单家庭，即夫妻二人构建的家庭；核心家庭，由夫妻和未婚子女构成的家庭；主干家庭，由一对年老夫妇、一对已婚子女及其所生子女构成的家庭；联合家庭，由父母与两对及以上已婚子女及其所生子女构成的家庭；其他类型的家庭。其中其他类型的家庭具有包容性，以适应家庭多样性的发展趋势。

婚姻关系是家庭中最基本的具有决定性的关系，其他家庭关系都是依此而产生的。婚姻关系中的当事人就是配偶。传统家庭模式下的婚姻

---

① 《辞海》，上海辞书出版社 1990 年版，第 220 页。

② 同上书，第 124 页。

是得到习俗或法律承认的一男或数男与一女或数女相结合的关系，并包括他们在婚配期间相互所具有的以及他们所生子女所具有的一定权利和义务。一夫一妻制下的婚姻主体就是配偶，一般是一男一女，我们称之为夫妻。

20 世纪 70 年代后，家庭形态多样化，传统的家庭形态一统天下的局面被打破，原来不被人们认可的家庭形式也被逐渐承认，单亲家庭、同居家庭、同性婚姻纷纷出现。离婚率升高后，一个单身成年人和一个或几个孩子共同组建的家庭越来越多，单亲家庭成了一种家庭模式。同居家庭得到了越来越多的人的认可，婚姻与生育发生分离，分居作为婚姻的替代形式出现。具有突破性的婚姻形式——同性婚姻，作为一种新型的婚姻形式，改变了婚姻的主体是一男一女的结合方式。美国的未来学家认为家庭模式多样化，个人很可能取代家庭成为社会基本单位。① 但是，在我国同性婚姻和作为婚姻过渡形式的民事结合都没有取得法律的认可。

二　配偶权主体的范围

（一）夫妻

夫妻式家庭，最大限度满足了工业和技术社会中个人主义和男女平等主义的价值观。工业社会前的家庭包括了生产、生活等诸多功能。进入工业社会，家庭主要成为生活场所，具有承担家务、亲密性和私密化的特点，夫妻式家庭具有排外性，公共生活领域和私人生活领域分离。夫妻在家庭领域的角色是社会分工的结果，丈夫维系家庭与外部的交往，丈夫是养家糊口的角色；妻子从事家庭事务，妻子是母亲、家庭管理者。随着社会性别理论的深入，社会分工的格局逐步被打破，夫妻间的角色分配也发生变化，妻子从专职家务中被解放出来。夫妻式家庭就是婚姻关系，婚姻的通说学理解释认为婚姻是一男一女以永久共同生活为目的的结合，② 我国婚姻法规定了婚姻的主体即夫妻是配偶权的主体。

---

① ［美］约翰奈斯比特：《大趋势——改变我们生活的十个新趋势》，孙道章、路林沙等译，新华出版社 1984 年版，第 309—313 页。

② 婚姻的概念是否有合法性的含义，学者有争议。余延满教授认为从民法的法律行为体系化的角度，婚姻的合法性不是其必备属性。

（二）同性配偶

婚姻是一种社会制度，获得婚姻形式的配偶得到社会的认可后，配偶之间有扶养权、继承权、探视权、监护权、配偶权等一系列的权利，更为重要的是婚姻是为永久共同生活的人们提供一种制度上的保障。婚姻的这些社会功能使得同性恋对同性婚姻追求的脚步一直没有停止。从 20 世纪 70 年代开始，同性恋争取结婚的权利一直积极地开展着。在美国一部分同性恋提起诉讼，对仅限异性间成立婚姻关系的公正性进行挑战。他们认为既然婚姻是建立在基本人权基础之上的，州排除同性夫妻的做法没有合法的依据。2003 年，美国马萨诸塞州的最高法院在 Goodridge v. Department of Public Health 一案中，认为否认同性恋结婚的权利是违反宪法的。法院为了纠正对同性恋的歧视，修正了普通法中的婚姻的定义，认为是两个人作为配偶自由的结合，这种结合排除其他任何人。2004 年 5 月 17 日，超过一千对的同性伴侣取得了结合证。目前，荷兰、比利时、加拿大的安大略省、英属哥伦比亚省等一些国家承认了同性婚姻，婚姻的主体相应的享有配偶权。荷兰是第一个承认同性婚姻的国家，在《荷兰民法典》中规定了婚姻是异性或同性所缔结的契约关系，异性婚姻和同性婚姻权利义务基本相同，仅在子女的相关规定上存在不同。比利时《同性婚姻法案》规定了婚姻的主体不限于异性，同性也可以成为婚姻的主体，但是同性婚姻不包括收养权和共同监护权。[1]

三　我国配偶权主体的构想

1. 配偶权的权利主体是婚姻关系中的当事人。婚姻关系在现代社会不仅包括异性婚姻，也包括同性婚姻。虽然李银河学者在 2000 年就提出同性婚姻的问题，认为同性恋者是具有各项权利的中国公民，同性恋者当中有人有结婚的要求，他们的要求与他们作为公民的权利没有冲突，应该得到承认。并且提出了两个方案：一是修改婚姻法的个别字句。凡是出现"夫妻"两个字的时候就改成"配偶"，第一次出现配偶这个词的时候加一个括弧（性别不论），很简单；另一个方法是搞专门的同性婚姻法案。[2]

---

① 熊金才：《同性结合法律认可研究》，法律出版社 2010 年版，第 185 页。
② 刘引玲：《亲属身份权与救济制度研究》，中国检察出版社 2011 年版，第 119 页。

但是我国传统文化和民众心理影响着同性婚姻的合法化。我国民众对伦理和道德的强调往往容易超出理性的范畴，富有很强的感情色彩，承认同性恋意味着必须能够容忍且有能力应对因此发生的人类或社会伦理系统的全面崩溃及其重建，这本身就挑战着民众的道德底线。同时，同性婚姻本身存在的诸多难题，如同性婚姻的子女收养问题、子女教育问题。同性婚姻最终未能被我国法律所认可。现阶段的婚姻形式还是异性婚姻，即一男一女的结合。配偶权的权利主体应符合现行婚姻法规定的婚姻主体必须为两个没有禁婚亲或禁婚疾病的成年人。

2. 配偶权的部分内容可以赋予非婚同居的当事人享有。事实婚姻在我国大量并长期存在，其归类为有婚意的非婚同居，国家可以规定，等同于婚姻的非婚同居制，当事人可以取得部分配偶权的效力。同时对试婚现象进行必要的调整，以保护非婚同居中弱势一方的法律地位，必要时可以赋予一定配偶权利。

第二节　配偶权的客体

一　配偶身份利益

权利的客体是权利所指向的对象，权利的客体范围由权利的性质决定。配偶权是身份权，关于身份权的客体国内学者有不同的认识：张俊浩教授认为身份权的客体是身份，身份发展到现在有了新的内容，即是一种平等身份关系[1]。郑立认为身份权的客体是特定的精神利益[2]。王利明教授认为身份权的客体是法定的无形利益[3]。彭万林教授认为身份权的客体是身份利益[4]。梁慧星教授认为是特定身份关系中的对方当事人[5]。上述几种观点中，认为身份是权利客体的观点，没有认清身份是身份权取得的

---

① 张俊浩：《民法学原理》，中国政法大学出版社 1991 年版，第 137 页。
② 郑立：《关于人身权概念的思考》，《法律学习与研究》1995 年第 1 期。
③ 王利明：《人格权法新论》，吉林人民出版社 1994 年版，第 24 页。
④ 彭万林：《民法学》，中国政法大学出版社 1999 年版，第 200—201 页。
⑤ 梁慧星：《中国民法经济法诸问题》，法律出版社 1991 年版，第 31 页。转引自杨立新《人身权法论》，人民法院出版社 2002 年版，第 107 页。

前提，不是权利的客体。身份权的客体也不能是人身。至于精神利益和无形利益都过于抽象，难以正确认识人身权的客体，而且这些都是权利客体的特征。认为身份权的客体是身份利益的观点，将身份利益定义为是为了维护特定身份关系的圆满状态，[①] 反映了身份权的发展，不再是对人身支配关系，而是对身份利益支配，具有合理性。综上所述，身份权的客体是身份利益，身份利益基于成员之间的态度和感情，是由彼此之间的信任、情感所保证的。配偶权作为身份权的一种，其客体为身份利益，具体为配偶身份利益。法律对无形的配偶身份利益的保护，旨在维护夫妻以爱情为基础的永久共同生活。

按照拉伦茨的观点，配偶身份利益是人身亲属权中的配偶一方享有的配偶间的共同生活应受配偶另一方及第三者尊重的权利。夫妻共同生活不被外界打扰并发展下去，对夫妻任何一方来说都是一种"利益"。因此，有必要通过法律制度在一定范围内对它进行保护，但当然不能以一种支配权对待这种权利，因为夫妻一方不能对另一方进行支配。夫妻共同生活受尊重的权利既是针对有可能破坏这种共同生活的另一方，也是针对有可能破坏这种共同生活的第三者。与人格权的区别就是保护的利益是针对他人的夫妻之间的关系。[②]

配偶身份利益是法律对社会多元利益的确认，是现阶段社会性别平等的实质性要求。"如将'利益'的概念，作最广泛的解释，不仅以现实的物质的福利为限，所有人类感情的满足，尤其于正义情感和尊重传统情感的满足，等等，都括入利益意义中。那么，法在这一意义之下，实不得不是为人类的利益而存在者。"[③]

配偶身份利益从内容方面包括了性生活利益、相互扶养利益、生育子女利益、相互照顾利益等生活性利益。婚姻生活由配偶自己决定，但是各种不同的生活方式中有一些基础因素，这些基础因素被视为理所应当具备的[④]。这些因素被法律所认可，即法律规定的身份利益具体表现为同居身

---

① 裴桦：《配偶权之权利属性探究》，《法制与社会发展》2009 年第 6 期。
② ［德］拉伦茨：《德国民法通论》，王晓晔等译，法律出版社 2004 年版，第 283—284 页。
③ 转引自姚辉《人格权法论》，中国人民大学出版社 2011 年版，第 44 页。
④ 参见［德］迪特尔·施瓦布《德国家庭法》，王葆莳译，法律出版社 2010 年版，第 63 页。

份利益、忠实身份利益、婚姻住所身份利益、保护和管教子女利益。配偶身份利益带有很强的伦理色彩，夫妻同居义务是身份伦理实体的本质要求，是夫妻增进感情的重要方式；夫妻的忠实义务是身份伦理实体的排外性要求，排斥夫妻之外的任何第三者的参与。婚姻住所决定权是身份伦理实体的"实在"性，是实现夫妻同居义务的场所，反映了夫妻地位平等与否的指标。这三方面婚姻身份伦理实体的完整性，因此有必要在法律中予以规定。[①]

二　配偶身份利益的特征

配偶身份利益区别于其他亲属身份利益，更多体现了婚姻缔结后产生的精神上的利益。表现为夫妻之间共同生活、共同维护家庭的和谐和幸福所体现出的利益。其主要的特征为：

第一，不直接表现为财产利益，是一种精神方面的利益。即配偶之间相互陪伴、钟爱和帮助的利益。夫妻在共同生活中获得共同利益，生活上相互陪伴，定期的性生活，困难时相互扶助。

第二，主体特定性。即只能由法律认可的婚姻形式中的当事人享有，身份利益不能转让、放弃，不能继承。

第三，主体共享的特点。而是在夫妻双方人格独立、自由、平等的基础上，结合和支配互为表里，是夫妻共同的享有。

第四，配偶身份利益还具有亲缘性和任意性。[②] 亲缘性是指夫妻之间的身份利益是以感情因素为基础的，不同于其他权利的客体，爱情要求夫妻之间的性爱具有专一性、排他性，是一种特殊的心理体验。任意性，是指在婚姻面临解体时，当事人选择离婚，按自己的意愿解除双方的身份利益。

第五，配偶在身份利益上的实质平等性。配偶身份是身份利益的前提，配偶身份具有人的结合的特点，身份利益也有人结合的特点。身份利益只与婚姻双方有关，是个人追求自己心目中生活方式的表现。个人在实现自己身份利益时，充分体现个人自治，而不是传统上的家庭自治，即身

---

① 曹贤信：《亲属法的伦理性及其限度研究》，群众出版社 2012 年版，第 146 页。
② 刘引玲：《亲属身份权与救济制度研究》，中国检察出版社 2011 年版，第 121 页。

份利益只是夫对妻的人身支配权。现代意义上的身份利益不仅是权利人的利益，也是受其行使的相对人的利益，是夫妻共同的身份利益。"基于身份而产生的支配服从关系，有由为支配权人的利益，转向为被支配人利益加以支配的发展趋势。"①

三　我国配偶权客体的构想

配偶权的权利客体是配偶间的身份利益。配偶对身份利益有共同的支配权利。关于配偶权的权利客体的范围很广，但是其核心的配偶身份利益主要表现为夫妻同居利益、忠实利益和婚姻住所利益。配偶权的权利客体决定了权利内容。配偶权不同于配偶人身权，配偶人身权包括了配偶权、配偶人格权。配偶权是配偶人身权中的核心权利，反映了夫妻婚后结为共同体，共同生活的状况。由于配偶权既有相对性特征，又有绝对性特点，因此，配偶权具体的权利表现为既是权利又是义务的方式。法律具体规定配偶间忠实权利义务、配偶间同居权利义务以及婚姻住所权。

第三节　社会性别视角下配偶权的具体内容

一　同居权

（一）同居的含义

同居是在婚姻缔结以后，夫妻共同的生活，包括了三个方面：共同寝食、生活上相互扶助、进行性生活。这里的同居仅指婚内同居，不包括非婚同居的情形。同居反映出了婚姻生活的本质，没有同居也就没有婚姻存在的必要。夫妻性生活是同居的本质内容，是性欲和性爱的人性基础的反映。缺乏同居生活，夫妻永久共同生活的目的也就落空。同居身份利益是夫妻共同支配的利益，不仅为权利人的利益，也是为权利相对人的利益，因此同居权表现为夫妻之间权利义务关系，同居既是一种权利也是一种义务，配偶一方权利的实现是另一方履行义务的结果。

---

① 陈棋炎：《亲属、继承法基本问题》，台湾三民书局1980年版，第83页。

（二）夫妻同居权利义务的新发展

日本旧民法规定了妻子负有与丈夫同居的义务，丈夫有准许妻子与之同居的权利。1804 年的法国民法典规定了妻子负有与丈夫同居的义务，丈夫有决定是否同居的权利。德国民法典第一千三百五十三条规定了夫妻互负共同婚姻生活之义务。1970 年的法国民法典也规定了夫妻互负共同生活的义务。日本 1947 年的民法修订了有关同居的法律规定，即夫妻须同居，相互协力，相互扶助。德国民法典第一千三百五十三条第一款规定了配偶双方互相负有过婚姻共同生活的义务。

社会主义国家没有明文规定夫妻同居义务。我国 1943 年晋察冀边区婚姻条例第十一条明确规定了夫妻互负同居义务。但是随后的两部婚姻法都没有明确规定同居权利义务。1950 年的婚姻法第七条规定了夫妻为共同生活之伴侣，第八条规定了夫妻之间共同生活的具体形式，2001 年婚姻法修订案第四条规定的禁止有配偶者与他人同居，第三十二条规定婚外同居是离婚的法定理由等，因感情不和分居满两年调解无效的可以径直判决离婚，都表明了我国立法间接规定了同居义务。香港法律规定夫妻双方均有同居生活的义务，无正当理由不得拒绝同居；夫妻任何一方如与他人通奸，则无权申请地方法院下令另一方给付生活费。澳门法律规定相互扶持存在于夫妻关系正常存续期间，若夫妻的事实分居产生于其中一方的过错，或者双方均有过错但有主次，则扶持义务应由有过错人或者主过错人负担。

我国对同居权利是否在法律中直接规定存在争议。肯定同居权利的观点认为，同居是婚姻自然属性的体现，没有同居就达不到婚姻缔结的目的；同居是婚姻存在的基本条件和外在表现；同居也是婚姻社会属性的要求；同居有利于保护婚姻当事人，尤其是妇女的利益。否定同居权利义务观点认为，同居属于个人隐私；涉及性自主权，同居义务意味着将一个人的性权利交给另外一个人去支配；会使婚内强奸合法化；会产生丈夫恃强凌弱等负面效力。①

笔者认为同居权的否定说将同居权理解为丈夫的权利，妻子单方面负

___
① 参见郑小川、于晶编著《亲属法》，清华大学出版社 2006 年版，第 45 页。

有同居的义务是不恰当的。否定说的理由考虑了女性在传统婚姻观念中权利被忽视的事实，在现实生活中地位弱势化的情形，但是否定说的观点本身是缺乏社会性别平等视角的。现代意义上的同居是婚姻身份伦理实体的平等性的反映，而同居既是夫妻双方的义务同时也是夫妻双方的权利，同居是婚姻的本质义务，同居身份利益是由夫妻共同支配的，相互协力实现的，不是一方对另一方性权利的支配。"夫妻间正常的性生活只要有一方因正当理由拒绝与对方过性生活，意欲享用性权利一方的自由便受到遏止，其权利便转化为尊重和维护对方性权利不受侵犯的义务。"[1]我国立法对此的回避态度也不可取，容易给婚内违反同居义务的行为有可乘之机。

　　现实中的相关案件反映出司法不支持同居权，如典型案例中申某是湖南省会同县农民，丧偶后认识了妇女胡某，两人登记结婚。婚后两人因性生活，夫妻之间产生矛盾最终分居。申某将胡某告上法庭，起诉离婚其目的是希望妻子回心转意，达到取得同居权的目的。申某在庭审中认为，夫妻依法享有配偶权，有同居的义务，胡某拒绝同居不对；胡某认为对申某的性要求无法满足。法院在调解无效后，作出一审判决，认为同居权不等于配偶权，法律不能以强制力保证同居的实施，因此对申某的同居权请求不予支持；同时认为夫妻感情确已破裂，依法判决原被告离婚。[2]

　　（三）夫妻同居权利与义务的主要内容

　　1. 同居权利与义务的首要内容是夫妻性生活。婚姻的自然属性中人类的性本能，两性差异，以及生育繁衍这些因素，决定了婚姻这种被社会所认可的形式，具有为当事人提供合法解决性生活的途径。同居义务反映了婚姻作为社会制度，在满足自然生理要求的同时，限制人的自然属性的特点。

　　2. 夫妻共同寝食的义务。夫妻在婚姻关系缔结后，一般选定了婚姻的住所，在婚姻住所内同吃同住，同居权和婚姻住所权的相关性，使得有的国家和地区在规定同居权时，一并对住所权作了规定。我国台湾地区的法律就将同居权与婚姻住所决定权一同规定。住所是判断夫妻是否有共同生活以及是否构成遗弃的重要判断依据。葡萄牙民法典就规定了配偶双方对家庭居所的商议方式，达不成协议的任何一方都可以请求法院裁定。德

---

①　官玉琴：《亲属身份法学》，厦门大学出版社 2010 年版，第 75 页。
②　参见朱晓娟、戴志强编著《人身权法》，清华大学出版社 2006 年版，第 266 页。

国民法典规定的共同生活要求配偶双方在生活条件允许的情况下，在同一住所共同生活。配偶间的相互好感是结合条件之一，而且在婚后会转化为共同生活的义务和婚姻忠实的义务。①

3. 夫妻双方相互协力的义务。夫妻同居义务的履行，以自愿协商为原则，当事人的法律地位平等，一方不能为了达到自己的权利，胁迫对方甚至采取暴力或胁迫的手段。由于夫妻协力义务包含在同居义务中，所以很多国家都没有对协力义务特别加以规定。

1978 年 6 月 22 日，埃克斯·普罗旺斯法院认为拒绝同居是一种过错，并没有任何法律条文将此种过错排除在《民法典》第一千三百八十二条的规定之外，因此可依此为理由提起赔偿之诉。法国巴黎大审法院认为经法院免除的同居义务，《民法典》第二百五十六条准许受理离婚之诉的法院对家庭居所作出审理裁判：即使是在驳回离婚请求的情况下，亦可就家庭居所作出裁判，而有关子女的照顾不得作为分开诉讼的依据。法国最高司法法院第二民事庭认为夫妻约定免除同居的义务：夫妻之间订立协议，不遵守第二百一十四条之规定，旨在安排两人分开生活，并不能构成撤回分居之诉的有效依据。②

同居义务在有些特殊情况下可免除，但不构成夫妻间遗弃。一是因正当理由而暂时中止同居义务。由于公私事务离家的，不构成同居义务的违反。这种同居义务的中止，在中止事由消失后，同居义务自行恢复，不影响配偶的婚姻关系。二是因法定非客观事由中止同居义务的。很多国家对此作出了相关的法定中止的事由。《德意志联邦共和国民法典》第一千三百五十三条第二款规定："夫妻一方对他方在建立共同生活后所提出的请求，如显然为滥用其权利或者婚姻已破裂时，无承诺的义务。"《墨西哥民法典》第一百六十三条规定："如果一方并非出于公务或社团业务需要将自己的住所迁移到国外，或者在不卫生或不恰当的地点定居，法院可以因此免除配偶他方的这种（同居）义务。"《瑞士民法典》第一百七十条规定："配偶一方在其健康、名誉或经济状况因夫妻共同生活而受到严重威胁时，在威胁存续期间有权利提出停止共同生活；提起离婚或分居的诉

---

① 参见［德］迪特尔·施瓦布《德国家庭法》，王葆莳译，法律出版社 2010 年版，第 63 页。

② 参见《法国民法典》，罗结珍译，北京大学出版社 2010 年版，第 69 页。

讼后，配偶双方在诉讼期间均有停止共同生活的权利。"法定的非客观事由一般是在夫妻感情有破裂的可能或同居影响到夫妻一方的人格利益的时候，由法律明确规定予以中止。

（四）夫妻同居权利与婚内强奸

1. 婚内强奸概述

婚内强奸是在婚姻关系存续期间，丈夫违背妻子的意愿强行与妻子发生性关系的行为。由于婚内强奸的主体是丈夫，使得婚内强奸是否是一种刑事犯罪变得扑朔迷离。

婚内强奸行为在全球范围内是一个较为严重的社会问题。据日本1999 年的调查，在接受询问的 1464 名妇女中，20% 的妇女表示曾经遭受丈夫的强迫性行为。另外，根据全球的普查，印度 75.0% 的"贱民"等级中的男性承认他们曾至少一次强迫妻子或者强迫未遂。在我国，婚内强迫性行为的形势也较为严峻。据《法制日报》2001 年的报道，中国有七成女性认为生活中确实存在婚内强奸现象。北京的一份社会调查也显示，43.3% 被丈夫殴打的女性紧接着遭到丈夫的性暴力。[①]

早期的夫妻关系的立法都认为夫妻间的同居义务是夫对妻的权利，妻子有同居的义务，因此，婚内强奸是不成立的。英国法学家马修·黑尔爵士认为，丈夫强奸了妻子是无罪的，因为妻子在婚姻的合意及契约中，放弃了对丈夫强奸罪追究的权利。[②]

近期随着女权运动的发展，女性的地位不断得到提高，"丈夫豁免原则"也被取消了，1978 年美国俄勒冈出现了第一起妻子将丈夫状告婚内强奸的案件，虽然丈夫宣告无罪，但是毕竟是女性追求婚姻内性权利的里程碑。People v. Mario Liberta 一案中，丈夫对妻子施以家庭暴力，妻子取得保护令，丈夫在分居期间强奸了妻子。该案上诉法院认为婚内强奸非罪化是违反宪法的，因为婚内强奸与强奸罪没有区别，区别对待就是存在歧视。"皇室诉 R 案"中英国上议院认为妻子有离开丈夫的意图，就意味着撤销婚姻权利，妻子在这一状况下，可以起诉丈夫强奸。在 1980 年的

---

① 闫文新：《女性配偶权益弱化的私法救济》，黑龙江大学优秀硕士学位论文，2010 年。

② 参见陈苇主编《美国家庭法精要》，《西南政法大学外国家庭法及妇女理论研究中心》2005 年 8 月。

《示范刑法典》中，美国法律学会认为不应该废除将婚内强奸作为强奸的例外，除非法院已判决双方分居。这一阶段的婚内强奸为罪是有条件的，一般是夫妻分居的情形，暗含夫妻之间的同居权利义务已经解除，夫妻结合后的性承诺也解除了。

1992 年的 People vs. M. D. 案中，美国法院判决被告的强奸罪成立。这一案件不同于以前的强奸案，在于双方当事人没有分居也没有撤销婚姻，夫妻间存在同居的义务，但是婚内强奸仍然成立，强奸与夫妻的同居义务没有任何关系，法官只考虑是否违背了当事人的意愿。① 美国最终确定了未经女子同意的情形下，与该女子强行发生性关系构成强奸罪，法院判决被告强奸罪成立的理由如下：第一，配偶间的体谅和解与家庭关系的保持并不能成为婚内强奸免责的正当理由。法院宣称，并不是因为控告被告强奸而是因为被告强奸自身毁灭了婚姻关系。第二，婚内强奸其恶劣程度并不比婚外强奸轻。事实上，法院认为，在婚姻关系中的性侵犯者给被害人带来的创伤比陌生人强奸留下的还要严重。第三，法院也同时表示不认同下述观点：想报复丈夫的妻子可能以性侵犯名义对丈夫提起虚假指控，即使该女子与强奸犯存在配偶关系。

意大利刑法典第六百零九条规定了性暴力犯罪，即采取暴力或胁迫手段，或者通过滥用权力，强迫他人实施或者接受性行为的，处以相应的刑罚。该规定没有对犯罪主体和犯罪对象的性别特别说明。其他国家如法国、瑞士、德国、瑞典、丹麦、挪威、澳大利亚等国修订后的刑法典，都在强奸罪的规定里明确放弃了丈夫豁免原则。

2. 同居权与婚内强奸

婚内强奸与女性的性自主权紧密地联系在一起。香港召开的世界性学会议上通过的《性权宣言》将性权利具体划分为十一项内容，是每个人的人格组成部分。性自主权是人在遵循法律和公序良俗的前提下，自主表达自己的性意愿和自主决定是否实施性行为和以何种方式实施性行为，实现性欲望的满足而不受他人强迫和干涉的权利。② 我国学者认

---

① 参见 http://news.163.com/special/reviews/maritalrape20101211.html。

② 郭卫华：《性自主权研究——兼论对性侵犯之受害人的法律保护》，中国政法大学出版社 2006 年版，第 23 页。

为自愿结婚是对同居义务的肯定性承诺，丈夫取得了妻子性交的终身许可。① 这一观点带有浓重的男权思想，缺乏女性的视角，是对女性个体经验的忽视。社会性别视角下的现代身份权是对身份利益的共同支配权，同居的身份利益由夫妻共同行使，同居权利表现为夫妻间的同居请求权，一方行使同居的权利，另一方有协力的义务；但是另一方拒绝协力义务时，一方不得采取强制手段实现自己的权利。同居权的实现不以牺牲妇女性权利为代价，妇女的性权利是一项基本的人权，任何人都不能支配和行使。夫妻间的同居权利义务在法定中止事由出现后，可以认为夫妻间的性交承诺不存在，如果丈夫违背妻子的意愿强行与之发生性关系构成婚内强奸。但是夫妻间的同居权利义务没有法定的中止事由时，丈夫违背妻子的意愿强行与之发生性关系，也构成婚内强奸。

　　婚内强奸是一种典型的公私领域二分法的产物，对家庭领域内的强奸漠视或者忽视，丈夫与妻子发生性行为是家庭领域内的事，法律不予干预。从立法的角度，就是以男性视角制定的法律，女性在传统的贞操义务和性别歧视经验中形成的具体个人体验被忽视了。有学者从法解释学角度认为"奸"这个字渊源考察，就是夫妻以外的性关系，因此丈夫以外的人违背妇女意愿与该妇女发生性行为，法律就按强奸罪定罪量刑。从司法角度看，法院在审理强奸案件时也是以男性视角适用法律的，法官认为丈夫和妻子的性行为是合法的，但是丈夫的身份一旦改变，其他人与妇女发生的性行为则是违法。郭卫华博士举了两个典型的案例：某男冒充妇女的丈夫同该妇女发生性行为的行为，被认定为强奸罪，妇女同意是由于她发生事实认识错误，因此实质违背了她的意志。然而在另一个案例中，被告人事先得知该妇女同她情夫幽会的暗号，当他把妇女的情夫阻留在另一地方后，利用这个暗号冒充妇女的情夫而同该妇女发生了性行为，事后该妇女控告了被告人。法院判决不成立强奸罪，因为被告人没有冒充她丈夫，没有法律上的欺骗，二人以通奸论处。②

　　我国的司法实践对婚内强奸是否构成犯罪认识不一。最高人民法院刑

①　参见陈兴良等《案例刑法教程》（下），中国政法大学出版社1994年版，第209页。
②　郭卫华：《性自主权研究——兼论对性侵犯之受害人的法律保护》，中国政法大学出版社2006年版，第308页。

事审判第一庭在其编写的《刑事审判参与》中刊登的典型案例涉及婚内强奸，案件过程如下：被告人白某与受害人姚某于1994年10月1日结婚。婚后夫妻感情不和，多次发生口角。姚某于1995年2月27日回娘家居住，并向白某提出离婚要求。1995年5月2日晚9时许，白某到姚家，见姚某脱衣服上炕睡觉时，白某将其按倒，欲与其发生性关系。姚某不允，与白某撕扯。白某将姚某撂倒，用裤带将姚某的手绑住。村治保主任陈某接到姚父报案后来到姚家，在窗外看见白某正趴在姚某身上，陈某故意咳嗽一声。白某在屋内听见便喊："我们两口子正办事呢！谁愿意看就进屋来看！"陈某给姚某松绑后，回到村委会用广播喊白某和姚某二人上村委会。此间，白某又第二次强行与姚某发生了性关系。白某对姚某蹂躏达5个小时，致姚某抽搐昏迷，经医院抢救苏醒。辽宁省义县人民检察院以被告白某涉嫌强奸罪为由向义县人民法院提起公诉。义县人民法院认为，被告人白某在与姚某的婚姻关系存续期间，以强制的手段，强行与姚某发生性关系的行为，不构成强奸罪，并于1997年10月13日判决白某无罪。

最高人民法院刑事审判第一庭在述评此案时认为，被告人白某之所以不构成强奸罪的主要理由：首先，婚姻状况是确定是否构成强奸罪中违背妇女意志的法律依据。婚后夫妻两人性行为未必都是妻子同意，但这与构成强奸罪的违背妇女意志强行性交却有本质的不同。根据婚姻法的规定，同居和性生活是夫妻之间对等人身权利和义务的基本内容，双方自愿登记结婚，就是对同居和性生活的法律承诺。因此，从法律上讲，合法夫妻之间不存在丈夫对妻子性权利自由的侵犯。相反，如果妻子同意与丈夫之外的男子发生性关系，就构成对合法婚姻的侵犯。所以，在合法婚姻关系存续期间，丈夫不顾妻子反对，甚至采取暴力与妻子强行发生性关系的行为，不属于刑法意义上的违背妇女意志与妇女进行性行为，不构成强奸罪。其次，被告白某与姚某的婚姻关系合法有效。在案发前，虽然姚某已提出离婚，但经过村里调解，没有向人民法院或婚姻登记机关提出离婚，没有进入离婚诉讼程序。夫妻之间相互对性生活的法律承诺仍然有效。因此，白某的行为不构成强奸罪。

有些司法实务部门肯定了婚内强奸，如河南省信阳县人民法院（1989

年 8 月)、上海市青浦区人民法院 (1999 年 12 月)、安徽省凤阳县人民法院 (2000 年 6 月)、陕西省安康县人民法院 (2001 年 10 月)、黑龙江省大庆市萨区人民法院 (2003 年 12 月)、新疆生产建设兵团农七师法院 (2005 年 8 月)。这些法院之所以裁判婚内强奸,与夫妻之间同居义务的不复存在关系密切,因为这些案件中的夫妻双方处于离婚判决尚未生效的非正常阶段。① 最高人民法院刑事审判第一庭收编的另一个案例就是其代表,具体案情如下:

被告人王某与受害人钱某于 1993 年 1 月登记结婚。1996 年 6 月王某与钱某分居。王某于 1996 年 6 月和 1997 年 3 月两次提出离婚要求,1997 年 10 月 8 日上海市青浦县人民法院判决准予离婚,并将判决书送达双方当事人。王某表示对判决涉及的子女抚养等有意见,保留上述的权利。10 月 13 日晚 7 时许,王某来到夫妻两人过去的住处,发现钱某在此,要求与其发生性行为,被拒绝后,王某以暴力与其发生性行为,致使钱某多处软组织挫伤,胸部被抓伤、咬伤。1997 年 12 月,青浦县人民检察院以被告人王某涉嫌犯强奸罪为由向青浦县人民法院提起公诉。1999 年 12 月 24 日法院判决认定:尽管被告人与被害人之间是夫妻关系,但他们已分居 16 个月以上,且被告人已提起两次离婚诉讼,他们已经是无法共处的夫妻。在这一特殊情况下,一审判决已经作出,尽管还没有生效,两人之间的夫妻关系已处于非常状态。被告人以暴力违背受害人的意愿发生两性关系,因此应当依法惩罚。

最高人民法院刑事审判第一庭在述评此案时认为,被告人王某构成强奸罪的主要理由有:夫妻同居义务是从自愿结婚行为派生出来的伦理义务,不是法律规定的强制性义务。因此,不区别具体情况,对于所有的婚内强奸行为一概不以犯罪论处是不科学的。例如,在婚姻关系非正常存续期间,如离婚诉讼期间,婚姻关系已进入法定的解除程序,虽然婚姻关系依然存在,但已不能再推定女方对性行为仍表示同意,也就没有理由从婚姻关系出发否定强奸罪的成立。就本案而言,被告人王某两次主动向法院诉请离婚,一审法院已判决准予离婚,只是离婚判决书尚未生效。在此期

---

① 刘明辉:《社会性别与法律》,高等教育出版社 2012 年版,第 188—189 页。

间，被告人王某与钱某已属于非正常的婚姻关系。即因被告王某的行为，双方已不再承诺履行夫妻间同居的义务。在这种情况下，被告人王某在这一特殊时期内，违背钱某的意愿，采取扭、抓、咬等暴力手段，强行与钱某发生性行为，严重侵犯了钱某的人身权利和性权利，其行为符合强奸罪的主观和客观特征，构成强奸罪。

笔者认为婚内强奸违反了婚内同居权利义务，以性支配权取代性请求权，同时侵害了女性的性自主权。① 女性的性自主权是女性的一项基本人身权利，不能以任何形式由他人支配和行使。尽管夫妻一方行使同居的权利时另一方有协力的义务，但另一方不履行义务时，不能强制对方履行义务，否则构成对女性性自主权的侵害。我国对婚内强奸提供了民事救济措施，认为婚内强奸是一种家庭暴力行为（性暴力），婚姻关系中的受害人可以要求离婚，并提出离婚损害赔偿。至于刑事救济措施，考虑到强奸罪中的"奸"本身带有社会性别不平等的色彩，许多国家和地区的强奸犯罪对象都不限于女性，而是包括男性和女性，宜参照意大利刑法的做法，采取"性暴力犯罪"的罪名取代强奸罪，消除性别歧视。

同时，在民事立法上明确受害人特定情形下中止同居义务的法定情形。譬如配偶一方因出差或住院不能履行同居义务；女性因生理原因或其他身体原因不能履行同居义务；双方已经分居，或一方已经起诉离婚的；侵害配偶其他合法利益的等，基于上述情形，一方不履行同居义务，另一方不得强制实行同居权利，否则有可能构成性暴力犯罪。

（五）夫妻同居权利与家庭冷暴力

家庭冷暴力是家庭成员间一种心理暴力，对其的定义主要是通过暴力的表现形式来界定的，如冷淡、漠不关心、轻视、疏远，等等。夫妻间的冷暴力表现形式不仅涵盖上述的几种情形，还包括停止性生活。第四十八届联合国大会通过的《消除对妇女的暴力行为宣言》中提出："'对妇女的暴力行为'一词系指对妇女造成或可能造成身心方面或性方面的伤害

---

① 婚内强奸是否构成强奸罪，观点不一，审判实践中做法也不相同。结合我国的国情，宜采取婚内强奸达到犯罪的严重程度时，可以自诉案件处理。参见冀祥德《婚内强奸问题研究》，人民法院出版社 2005 年版，第 172—175 页。法国、瑞士、德国、瑞典、丹麦、挪威、澳大利亚等国修订后的刑法典都明确放弃了丈夫豁免原则，对我国婚内强奸入罪有借鉴意义。

或痛苦的任何基于性别的暴力行为，包括威胁进行这类行为、强迫或任意剥夺自由，而不论其发生在公共生活还是私人生活中。"该宣言把导致妇女精神方面的伤害规定为精神暴力，精神暴力就是冷暴力。有学者认为冷暴力不是精神暴力，冷暴力的严重程度低于精神暴力，属于夫妻的一般生活准则，认为是"泛家暴"现象。中国法学会对家庭"冷暴力"的调查表明，当夫妻发生分歧时，有88%的家庭会出现相互不理睬的现象。其中以丈夫不理睬妻子居多，高达60%以上。[1] 中国离婚网站站长、著名律师柯直认为，几乎百分之百的家庭都会存在不同程度的精神暴力现象。冷暴力具有隐蔽性，有的丈夫利用这一点，从精神上折磨妻子，使妻子对自己俯首帖耳。在法院受理离婚案件中，存在家庭暴力现象的占总数的近1/3，涉及冷暴力（精神暴力）的案件几乎占一半。[2]

夫妻间的冷暴力会对夫妻同居权利的实现产生一定的阻碍。首先，夫妻间要求对方陪伴、钟爱和帮助的权利没有办法实现。由于夫妻间的冷暴力多出现在知识分子家庭，碍于情面，夫妻之间放不下面子，夫妻间的相互敌视态度，使受害的一方受到冷落、轻视，感到委屈、压抑，又无从发泄。其次，冷暴力多伴有性生活的终止。有的夫妻一方以同居生活为要挟，也有的拒绝同居生活达到冷落对方的目的。夫妻间冷暴力的出现，与女性的社会分工角色的改变有密切关系。女性曾一度被禁锢在家庭领域，女性定位为温和、恭顺的形象；现阶段，女性一方面逐渐打破固有的社会分工角色，积极参加社会事务；另一方面也追求男女实质平等，在家庭领域中寻求平等的地位，这与男性传统的家长权威发生了矛盾，表现为言语的冲突和精神的对抗。

我国法律仅是将身体暴力界定为家庭暴力，冷暴力不在法律规定的范围之内。最高人民法院在2001年12月25日颁布的《关于适用中华人民共和国婚姻法若干问题的解释（一）》第一条中规定："家庭暴力是指行为人以殴打、捆绑、残害、强行限制人身自由或者其他手段，给家庭成员的身体、精神等方面造成一定伤害后果的行为。"法律对冷暴力的调整，以冷暴力达到一定的程度，造成受害方精神严重伤害，否则会出现动辄被

---

[1]　参见冯源《丈夫对妻子进行家庭精神暴力的法律思考》，《法制与社会》2008年第11期。

[2]　刘双玉：《家庭冷暴力法律仍是空白》，《北京日报》2003年第6版。

追究法律责任的局面。

北京海淀区法院 2009 年审理了一起离婚案件，其特殊性在于夫妻十年没有夫妻生活。妻子在起诉书中提到结婚十年，饱受言语侮辱家庭暴力的伤害，同居权、生育权受到严重侵害，要求法院认定侵害并赔偿损失。海淀区人民法院对此案判决，准许两人离婚，但其提出的侵害无法认定。此案中的诉讼主张中有侵害妻子同居权的精神赔偿，在案件审理过程中，中国法学会反对家庭暴力网络（研究中心）和北京大学法学院妇女法律研究与服务中心联合主办的"从家庭暴力的实际危害看相关法律倡导及维权策略"研讨会的部分学者认为丈夫对妻子长期拒绝无故履行同居义务是没有完全正当的理由，对当事人的心理状况造成了长期的严重伤害，可以对精神伤害的后果论证进行损害赔偿的要求。

海淀法院民二庭的法官张璇告诉记者，在以前的离婚诉讼中，一般以"感情破裂"作为判决离婚的标准，很多妇女以遭遇"冷暴力"为由向法院起诉离婚，称丈夫对自己感情冷漠、没有夫妻生活，但由于难以举证"感情确已破裂"，男方又不同意离婚而难以得到法院的支持。该庭在诉讼中确定了维护妇女权益的判案原则，认为妇女应享有和丈夫和谐沟通感情的权利及拥有健康性生活的权利。因此，当男方以"冷暴力"形式任意损害女方权益，女方提出离婚时，法院会将这一点作为依法判决离婚的重要依据。①

法院审判的侧重点在于，无性婚姻符合"感情确已破裂"的标准，离婚是对当事人有效的救济。但是，就当事人而言，对女方伤害更大的，应该是男方十年不履行同居义务的行为，法院却没有相应的救济。现阶段，我国婚姻当事人的同居权没有可诉性，因此同居权的精神赔偿也就无法得到认定。考察相关国家和地区的立法中有关于同居权受侵害的法律救济途径。日本家事审判法中关于家事法庭审判乙类事项（一）规定"根据日本民法第七百五十二条第二款的规定，关于夫妻同居及其他相互扶助的处分"，在该法中第十五条规定了，"当权利人申请时，家庭法院应调查审判所决定的义务履行状况，并劝告义务人履行其义务"。② 台湾民事

---

① http：//blog. sina. com. cn/s/blog_ 6012e9d00100dn02. html.
② 《日本新民事诉讼法》，白绿铉编译，中国法制出版社 2000 年版，第 155、158 页。

诉讼法第五百七十七条规定了夫妻同居之诉，以法律审判前先行调解为前提。同居之诉，法院有劝告当事人履行义务的职责。但是反映出无故不履行同居义务，当事人要求保护其权益的诉求。

二　忠实权利与义务

（一）忠实的含义

忠实义务又称配偶性生活排他专属义务，它是指配偶专一性生活的义务，它要求配偶双方互负贞操忠实义务，不为婚外性生活。广义的贞操义务还包括不得恶意遗弃他方以及不得为第三者利益牺牲、损害配偶他方的利益。① 配偶一方恶意遗弃他方，或为第三者利益牺牲、损害配偶他方的利益，亦为忠实义务的违反。忠实义务和贞操义务内容有交叉的部分，都是指保持性纯洁的良好品行；忠实义务是婚姻关系存续期间夫妻间的性生活的忠实，是身份利益；贞操义务则不限于夫妻间，是一种人格利益。

（二）夫妻忠实权利与义务的新要求

现代夫妻间忠实权利与义务是建立在夫妻平等的基础上的。有关忠实义务早在夫权社会中就已在立法中有所反映，1804 年的《拿破仑民法典》规定了夫妻互负忠实义务，但是丈夫可以妻子通奸为由诉请离婚，妻子行使这一权利受到了限制，即丈夫和第三者在住所姘居的才可以诉请离婚。日本旧民法和拿破仑民法典如出一辙，丈夫的通奸行为不是离婚的理由，但是妻有通奸行为构成丈夫可以请求离婚的理由。第二次世界大战后，夫妻忠实义务的发展顺应了男女平等的时代要求，各国纷纷修改了民法典，规定夫妻间的贞操义务不再是丈夫的权利、妻子的义务，而是夫妻互负贞操义务，实现了法律上的男女平等。我国台湾地区民法虽然对夫妻的忠实义务没有明确规定，但是通奸行为是构成离婚的理由之一，同时妻子违反忠实义务侵害配偶的名誉权的行为，"配偶与第三者通奸，受害配偶感到悲愤、沮丧，其情形严重者，可谓名誉权受到侵害，虽非财产上之损害，亦得请求相当之抚慰金"。台湾刑法对通奸有处罚规定，因此学说上都一致认为夫妻有忠实的权利与义务。②

---

① 蒋月：《夫妻的权利与义务》，法律出版社 2001 年版，第 39 页。
② 参见林秀雄《婚姻家庭法之研究》，中国政法大学出版社 2001 年版，第 146 页。

（三）我国夫妻忠实权利与义务的规定

我国关于忠实权利义务是否由法律规定，在 2001 年婚姻法修订之前产生了大讨论。肯定忠实权利义务的观点认为：（1）相互忠实是一夫一妻制的必然要求，对一夫一妻制破坏最严重的，莫过于夫妻间的不忠，法律既然实行一夫一妻制，就应该在婚姻内部关系中明确地将已婚者的性关系限制在夫妻之间。（2）规定忠实义务，可以为婚外性行为的责任追究提供法律依据，而且也为其他调整婚姻关系的具体制度提供依据，如婚姻损害赔偿制度和弱者保护制度等。（3）忠实义务以法律和道德结合的方式共同完成调整作用。甚至有学者认为夫妻忠实义务是人类社会发展所崇尚的美德，对夫妻忠实义务的保护实质上可被视为国家对正义的维护和促进。否定忠实权利义务的观点认为：（1）忠实权利义务是道德义务，法律不能管。（2）婚姻含有忠实权利义务之意，没必要再作规定。（3）忠实权利义务会造成捉奸成风，行不通，如果公安机关介入其中，还可能造成"人民警察不打击犯罪，专管他人床上事"的恶果。（4）规定忠实权利义务是一种历史的倒退，不适应人类两性关系发展的需求。[①] 最终我国婚姻法修订案第四条规定了夫妻忠实义务，顺应了婚姻的本质要求。而在婚姻法中第四十六条还对离婚时违反忠实义务的救济措施作了进一步的规定，其主要内容为违反忠实义务导致离婚的，有过错的一方负离婚损害赔偿责任。

婚姻法修订案第四条虽然是对忠实权利的规定，却并没有达到对现实中违反忠实义务行为的救济效果。首先，我国现行婚姻法第四条有关夫妻应当相互忠实的义务的规定是在婚姻法的基本原则部分，更多体现为倡导性规范，缺乏对违反忠实义务的制裁后果的规定。婚姻法第四十六条规定了离婚时违反忠实义务的一方的救济手段——离婚损害赔偿制度，但是在《婚姻法解释（一）》的第二十九条限定了违反配偶忠实权利的救济措施适用条件，即"在婚姻关系存续期间，当事人不起诉离婚而单独依据婚姻法第四十六条的规定提起损害赔偿请求的，人民法院不予受理。"如果受害配偶不提出离婚或提出离婚而人民法院判决不准离婚，受害配偶都不

---

① 陈苇：《改革开放三十年中国婚姻家庭继承法研究之回顾与展望》，中国政法大学出版社 2010 年版，第 152—153 页。

能获得法律的救济。换句话说，婚姻关系存续期间违反法定忠实义务没有救济措施。忠实协议的一方当事人如果以违反法定的忠实权利为由起诉要求赔偿，必然没有法律依据，法院不予立案。

其次，举证困难是违反忠实义务寻求法律救济的难点。第一，民事诉讼法规定的、证明侵权行为存在的有力证据，仅限于书证、物证和视听资料这三类民事诉讼证据形式，而且这三类证据的取得也不容易，当事人为取得证据采取跟踪、拍照、录像等手段，对证据来源的合法性有影响。第二，违反忠实义务的行为涉及当事人的个人隐私、他人隐私，当事人不愿被人知晓，而且侵权行为发生的空间封闭，不宜被外界所了解。第三，家庭领域，夫妻间隐私和夫妻个人隐私是否存在区别，影响证据取得的合法性。夫妻间隐私是在婚姻关系期间，夫妻以家庭共同利益为限，对夫妻以外的人是隐私，但是在夫妻间不是隐私那部分内容。夫妻间隐私和夫妻个人隐私界限具有模糊性，法官对无过错方获得证据的合法性难以判断。由于这些原因，当事人举证相对困难。

最后，由于法律介入婚姻领域的有限性，限制了婚姻法第四条的适用。传统婚姻家庭领域属于私人领域，私人领域尊重个人选择和个人自由，当事人不希望国家干预，国家也不宜干预。婚姻家庭领域中的关系是一种伦理关系，马克思主义认为，婚姻本质上是一种伦理关系，[①] 婚姻关系中的当事人有婚姻关系和血缘联系，感情是维持家庭关系，实现家庭成员间利益的核心要素，婚姻实体中当事人的情感、意志等因素，规范当事人的行为，必然是以伦理道德调整相互间的关系。由于夫妻感情的私密性和不可算计性，公权利不宜介入家庭领域，"国家根本没有必要制定关于夫妻的相互关系的法律，因为他们的全部关系根本就不是法律的关系，而是一种自然的、道德的心灵关系"。[②] 婚姻家庭中的伦理道德一旦形成具有稳定性，就具有规范人们婚姻行为的标准。婚姻家庭的伦理因素对立法者、司法者的观念产生重要的影响，坚守法不入家门的信念，认为法律不应对婚姻关系中的涉及情感的内容进行干预，所以现行法律中有关忠实义

[①]　《马克思恩格斯全集》（第1卷），人民出版社1956年版。
[②]　[德] 费希特：《以知识学为原则的自然法权基础》，谢地坤、程志学民译；梁志学：《费希特著作选集》（第2卷），商务印书馆1994年版，第585页。

务的规范性质被认为是伦理道德规范。

在司法实践中曾出现过夫妻一方起诉另一方侵害夫妻忠实权利，请求法院予以救济，法院也作出了相应的判决。但是在 2001 年 12 月 27 日以后，法律以离婚为界限，对配偶忠实权利进行了分段保护，即法律对婚姻关系存续期间侵害配偶忠实权利的行为不予制裁，而对离婚诉讼中侵害配偶忠实权利的行为予以制裁。我国司法实践中，对配偶忠实权利救济主要表现为离婚时无过错方向过错方提出离婚损害赔偿。最高人民法院民一庭的负责人就离婚损害赔偿制度的适用方面特别指明了婚姻关系终止无过错方可以要求精神损害赔偿。离婚损害赔偿制度成为侵害配偶忠实权利救济的唯一法定方式。

（四）夫妻忠实协议

法律虽然没有为夫妻忠实权利与义务提供全面的救济，但是现实中不乏婚姻关系中的当事人自力救济。究其原因，不难发现忠实义务是夫妻配偶权权利束中的核心权利，违反忠实义务对夫妻双方都会具有重大影响。一方面，由于男女两性性爱的差异是客观存在的，因为"男子从来不会想到甚至直到今天也不会想到要放弃事实上的群婚的便利"①，而且女性承担了孕育子女的社会分工，孕育子女的过程漫长，耗时耗力需要夫妻协力完成，这个过程中妻子对丈夫的依赖性增强。显然男女性爱角色的差异以及育幼的分工机制，使女性处于婚姻关系中的被动的境地，忠实义务的违背对女性的家庭地位打击是毁灭性的。另一方面，堵塞对忠实权利的救济途径，现实中有可能出现影响对同样违反忠实义务，但是法官以"性别盲人"的态度对待夫妻，"男人违反夫妻忠诚时，他是因为轻浮的欲望。它并没有毁掉女人的爱情或破坏婚姻社会的根基。相反，女人通奸影响家庭内部秩序，损害夫妻生活的稳定性。女人通奸更危险，不仅因其招惹的丑闻，还因为它更深地有损于道德价值和法律"。② 对忠实义务违反的救济公力有诸多限制，这一切催生了司法实践中夫妻对忠实义务的私力救济——忠实协议的产生。

---

① 《马克思恩格斯选集》第 4 卷，人民出版社 1995 年第 2 版，第 49—50 页。
② 李敖：《社会性别平等的法律保障》，中国社会科学出版社 2009 年版，第 230 页。

1. 支持以忠实协议的形式救济忠实权利的个案

2002 年后的离婚诉讼中，出现了当事人订立夫妻忠实协议要求法院对忠实协议的内容予以保护的新情况。忠实协议是指夫妻双方在婚前或婚姻关系存续期间，约定夫妻双方相互忠实，如果有一方违反了忠实义务，侵害了另一方的忠实权利，另一方要求过错方承担经济上的赔偿责任。全国首例违背忠实协议纠纷案件具有代表意义。其案情为上海市一对离异男女再婚后，为了保证婚姻期间夫妻双方相互忠诚，两人自愿约定，夫妻任何一方如果有违背性专一的不道德行为，过错方应向无过错方支付 30 万元违约金。婚后不久，丈夫婚外恋行为暴露，妻子将丈夫告上法院，要求丈夫支付高额违约金。一审人民法院经过审理，作出判决认定该夫妻间订立的婚姻忠实协议合法有效，判决不忠丈夫支付给妻子 30 万元违约金。法院认为婚姻法第四条规定夫妻应当相互忠实，并在第四十六条规定有重婚、有配偶者与他人同居等情形之一而导致离婚的，无过错方有权请求损害赔偿。① 该个案中法院认可了忠实协议是对抽象忠实责任的具体化，实际上承认了忠实协议可以对婚姻关系期间的忠实身份利益进行约定的效力。随后北京市、郑州市、东莞市一些法院作出了支持忠实协议的判决②，这些法院判决认为协议是当事人自愿订立的，协议的内容是当事人对夫妻财产的一种安排。

2. 不支持以忠实协议救济忠实权利的个案

天津市、青岛市、山东省的一些法院对忠实协议不予支持③，认为忠实协议是一种道德协议，不具有法律效力。上海市高级人民法院审判委员会还对忠实协议的效力问题，作出了内部司法解答意见：夫妻一方仅以对方违反忠实协议为由，起诉要求对方履行协议或支付违约金及赔偿损失

---

① 《全国首例：丈夫不忠赔妻 25 万元》，载《工人日报》2003 年 2 月 15 日。

② 部分法院承认忠实协议的效力，如北京市第一中级人民法院，参见《海归博士出轨被判赔妻 80 万元》，《京华时报》2011 年 6 月 2 日；郑州市中级人民法院，参见《"忠诚协议"：无效戏言还是有效承诺》，《工人日报》2010 年 8 月 30 日；东莞市中级人民法院，参见《塘厦一对夫妻签"忠实协议"，丈夫如出轨就赔妻子 150 万元》，《东莞时报》2010 年 5 月 27 日。

③ 部分法院不承认忠实协议，如天津市第二中级人民法院，参见《夫妻忠实协议未获法院支持》，《城市快报》2011 年 5 月 27 日；青岛市北区人民法院，参见《丈夫出轨，妻讨"空床费"》，《渤海早报》2011 年 6 月 8 日；山东省广饶县人民法院，参见《"忠诚协议"没站住脚》，《齐鲁晚报》2007 年 7 月 27 日。

的，人民法院不予受理。

当事人对违反忠实权利以约定责任的方式进行救济，在离婚时尚不能得到法院全面的承认，在婚姻关系存续期间也不可能得到有效的保护。

总之，法律虽然规定了夫妻忠实权利，但是在司法实践中，婚姻关系期间的忠实权利没有救济措施，实际上造成了该条规定对婚姻当事人保护不全面、救济不充分的问题。忠实协议属于私力救济，一般协议的制定者对协议结果认同，但是必须以制定者合意为条件。如果当事人对协议的内容达不成一致，就无法达到救济的目的。忠实权利的公力救济制度以国家的强制力作保障，是法律对纠纷的裁判的一种强制性判断，在法律责任承担者不自觉履行裁判时，以国家强制执行权迫使其履行裁判。它是解决民事纠纷最有效、最权威和最彻底的方式，而且纠纷的解决能在和平、公正的环境下进行，纠纷结果更加确定，执行更有保障。① 公力救济具有支撑、维持其他纠纷解决方式的作用。

3. 法律应当规定忠实义务

（1）婚姻法第四条的规定是配偶忠实权利救济的法律基础

我国婚姻法第四条明确规定了夫妻之间应当相互忠实，该条规定是我国一夫一妻制原则的具体体现，也是配偶忠实权利获得救济的最直接的来源。婚姻法中规定了一夫一妻制的原则，实现这一原则需要具体的法律条文，婚姻法第四条夫妻忠实权利在法律上将一夫一妻制具体化。一夫一妻制反映了立法的价值取向，忠实权利不应被认为是倡导性的权利，其可以转化为人们可以遵守的具体的行为。

（2）配偶对忠实权利救济的需求是忠实权利救济存在的现实基础

2010 年 5 月 15 日全国妇联发布的《中国和谐家庭建设状况问卷调查报告》显示，情感忠实问题是对婚姻关系产生至关重要的影响。问卷中涉及夫妻相处时，最难以容忍的问题，被调查者 69.4% 认为是"情感不忠诚，有外心或外遇"。违反忠实权利的行为主要是重婚、姘居等形式的婚外恋，婚外恋是婚姻的癌症，婚外恋行为无疑会给善意当事人和利害关系人如子女、亲属带来心灵痛苦和情感伤害。夫妻忠实权利的公力救济，

---

① 齐树洁：《民事诉讼法》，中国人民大学出版社 2010 年版，第 6 页。

符合我国社会伦理观念即重视婚姻关系的稳定，起到威慑加害人，稳定家庭的作用。

（3）婚姻家庭结构安排、婚姻家庭功能为忠实权利救济提供了婚姻制度上的依据

婚姻家庭结构有三个方面：一方面是由婚姻缔结设立的婚姻关系；一方面是由血缘设定的代际关系；还有一方面是婚姻家庭成员的个人权利。这三方面的影响力和控制力的总和构成家庭成员对其他家庭成员的总影响力和总控制力。家庭成员中最具权力者，对家庭资源的分配、家庭福利的安排、家庭发展方向有决策权，对家庭其他成员拥有控制力。现阶段婚姻家庭的传统功能仍在发挥作用，具体表现为繁衍人口、养老育幼、组织生产和消费的功能。虽然现阶段对人性和个人意志的尊重达到前所未有的程度，个人在家庭领域实现了人格和身份的分离，家庭成员间的关系应该是相互尊重和平等的，但是婚姻家庭结构、婚姻的基本功能决定了婚姻不能完全以个人为本位，应强化婚姻中当事人的责任和义务。

（4）家庭领域个人隐私权理论为忠实权利救济提供了法律理论的依据

夫妻私人领域中主体享有家庭隐私权，即夫妻共同生活而产生的私生活安宁不受夫妻以外的其他人干扰，私生活信息不受他人的非法获得和公开化。

家庭隐私权应该予以尊重，但是行使家庭隐私权侵害配偶个人权利时，国家从保护家庭成员间的权利平等、人格独立出发，对婚姻当事人一方侵害另一方超过容忍限度的、损害另一方利益的，可以对婚姻当中的另一方提供法律救济途径，打破"法不入家门"的限制。

我国社会发展过程中，人们的伦理道德发生了巨大的变化，传统道德的约束力减弱，出现了反对道德约束的现象，婚姻家庭领域表现为第三者现象、性自由等，这些行为对社会秩序的稳定带来了隐患，危害我国的一夫一妻制。当代一夫一妻制仍然是主流的两性关系模式，婚姻伦理道德观是夫妻间相互忠实。夫妻间的忠实权利关系是以夫妻的独立人格和平等地位为前提，即从过去妻子单方面的守贞要求进化为夫妻相互忠实权利义务关系。性的权利主要通过合法婚姻实现，性的自由受到约束，夫妻之间应该相互平等和忠实。将夫妻忠实义务纳入法律机制，使夫妻双方行为接受

法律规定与制约，从而起到预防功能。

三　婚姻住所权

（一）住所权的含义

婚姻住所是婚姻同居权利义务实现的场所。从社会学角度看，"定居地点是很重要的，因为它在很大程度上决定了新婚夫妇会与哪些亲戚联系更密切，而与另一些亲戚的联系就要差一些"。[①] 婚姻住所权是指夫妻对婚姻缔结后婚姻同居场所选择、确定的权利。婚姻住所是婚姻关系当事人完成婚姻权利义务关系的场所，对婚姻当事人具有重要的法律意义。特别是在夫妻关系恶化的情形下，婚姻住所成为法院认定"履行同居义务"以及是否恶意遗弃的客观证据。妻或夫不在婚姻住所居住，便可能构成不履行同居义务或恶意遗弃。婚姻住所由夫还是妻决定，经历了一个漫长的历史阶段。在夫妻一体主义下，婚姻住所的决定权是丈夫的，"妻从夫居"是婚姻场所的最常见的方式。资产阶级革命初期的相关立法都反映了"妻从夫居"，1804 年的法国民法典规定了妻以夫之住所为住所，德国民法典规定，夫有权决定住所和住屋，妻随夫之住所为住所。第二次世界大战后，随着男女平等观念的发展，一些国家纷纷修改了关于居住权的法律。法国民法典规定，家庭的住所应设在夫妻一致选定的处所。

我国台湾地区民法第一千零二条规定，妻以夫之住所为住所，赘夫以妻之住所为住所。台湾大法官通过一个案件，对民法第一千零二条进行了社会性别平等的审视，该案情如下[②]：

原申请人与其丈夫苏某于 1984 年 1 月结婚，婚后征得苏某的同意，申请人的母亲于 1984 年 8 月搬来与其共同居住，这种状况维持了九年。后来，丈夫苏某认为妻子娘家人与其共居一屋檐下，使自己蒙受委屈。申请人遂征得丈夫同意贷款另购预售房为将来新居。但是丈夫苏某仍然不满意，经常吼骂、痛打申请人及其两个幼子。1994 年 11 月期间，丈夫苏某无故痛殴申请人致其头额破裂、右手腕骨折后，离家出走一去不返，毫无

---

① W. 古德：《家庭》，魏章玲译，社会科学文献出版社 1986 年版，第 72—73 页。

② 李孝悌：《从生理差别与社会性别角色论性别平等审查》，台湾辅仁大学法律学系研究所硕士论文，2004 年。

音讯。申请人只得身兼数职，一面工作清偿房贷，一面照顾家庭孩子，还一面就读夜校充实自己以增强就业能力。1996 年，预售屋完工交屋，申请人母子搬进新居，新居环境对申请人上班、孩子就学均感熟悉且就近方便。不料，1996 年离家多年的苏某又出现，对申请人提出履行同居之诉，要求申请人返回地处偏远、交通不便的婆家与其同居。经台湾桃园地方法院判决苏某胜诉，台湾高等法院亦判决苏某胜诉，最高法院驳回申请人上诉维持原判决。苏某威胁申请人返回婆家与其同居，否则即告妻子恶意遗弃要求离婚。经调查苏某先恶意遗弃申请人母子三人长达两年，现在突然出现主张行使"夫之婚姻住所指定权"，无视妻子的生活现状及秩序，还以妻子不履行判决中的同居义务作为主张申请人恶意遗弃的证明。上述苏某恣意制定及变更住所要求妻子无条件前往同居的情形，可以看出民法第一千零二条从夫居的规定成为奴役女性、剥削女性的恶法。

台湾大法官在解释第一千零二条时，认为民法第一千零二条的规定，妻以夫之住所为住所，赘夫以妻之住所为住所。但约定夫以妻之住所为住所，或妻以赘夫之住所为住所者，从其约定。但本条文规定，虽赋予夫妻双方约定住所之机会，唯如夫或赘夫之妻拒绝为约定或双方协议不成时，即须以其一方设定之住所为住所。文中解释理由为大法官补充说明，民法第一千零二条的规定，不啻于因性别暨该婚姻为嫁娶婚或招赘婚而于法律上为差别之规定，授予夫或赘夫之妻最后决定权。按人民有居住之自由，乃指人民有选择其住所之自主权。住所乃决定各项法律效力之中心地，夫妻互负同居之义务，为民法第一千零一条前段所明定，唯民法并未强制规定自然人应设定住所，且未明确定应以住所为夫妻履行同居义务之唯一处所。

（二）住所商定权与婚姻居住权

婚姻住所权有四种立法例。第一种立法例认为婚姻住所权就是住所商定权。婚姻住所决定权属于当事人双方，双方协商确定住所。葡萄牙民法典和塞尔维亚社会主义共和国婚姻法都规定了婚姻住所商定权。第二种立法例规定婚姻住所权是婚姻住所的各自选择权。婚姻住所有夫妻各方选择、确定。《苏俄婚姻家庭法典》第十九条第一款规定："夫妻共同决定家庭生活问题，自由选择工作、职业和居住地点的权利。"《蒙古人民共和国家庭法典》第十四条规定："夫妻在蒙古人民共和国境内有选择工作、职业及居所的权利。"第三种立法例中的婚姻住所权是婚姻住所的丈夫选择权，婚姻住所仍由丈夫决定，妻子随丈夫居住。典型代表是瑞士民法典的规定。第四种立法例则是婚姻住所由丈夫提供，妻子有居住的权利。英国1967年的《婚姻住房法》、1970年的《婚姻程序及财产法》就是此种立法例。

我国对婚姻住所权的选择方式没有明确规定，我国婚姻法第九条规定了登记结婚后，根据男女双方约定，女方可以成为男方家庭的成员，男方可以成为女方家庭的成员。该条规定被认为是对婚姻住所权的规定，在大家庭中成为家庭成员意味着共同生活，而共同生活也就意味着在同一住所生活。但是随着核心家庭的增多，家庭形式发生变化，男女结婚后另立门户，并不必然成为大家庭的家庭成员，因此有必要规定住所决定权。而且婚姻住所权与婚姻关系存续期间的居住权有密切联系，对婚姻住所的商定影响已婚双方的住所和子女的住所。中国一般是婚姻当事人协商确定婚姻住所，婚姻住所由男方提供。房改以后，房屋的商品化使得婚姻住所不限于男方获得，女方也取得了婚姻住所。房改以后，婚姻住所提供出现了几种方式：一是女方提供婚姻住所，二是男方提供婚姻住所，三是男女双方共同提供婚姻住所。相对来说，农村大部分还是男方提供婚姻住所；城市则是男女双方共同提供婚姻住所。我国对婚姻住所权没有明确的规定，导致夫妻关系发生变化时，婚姻住所居住权需要法律明确予以保护的需求。居住权与家庭养老、离婚后扶养以及丧偶扶养紧密联系在一起。社会性居住权很大程度上与女性的切身利益相关，对女性的权利产生重要的影响。

其一，配偶一方死亡的，生存配偶的居住权法律保护不足。主要表现为继承案件中的生存配偶，在其居住权没有相关的当事人约定，也不符合法律的规定时，面临无居住权的尴尬境地。生存配偶一方，往往与其子女共同居住婚姻住所，婚姻住所成为共同继承的标的，其居住权主张不利。尤其是在再婚家庭中，生存配偶与再婚家庭的继子女之间关于房产发生矛盾，其居住权因为房产争议而主张更加困难。

其二，离婚过程中，配偶一方的居住权保护存在漏洞。目前，从价值层面考虑，住房成为家庭最主要的财产。随着房地产市场的繁荣发展，住房的价格一直飙升。住房既决定着结婚市场也决定了离婚市场。离婚案件的争议焦点离婚房产价值逐年增加，有无房产逐渐成为离婚诉讼中当事人首要考虑的因素。现阶段，我国的住房存在多种形式如商品房、房改房、经济适用房，私有住房、公有住房并存。学者充分的调查研究后，总结出"离婚时涉及住房分割问题的占离婚总数的50%以上"。还有学者调查总结出实践中，有关无房一方的经济帮助的判决主要有两年期、不限期以及直至被帮助方有房或者再婚时终止这样三类。

其三，婚姻关系缔结后，虽然法律有居住权的相关规定，但是没有予以明确化。夫妻在婚后关系融洽，不存在居住权的问题；一旦夫妻关系有矛盾，容易产生居住权纷争。通常表现为配偶一方以自己为房屋的出资方，行使其所有权，驱赶另一方。我国法律虽然规定了男方可以成为女方的家庭成员，女方也可以成为男方的家庭成员，但是没有规定进行一方如何实现居住权。如果配偶一方对另一方实施家庭暴力行为，因为我国法律缺乏对居住权的明确规定，加害方离开居所没有法律依据，加害方的暴力行为被限制在居所内，对受害人救济不利。1996年的英国《家庭法》第四章"家庭住宅与家庭暴力"涉及了居住权的相关规定。在配偶一方遭受到明显伤害时，法庭应当行使自由裁量权决定是否下达相应命令，占有令的申请人包括享有居住权的配偶和房屋所有人的前配偶等。占有令一般要求限制当事人活动范围，即一般是加害方离开家庭住所，或者加害方只能在限定的空间范围活动；也可以不限制当事人的活动范围，但是加害方负担一定的义务，如修理和维护家庭住所的义务，支付租金、贷款及其他费用。占有令是以国家强制力为后盾，为受害人提供了有效的救济途径。我国可以借鉴英国占有令制度，首先规定居住权，因为占有令以国家规定居住权为基础；然后规定占有令的法律效力。为受害人免受进一步的损失提供救济措施。德国关于婚姻住宅，不论夫妻任何一方是否是房屋的所有人还是承租人，都有权共同占有。共同占有和共同使用的权利，在夫妻分居情形下终止。①

按照第三期中国妇女社会地位调查数据显示，同年龄段的男性在业率

---

① 参见［德］迪特尔·施瓦布《德国家庭法》，王葆莳译，法律出版社2010年版，第63页。

比女性高 16.1%，城乡又有区别，其中城镇在业率男女差别为 19.7%，农村在业率男女差别为 11.6%；个人拥有房产数量方面，男性高于女性 29.2%；家庭中个人拥有的房产数量丈夫高于妻子 38.5%，夫妻共同共有的房产数量丈夫低于妻子 2.4%；婚前个人拥有住房数量男性高于女性 14.9%。

总体来说，随着经济水平的提高，女性的社会地位相应提高，但是个人拥有的房屋数量，男性还是大于女性，婚姻住所权的模式宜以夫妻协商婚姻住所模式为主，男女双方对婚姻住所有居住权。

四　我国配偶权具体内容的立法构想

配偶权的具体内容的法定化是社会性别平等的必然反映和要求，是落实配偶权性别平等的目标的途径。具体而言，就是构建配偶权的同居权利与义务、忠实权利与义务以及婚姻住所决定权。同居权利与义务是婚姻关系的本质要求，同居权利与义务的法定化，有利于夫妻间实质平等的实现。婚姻法在立法中应明确规定同居权利与义务，该项权利由夫妻双方共同享有，对一方拒绝履行同居义务的，权利主体不得采取违法的手段强迫对方履行义务。同时对终止同居义务的理由加以规定，如夫妻感情确已破裂且长期分居的；一审法院已判决离婚，尚未生效期间；双方有一方因身体原因不能同居生活的等其他正当理由的。对无故拒绝履行同居义务的行为，可以作为构成遗弃或者离婚的理由，并要求相应的精神损害赔偿。

我国立法不仅对忠实义务以倡导性规范形式加以规定，还应在夫妻人身关系中对忠实义务明确规定。夫妻中的任何一方违反该项法定义务，都应承担相应的法律责任。忠实权利与义务对夫妻关系稳定和和谐有极其重要的作用，也是实践中夫妻对忠实义务法定化要求的必然反映。配偶一方违反忠实义务，当事人承担离婚或分居的法律后果，可以向配偶他方请求终止其行为，并要求精神损害赔偿。

我国对婚姻住所可以采取明确的规定，家庭住所应设在夫妻一致选定的住所。未经选定或协商不成的，可以申请法院确定，法院一般以夫妻双方共同户籍所在地推定为住所。夫妻对婚姻住所具有居住权。

第六章　社会性别视角下配偶权的效力

夫妻缔结婚姻后产生了相应的法律后果，其后果之一就是配偶的身份权。这种配偶身份权又会对婚姻家庭法及其他相关法律产生一定的法律后果。

第一节　配偶权在婚姻财产法上的效力

配偶权在婚姻法上的效力主要体现在婚姻财产制度上的效力。

一　婚姻中的财产制度概述

婚姻关系缔结在夫妻间产生了一系列的法律后果，主要可以归纳为人身和财产两方面的。婚姻中的财产制度是规定婚姻关系缔结后，夫妻间财产的归属、管理和使用、收益及处分，共同债务、个人债务以及婚姻终止后财产清算和分割的制度。婚姻财产制在不同的历史时期、不同的国家有不同的表现形式，按财产制的内容，可以分为财产并吞制、嫁资质、共同财产制、分别财产制、剩余共同财产制、管理共同制和统一财产制。按财产制适用情况，可以分为普通财产制和非常财产制。按财产制发生的根据，可以分为法定财产制和约定财产制。夫妻财产制是夫妻家庭地位是否平等的衡量指标之一。我国的夫妻财产制是在 1950 年的《中华人民共和国婚姻法》中确立的，经过半个多世纪，最终形成了现在的夫妻财产制的类型，即法定财产制、约定财产制和个人特有财产制。我国的夫妻财产制贯彻了男女平等原则，维护了社会公平与正义，促进了婚姻家庭的稳定和和谐，符合中国的国情。我国婚姻法一直采取的是法定财产制和约定财产制并存的立法例，法定财产制的内容是共同财产制，1950 年婚姻法比1980 年婚姻法夫妻共同财产范围大，包括了婚前财产也属于夫妻共同财产，1980 年后的婚姻法将婚前财产认定为夫妻个人财产。

二　婚姻中的财产制度的特殊性

婚姻中的财产制度不同于一般的财产制，它是以夫妻人身关系的缔结为前提的。夫妻人身关系的内容不同，财产关系的内容也不同。在父权家族制下，丈夫对妻子拥有支配权，妻子没有独立的人格，因此，对妻子的嫁妆有承认其为特有财产的必要。罗马法中，嫁妆以结婚为条件，丈夫合法取得妻子为维持婚姻生活而转交给他的财产。[①] 以后随着女性的法律地位逐渐提高，女性最终获得独立的人格。夫妻财产制从夫妻一体主义的共同财产制，发展到夫妻别体主义的分别财产制。其中一体主义共同财产制有所松动，出现了财产共有的共同财产制。夫妻财产制的价值意义在于不仅尊重夫妻个体独立的法律地位和主体人格，而且体现夫妻身份结合关系中的男女性别平等。以德国的夫妻财产法为例，德国原来的法定夫妻财产制是联合财产制[②]，联合财产制中，夫妻的法律地位不平等，丈夫是妻子财产的监护人。德国在 1953 年修改了夫妻财产制，规定法定财产制为分别财产制，但是这种形式上的男女平等，并没有考虑德国的现实状况，德国的婚姻形式是主妇婚，妻子承担了家务和育幼的社会分工。德国在1957 年将其法定财产制改为剩余共同制，保留了夫妻婚前和婚后的财产归各自所有，夫妻各自独立管理自己的财产，但是在婚姻终止时，不是夫妻各自财产归各自所有，而是计算各自结婚时与婚姻终止时财产差额。剩余额少的配偶有向剩余额多的配偶，寻求剩余差额一半的请求权。瑞士的法定财产制为联合财产制，随着女性获得独立经济地位，妇女要求摆脱对丈夫的依附地位，1979 年瑞士放弃了联合财产制，而采取了所得共同制

---

　　① ［意］彼得罗·彭楚得：《罗马教科书》，黄风译，中国政法大学出版社 1992 年版，第158—167 页。

　　② 联合财产制，即管理共通制，是指夫妻对各自的财产各自保有独立的所有权，但双方财产应联合由夫管理，夫对妻的财产有管理、使用和收益的权利。

为法定的财产制。

我国采取的法定财产制是婚后共同制,这符合我国的国情和社会发展的特点。虽然分别财产制是夫妻别体主义的产物,但是适用该制度有可能产生实质上的不平等。现阶段男女在事实上还未达到平等,妇女从受教育情况、就业收入状况都和男性有着较大的差异,适用分别财产制并不能很好的保护妇女的权益。分别财产制以男女两性独立的人格和经济地位为基础,如果普遍适用该制度,对社会地位处于弱势的女性来说是非常不利的。女性在社会分工中被赋予照顾的角色,担负家务劳动和养育的职能,家务劳动没有社会价值,家务劳动的时间增加,女性从事社会职业劳动的时间就相应会缩少。婚后所得共同制对弥补家务劳动的社会价值具有重要意义。也有学者认为夫妻缔结婚姻后,发生身份上的共同生活,为适应这种改变,夫妻在经济上也要合一,这符合婚姻道义的理想生活。①

三 我国婚姻法中的财产制度存在的问题

（一）社会性别视角下审视我国现行的夫妻财产制立法

在现阶段女性地位获得极大提高的今天,男女结婚后仍保持独立的主体地位显得日益重要,但是从社会性别平等的视角看我国的夫妻财产制夫妻别体主义色彩不明显,夫妻财产制没有相应的救济制度,法律没有规定婚姻关系存续期间的财产制变动,导致现行的夫妻财产制存在以下问题:

第一,无法真正实现婚内侵权的救济。在家庭领域,人与人之间形成团体关系,团体关系的结合按性质分为目的的社会结合关系和本质的社会结合关系两种类型。前者是作为的、便宜的、目的的结合。该结合关系的构成成员皆怀有特殊的目的,因偶然的动机而结合,因此仅是意欲的结合关系而已。如合伙成员的结合、公司股东的结合等;反之,后者是指自然的、必然的、本质的结合,是一种不得不结合的社会结合关系。例如婚姻关系、父母子女间的结合关系,是自然发生的,无法推却的全面的结合。婚姻关系是本质的结合,很多国家立法和司法实践曾经认为,夫妻之间的侵权行为不具有阻却违法性,因此夫妻关系领域也多

---

① 参见戴炎辉、戴东雄《中国亲属法》,台湾顺清文化事业有限公司 2000 年版,第 230 页。

由当事人自己进行协商处理。① 但是，夫妻一方配偶实施了后果严重的侵权行为时，国家的法律在这方面规定的缺失，尤其是对家庭生活中妇女财产权利的缺失，妇女在家庭中的处境非但不能获得公共领域的救济，反而得到了缺乏社会性别视角的法律的默认和支持，强化了妇女在家庭中的屈从处境。这方面典型的例子就是家庭暴力中的受害者，往往不能得到有效的法律救济。

第二，难以体现夫妻关系的变动状况，影响实质意义上的男女平等。婚姻生活是变动的，财产制也相应的进行调整，以实现男女的实质上的平等。在男女刚进入婚姻生活阶段，男女未充分知道夫妻财产状况的情况时有发生，即使了解，但随着婚姻生活的变化，夫妻也应有改变财产制的主动权，以应对实际变化，以避免"共同财产制形态之采用是否认女性人格的独立，会助长女性幻想式的安心感，而妨碍女性之走向社会"②。"夫妻享有同等收入的情况大大减少了，在就业男子与妇女都在增加收入，但女性的收入增加幅度显然要低于男性，女性获得高收入的机会也要明显的低于男性。"③ 婚姻关系存续阶段，会有夫妻财产状况发生重大变化的情况，特别是夫妻一方遭受到巨大经济困难时，继续维持原来的夫妻财产制又可能产生严重的不平等。而且，排斥夫妻财产制变更的立法有可能被部分人利用为自己谋取不当利益。如在共同财产制中，夫妻一方长期隐瞒婚后所得，或少交婚后所得，使夫妻共同财产成配偶一方婚后所得构成，但共同财产仍由夫妻双方共同使用、管理。

第三，无法保障夫妻平等的财产权利。夫妻财产权是夫妻对夫妻财产占有、管理、使用、收益和处分。当前我国夫妻行使财产权最突出的争议

---

① 2007 年，杭州市的萧山区发生了一起交通事故，丈夫开大巴撞了妻子的电动车。大巴车撞倒了妻子的电动车，经过治疗，妻子虽然没有生命危险但是她的一条小腿被截肢了落下了终身的残疾。开大巴车的丈夫属于醉酒驾车。2008 年初，妻子将丈夫及相关人员、机构一同告上了法院，要求赔偿残疾赔偿金、残疾辅助器具费用等共计 69 万余元。2008 年 9 月 25 日，浙江省绍兴市越城区人民法院作出一审判决，判决保险公司在交强险范围内赔偿给妻子人民币 5.8 万元，丈夫赔偿 15 万余元，旅游公司以及肇事车的实际车主负连带赔偿责任。由于家庭是一体的，丈夫赔妻子，但是夫妻的财产又是共同财产，这种赔偿在理论上和法律上来讲受害方有权要求赔偿的，只不过是因为夫妻在婚姻关系存续期间，如果对财产没有特别约定，这种情况下所有的财产视为夫妻的共同财产，所以赔偿的问题不显著。

② 林秀雄：《夫妻财产制之研究》，中国政法大学出版社 2001 年版，第 60 页。

③ 沈崇麟、杨善华：《当代中国城市家庭研究》，中国社会科学出版社 1995 年版。

是管理权争议。① 我国《婚姻法》第十七条也规定了夫妻对共同所有的
财产，享有平等的处理权。夫妻管理权包含有占有和处分的权能。《德
国民法典》第一千四百二十二条规定："管理共同财产的配偶一方，尤
其有权占有属于共同财产的物和处分共同财产；该方以自己的名义进行
与共同财产有关的诉讼。"史尚宽先生言："管理谓保存及增加财产价
值之行为，非于处分行为之意义，为管理上之必要，亦得处分之。"②
夫妻财产原则上应由夫妻共同管理。但是夫妻一方不能管理或无意管理
的，由他方单独管理。一般而言，从效率角度考虑，夫妻在管理财产的
能力上相差较大，夫妻双方可经协商确定由夫妻一方全权管理夫妻共同
财产。一方管理的，应该尽心尽职地履行管理职责，有义务向对方报告
财产状况，如果管理财产一方的行为明显不利于共同财产，非管理方可
以要求管理者放弃实施该行为。现实中，管理者利用管理的便利，擅自
转移共同财产、隐藏共同财产、毁灭共同财产、擅自将共同财产赠与他
人、未经对方同意擅自作出对共同财产的重大处分等行为。"由夫妻一
方单独管理时，通常以夫为管理人，如此，妻无法处分其在婚姻中之所
得，其地位比在管理共同制时更为低劣。"③ 丈夫作为管理人，其管理行
为损害了妻子的利益，但是法律没有相应的救济途径，实际上放任了危害
行为的发生。

（二）社会性别视角下审视《婚姻法司法解释（三）》第四条

新颁布的《婚姻法司法解释（三）》第四条是夫妻财产制的重大突
破，规定了婚姻关系存续期间的夫妻共同财产分割财产制度，是夫妻财
产制的重要组成部分，一定程度上缓解了夫妻财产制的弊端。最高人民
法院关于适用《中华人民共和国婚姻法》若干问题的解释（三）中的
第四条："婚姻关系存续期间，夫妻一方请求分割共同财产的，人民法
院不予支持，但有下列重大理由且不损害债权人利益的除外：（一）一
方有隐藏、转移、变卖、毁损、挥霍夫妻共同财产或者伪造夫妻共同债
务等严重损害夫妻共同财产利益行为的。（二）一方负有法定扶养义务

---

① 参见薛宁兰、许莉《我国夫妻财产制立法若干问题探讨》，《法学论坛》2011 年第 3 期。
② 史尚宽：《亲属法论》，中国政法大学出版社 2000 年版，第 379 页。
③ 林秀雄：《夫妻财产制之研究》，中国政法大学出版社 2001 年版，第 113 页。

的人患重大疾病需要医治，另一方不同意支付相关医疗费用的。"《婚姻法司法解释（三）》的内容针对司法实践中一方愿意继续维持婚姻关系的前提下，请求法院分割婚姻关系存续期间的夫妻共同财产。该规定的积极意义在于既维护了婚姻关系，又保护了财产关系。法律向夫妻任何一方提供了在婚姻关系存续期间保护自己财产权利的救济途径。但是《婚姻法司法解释（三）》第四条也是存在局限性的，即在不解除婚姻关系的前提下对夫妻共同财产予以分割只能是一种例外，必须具有"重大理由"，从社会性别平等视角看存在以下的不足：

首先，《婚姻法司法解释（三）》第四条的规定并没有囊括婚姻关系存续期间需要分割财产的所有情形。共同共有，按梅仲协先生所言："盖共同共有之存在，为使共同关系之目的，易于达到，故共同关系存续中，不能不维持共同共有之状态，各共同共有人，自不得请求分割其共同共有物。"① 我国物权法打破了共有关系期间不能分割财产的禁忌，《物权法》第九十九条规定了共同共有人在共有的基础丧失或者有重大理由时可以请求分割。在婚姻法领域共同财产存在共有基础丧失（如离婚），或者共有人有重大理由时是可以请求分割。面对现实中存在的性别不平等现象，《婚姻法司法解释（三）》第四条规定的两种重大理由显然是不够的。

其次，《婚姻法司法解释（三）》不能提供婚姻关系期间常态的夫妻财产救济方案。立法考虑到不解除婚姻关系的前提下，对夫妻共同财产予以分割只能是一种例外，必须有重大理由，否则其负面效应不可低估。共有关系决定了夫妻双方婚内分割财产具有暂时特点，即只对重大事由出现时的现有财产进行分割，不涉及财产分割完后新产生的财产。这对于夫妻财产关系中的弱势一方是不利的，特别是管理一方是丈夫更为不利。因为财产分割完毕，夫妻间的不平等状况仍然存在，继续实施共同制，有损弱势一方的利益。

再次，共同共有关系涉及夫妻财产制，而夫妻财产制是夫妻财产关系的一种，婚姻法领域的财产关系区别于物权法领域的财产就在于，婚姻法领域的财产关系是以夫妻人身关系的存在为基础的，人身的变化也会反映

---

① 梅仲协：《民法要义》，中国政法大学出版社 1998 年版，第 556 页。

在财产关系中，《婚姻法司法解释（三）》第四条的规定不能充分反映这种变化。夫妻人身关系不平等了，导致财产关系出现不平等状况，处于弱势的一方，需要在财产法上予以救济。

最后，夫妻共同共有关系，也无法适应婚内侵权的要求。虽然我国在规定共同财产制的同时也规定了个人特有财产，但从个人特有财产的范围看一般只限于人身性的财产，财产数量一般都很少。婚姻法第十八条规定了个人特有财产的范围，包括一方的婚前财产；一方因身体受到伤害获得的个人特有财产的范围，包括一方的婚前财产；一方因身体受到伤害获得的医疗费、残疾人生活补助费等费用；遗嘱或赠与合同中明确只归夫或妻一方的财产；一方专用的生活用品；其他应当归一方的财产。男女双方虽然缔结了婚姻关系，但是仍有独立的人格，当夫妻一方要以个人财产履行法定义务时，需要分割夫妻共同财产，不能因为结婚而丧失了对个人财产的支配权。

总之，《婚姻法司法解释（三）》第四条的内容不同于夫妻非常财产制，只是涉及了非常财产制适用的部分情形，未达到一种婚姻财产制度的构建。

（三）相关国家和地区的立法中的夫妻非常财产制

如何克服《婚姻法司法解释（三）》的不足，夫妻非常法定财产制不失为婚姻关系存续期间财产制救济的有效途径。夫妻非常法定财产制是指在夫妻关系存续期间，在特殊情况下，出现法定事由时，依据法律的规定或经夫妻一方申请由法院宣告，撤销原依法定或约定设立的共同财产制，改为分别财产制。夫妻非常财产制反映了夫妻人身关系的动态变化，适用不必拘泥于法定的重大事由，具有灵活性的特点，适应了社会性别平等的需求。

非常法定财产制有两种立法例，一种是单一的宣告制，德国、法国称为共同财产制的解除或撤销制度。夫妻一方在出现法定事由时，可以单方要求废止共同制并由法院裁判终止。[①] 另一种是复合的双轨制，在瑞士、意大利及我国台湾地区采取，依据其发生原因和程序的不同分为当然的非常财产制和宣告的非常财产制。两种立法例对非常法定财产制的规定基本

---

① ［德］迪特尔·施瓦布：《德国家庭法》，王葆莳译，法律出版社 2010 年版，第 116 页。

一致，只是前一种立法例根据夫妻财产管理权行使的方式不同，规定了不同的撤销之诉请求权人及法定事由，而且限制了共同财产制撤销制的请求权人即夫妻双方。后一种立法例的代表国家意大利将非常法定财产制规定于法定财产制中作为法定财产制终止的原因之一。意大利民法典第一百九十三条规定，非常法定财产制，即有关"由判决宣告财产分离"的规定。如果有以下情形之一的，可以由法院判决宣告对夫妻共同财产进行分离：夫妻一方被宣告为禁治产人或准禁治产人；夫妻一方管理不善；夫妻一方管理共同财产时混乱无序或者由于其管理行为致使另一方的利益、共同财产的利益或家庭的利益处于危险境地；夫妻一方有劳动能力却不根据个人的财产状况按比例承担家庭开支。分离共同财产的诉讼可以由夫妻任何一方或他们的法定代理人提起。宣告财产分离的判决的效力溯及提出诉讼请示之日并且产生设立分别财产制的效力。

后一种立法例的另一代表国家瑞士将非常法定财产制规定于"一般规定中"，称为"特别夫妻财产制"。在瑞士民法典中非常的法定财产制又分为当然的非常法定财产制和宣告的非常法定财产制两种。当然的非常法定财产制由法律特别规定，不需要请求和宣告，宣告的非常法定财产制，以法院宣告判决改变财产制。如果出现了法定事由，法官可以根据夫妻一方的申请或负责强制执行夫妻一方财产的监督官厅的申请，命令该夫妻之间适用分别财产制。无论夫妻采用的是法定财产制还是约定财产制中的共同财产制，只要出现了确有实行分别财产制之事由，夫妻一方可以提出申请。《瑞士民法典》第一百八十五条规定了宣告的非常法定财产制的内容，出现如下事由包括申请改变法定财产制：夫妻另一方的财产不足清偿其债务或其在共同财产中的应有部分已被扣押；另一方危害到该方或婚姻共同生活的利益；另一方无正当理由拒绝给予处分共同财产之必要的同意；另一方拒绝向该方报告其收入、财产及债务或共同财产情况；另一方持续无判断能力。该法第一百八十七条规定在实行分别财产制后，夫妻双方可以随时通过婚姻契约或恢复适用其原来的财产制或设定其他财产制。《瑞士民法典》第一百八十八条规定当然的非常法定财产制，即如果开始破产程序，则分别财产制成为适用于该夫妻之间的夫妻财产制。

我国台湾地区也继受了瑞士民法典的立法例。依我国台湾民法第一千零九条规定："夫妻之一方受破产宣告时，其夫妻财产制，当然成为分别财产制。"①

（四）社会性别视角下我国非常法定财产制的模式

非常的法定财产制的立法例有单一宣告制和当然制与宣告制并存。单一宣告制的代表国家是法国和德国。当然制和宣告制的代表国家和地区是瑞士和我国台湾地区。鉴于我国现行立法尚未承认自然人的破产能力，因而在完善我国有关立法时对此应采取单一的宣告制。②

非常的法定财产制申请人有两种立法例：一是只有婚姻当事人一方或双方有申请资格；二是特定第三者亦有此权利。如瑞士民法规定丧失行为能力的配偶一方的法定代理人、负有强制执行能力的检察官厅可以在符合法定情形时向法院申请实行分别财产制；我国台湾地区规定夫妻一方的债权人对于夫妻一方之财产已为扣押，而未得受清偿时，得向法院申请要求夫妻分别财产。我国宜采取前一种立法例以保护婚姻关系中的当事人。从社会性别平等的角度，前一种立法例对婚姻当事人一方提供的救济更为有利。

关于适用非常法定财产制的情形，我国学者对此认识不一。从社会性别平等的视角出发，只要有继续维持共同财产制就可能使配偶一方利益受到严重危害的情形，违背了社会性别平等，就适用非常的法定财产制。具体包括：夫妻一方依法应给付家庭生活费用而不给付的；夫妻个人财产不足清偿个人债务，或夫妻共同财产不足清偿共同债务的；夫妻一方为财产上的处分，依法应得到他方同意的，而他方无正当理由拒绝同意的；夫妻一方对他方的原有财产，管理鲜有不当，经他方请求改善而不改善的；夫妻因感情不和分居满一年以上的；继续适用共同制，将使夫妻一方利益受到严重侵害的其他重大事由的。

适用非常法定财产制的判决一经生效，即会对夫妻双方之间产生相应的法律效力。适用非常法定财产制意味着夫妻共同财产制的解体，从判决生效之日起，法定的夫妻财产制不再有效，分别财产制生效，夫妻对各自的财产独立享有占有、使用、收益和处分的权利，并独立承担相应的财产

---

① 参见林秀雄《夫妻财产制之研究》，中国政法大学出版社 2001 年版，第 247 页。

② 余延满：《亲属法原理》，法律出版社 2007 年版，第 283 页。

责任。法院判决生效后，夫妻双方不得擅自改变或恢复原财产制。夫妻分别财产制以夫妻之间分割共同财产为前提。法院的生效判决也会对第三者产生相应的法律效力。

四 《婚姻法司法解释（三）》的社会性别分析

我国婚姻法中的财产制度遵循夫妻人身关系为基础的原则，以区别于民法、物权法的规定。1980 年婚姻法第十三条规定了夫妻共同财产制。2001 年修订案对夫妻财产制作了修正，随着个人社会财富的增加和女性地位的提高，约定财产制取得了与法定财产制相同的地位。随后最高人民法院颁布的司法解释（一）、（二）都体现了这一原则。但是在《婚姻法司法解释（三）》中该原则却没有继续得到贯彻，集中体现在该解释中的第五条、第七条和第十条。《婚姻法司法解释（三）》第五条规定夫妻一方个人财产在婚后产生的收益、除孳息和自然增值外，应认定为夫妻共同财产。第七条规定婚后由一方父母出资为子女购买的不动产，产权登记在出资人子女名下的，可按照婚姻法第十八条第（三）项的规定，视为只对自己子女一方的赠与，该不动产应认定为夫妻一方的个人财产。由双方父母出资购买的不动产，产权登记在一方子女名下的，该不动产可认定为双方按照各自父母的出资额按份共有，但当事人另有约定的除外。第十条规定夫妻一方婚前签订不动产买卖合同，以个人财产支付首付款并在银行贷款，婚后用夫妻共同财产还贷，不动产登记于首付款支付方名下的，离婚时该不动产由双方协议处理。

（一）婚前财产婚后所生利益的归属

《婚姻法司法解释（三）》第五条涉及的有争议的财产关系之一，婚前财产婚后所生利益的归属，不同国家有不同的立法例。有些国家将这一财产关系中的利益规定为夫妻共同财产，如瑞士、意大利和菲律宾。瑞士民法典第二百二十三条规定了个人财产的收益纳入共同财产。意大利民法典第一百七十七条规定了个人财产所生的孳息，仅限于未消费的孳息；第一百七十七条和一百七十八条规定了个人所有企业生产经营的利润、增值部分的财产属于共同财产。有些国家对这一财产关系的利益规定为部分共同财产、部分个人财产。如法国、美国。法国民法典第一千四百零一条规定了个人财产所生的孳息属于共同财产，第一千四百零六条规定了个人有价证券的收益属于个人财产。美国统一婚姻财产法第十四节（b）款规定了个人财产在婚后有增值，只要是配偶对方付出了物质劳动、努力、投资等，该增值就是共同财产；若没有相应的付出，该增值就是个人财产。[①]还有一些国家对这一财产关系中的利益规定为个人财产。俄罗斯家庭法典第三十六条规定了夫妻各方婚前财产，以及婚姻关系期间一方获得赠与、依继承方式或者依其他无偿行为获得的财产，为其个人财产。

　　我国学者关于婚前财产婚后所生的收益，可以分为个人财产说；共同财产说；部分个人财产、部分共同财产说。个人财产说认为按民法原理，孳息所有权归原物所有人。共同财产说认为个人财产在婚后的孳息受夫妻共同财产制的约束，归夫妻共同所有。部分个人财产部分共同财产说中又分为三种类型：一种观点认为按照收益的分类不同，每一类收益按具体情况，归为个人财产或共同财产；第二种观点认为按照收益的用途划分个人财产或共同财产；第三种观点认为按照收益的取得是否有夫妻的协力划分为个人财产或共同财产。[②]

　　综上所述，婚前财产婚后所生的收益，各国立法指导思想不同，产生的立法例不同。国内学者的多数观点尊重了婚姻身份关系对夫妻财产的制约，但是如何制约还不尽相同。现阶段我国的男女实际经济地位存在差距，夫妻共同管理财产，个人婚前财产婚后收益的归属，夫妻协力（夫妻贡献）是确定所有权性质的依据。婚姻法的司法解释中并没有完全贯彻这一指导思想，《婚姻法司法解释（三）》中第五条，对婚姻关系存续期间的夫妻生产经营的收益属于夫妻共同财产，但是孳息和自然增值规定为夫妻个人财产。《婚姻法司法解释（三）》（征求意见稿）曾规定，另一方对孳息或增值收益有贡献的，可以认定为夫妻共同财产，但是该规定最终没有出现在《婚姻法司法解释（三）》中，多数意见认为，贡献不是

---

　　① 参见裴桦《夫妻共同财产制研究》，法律出版社 2009 年版，第 162 页。
　　② 杨遂全教授持第二种观点，他认为确实必须用于家庭生活需要的利息收入以及其他为家庭生活所必需的婚前个人财产的孳息属于夫妻共同财产；并非用于维持家庭生活的婚前个人财产利益，属于个人财产。杨立新教授持第三种观点，他认为婚前个人财产在婚后增值，经过夫妻共同管理、经营部分的增值，为夫妻共同财产；自然增值，未经共同管理、经营部分的增值，为夫妻个人财产。

法律用语，理解会产生歧义，审判实践很难把握。最高法考虑了审判实践的便利，却没有考虑婚姻财产关系的性别视角。这一做法反映了物权法中的"物所产生的利益归物的所有人"这一规则，但在婚姻法领域缩小了夫妻财产共有的范围，没有考虑夫妻共同生活。在婚姻关系存续期间夫妻协力创造财产，婚姻期间的收益应被视为双方一起取得的。

（二）父母对夫妻购房出资的性质

江苏省第一例适用《婚姻法司法解释（三）》的离婚财产分割案例，面临了《婚姻法司法解释（二）》第二十二条和《婚姻法司法解释（三）》第七条之间的规定的冲突。朱英和高生是夫妻，婚后因丈夫有婚外情，导致夫妻感情破裂。2011年8月8日江苏省南京市六合区人民法院沿江法庭审理了赠与该案。该案中，婚前高生的父亲为他们出资购买了婚房，但是产权证在婚后办理完成。按照《婚姻法司法解释（二）》的规定，父母在婚姻关系存续期间对自己子女作出的房屋赠与，房产证登记在一方名下的，应视为父母对夫妻的共同赠与。该案例中高生父亲赠与的房屋是在婚后取得产权证的，该房屋虽然写的是高生一人的名字，但是视为夫妻共同财产。夫妻离婚时，妻子朱英可以取得房产的至少一半。在等待判决的过程中，《婚姻法司法解释（三）》颁布了，案件标的婚房从夫妻共同产权，突然变为了丈夫高生的一人所有。而按照婚姻法第十八条的规定，夫妻婚姻关系中的个人特有财产有限，除特有财产外都属于夫妻共同财产。这个案例中，以财产来源确认财产归属有不恰当之处。

婚姻关系期间的赠与国外有不同的立法例。一种认为这种赠与是夫妻个人财产。如瑞士、俄罗斯等国规定了结婚后获得的赠与是夫妻个人财产。另一种认为婚姻关系期间的赠与归属应区别对待，德国、意大利规定一般赠与的财产属于个人所有，但是赠与明确规定财产属于夫妻共有的除外；加拿大魁北克省民法典规定了赠与的财产属于共同财产，但赠与明确指明财产属于个人财产的除外。我国关于婚姻关系期间的赠与有三种不同的观点：一种认为是个人财产。这一观点主要从赠与行为的性质出发，赠与是具有人身性质的行为，尊重赠与人的意愿，而且多数国家也采取个人财产的立法例。第二种认为是共同财产。从我国国情考虑，应认定为共同财产。第三种是折中的观点，认为在一定条件下该财产是共同财产。"一定条件"，一般考虑结婚的时间长短、赠与财产的性质、以及赠与财产的用途。①

　　《婚姻法司法解释（三）》中的房产赠与，不同于一般的财产赠与，具有特殊性。中国人讲究安居乐业，房屋在婚姻中地位重要，有时甚至是结婚与否的条件。父母对子女婚房的出资，是对夫妻婚后生活的经济支持。赠与财产在夫妻离婚时发生房产纠纷，赠与人希望子女生活好的内容发生改变，从结婚时最初的夫妻生活幸福，到离婚时维护好自家的财产。但是，父母在出资之初的赠与意愿是给予夫妻的。同时，中国的房价在近十年发生了巨大的变化，房屋成为家庭财产中价值最大的一项，也是增值最快的一项，房屋冲击着婚姻家庭制度。因此，婚姻关系期间的赠与是对夫妻共同生活居所提供经济支持，由房屋投资确定房屋产权，将赠与等同于投资，违反了赠与人的初衷，也与婚姻身份性不符，违反了协力共同生活的婚姻本质。而且该条还存在区别对待的问题，一般男方提供住房，男方父母的赠与是对自己子女的赠与，而女方提供家具、电器、汽车等，女方父母的赠与则是对夫妻双方的共同赠与。针对《婚姻法司法解释（三）》第七条的规定，有学者认为是物权法上不动产登记的效力高于婚姻法的结婚的效力的体现，产权登记的效力最高，不随子女是否结婚而发生改变，登记在谁名下就是谁的②。由此，引申到了婚姻家庭领域的关系带上了资本主义金钱关系的色彩。实际上让家庭中的另一方以无息贷款的形式支持房屋产权登记人获得更大的暴利，这无疑是家庭中的隐性剥削。③ 甚至有学者还认为房屋的规定最终导致了家长参与到婚姻中来，婚姻家庭制度面临再封建化的过程。

　　（三）婚后取得房产证房屋的归属

　　按照婚姻法第十七条的规定，夫妻一方支付房屋首付款，婚后共同还贷，婚后取得房产证的房屋，是在婚姻关系存续期间有偿取得的财产，应该属于夫妻共同财产。婚姻法第十条的规定中国传统的婚嫁模式是男方提供房屋，女方提供家具等动产。房产一般登记在男方名下，如果婚后夫妻共同还贷，实际上女方放弃或失去了自己购买房屋的机会。依现在的房地

①　参见裴桦《夫妻共同财产制研究》，法律出版社 2009 年版，第 192—194 页。
②　赵晓力：《中国家庭资本主义化的号角》，《文化纵横》2011 年第 2 期。
③　强世功：《司法能动下的中国家庭》，《文化纵横》2011 年第 1 期。

产市场，房屋的价值是不断攀升，而动产则随着时间呈逐步贬值的趋势。妻子在婚姻关系期间还贷的货币，离婚时实际上也是贬值的。妻子婚姻关系存续期间，共同生活，相互协力。协力不仅体现在身份关系上，也体现在夫妻经济关系上，协助、帮助，一方对另一方有所贡献。财产取得凝聚了对方的贡献就是协力所得。婚后房屋产权的取得是双方共同努力的结果，妻子积极帮助丈夫还贷，是产权的协力所得。《婚姻法司法解释（三）》虽然规定了婚姻关系缔结前夫妻一方支付房屋首付款，但是共同偿还购房贷款是在婚姻关系建立后，共同还贷的时间一般比较长，而且房屋首付款也只占房屋总价款的三分之一，配偶另一方对房屋的所有权也应有共有之份。《婚姻法司法解释（三）》关于婚姻房产的规定，反映了物权法调整婚姻房产的思路，这一思路也突出体现在婚姻法第十一条规定中。第十一条涉及婚姻房产与第三者交易的法律规定。司法解释制定者站在交易善意第三者的立场上，未对婚姻当事人提供积极的保护。《婚姻法司法解释（三）》征求意见稿第十一条规定了登记于一方名下的房屋，一方未经另一方同意将该房屋出售的，第三者善意购买、支付合理对价并办理登记手续，另一方主张追回该房屋的，人民法院不予支持，但该房屋属于家庭共同生活居住需要的除外。该条规定在保护交易中的善意第三者时，也提出了保护婚姻家庭住房权。但是在正式的《婚姻法司法解释（三）》文本中，取消了但书规定。反映出司法解释制定者缺乏社会性别意识，对婚姻家庭领域的财产关系简单化，未能体现配偶身份关系。

　　总之，夫妻缔结婚姻产生了夫妻间的配偶权，夫妻具有配偶身份利益。与之相应的夫妻在经济上也结为共同体，夫妻之间的财产关系，区别于一般民事物权关系，强调夫妻间对财产关系的共同支配性，而不是强调夫妻个人对财产关系的完全支配性。婚姻财产关系基于主体的身份性和伦理性，它在本质上并非物质利益的交换，这种财产关系应当符合婚姻家庭成员共同生活的要求，实现婚姻家庭经济功能的要求。[①]

　　（四）社会性别视野下的配偶权对财产制度的效力

　　财产关系是物权关系，物权关系遵循所有权神圣的基本原则，遵循等

[①] 杨大文：《略论婚姻财产关系法律调整的价值取向》，《中华女子学院学报》2011 年第6 期。

价有偿的市场规则。婚姻家庭领域的财产关系以夫妻配偶身份为基础，夫妻间的财产关系不是夫妻个人的财产所有权关系，而是夫妻作为共同体的财产关系。夫妻关系存续期间的财产的取得，以夫妻在人身关系上的投入为前提，计算财产利益时，必须要考虑双方对共同财产增加的贡献，从而实现对另一方增益的分享。物权法领域的财产关系从表面看是体现了权利平等，等价有偿的民法基本原则，但是它忽视了婚姻法领域财产关系的特殊性，难以做到真正的男女平等。

夫妻财产制度应遵循以夫妻身份关系为基础，不体现直接的经济目的。夫妻财产制度引入社会性别视角，正视现阶段男女社会地位存在区别，男性与女性的经济条件和经济能力不相同，一味的追求所谓的财产权利平等，是有害权利实质平等的。一方在承担家务、相夫教子、亲情付出做出了贡献，夫妻间的财产关系考虑这些因素。按照《婚姻法司法解释（三）》的规定，一旦嫁给有房者，有朝一日离婚，感情和安身之地尽失；而如果为家庭放弃事业的一方，则面临生存危机。

《婚姻法司法解释（三）》以发达地区的法院判决为原型，上海的法院在适用婚姻法司法解释（二）时曾明确答复："夫妻一方婚前以个人财产购买房屋并按揭贷款，房产证登记在自己名下的，该房屋仍是个人财产。同样，按揭贷款为个人债务。婚后配偶一方参与清偿贷款，不改变该房屋为个人财产的性质"。

离婚时，参与还贷的配偶，取得的补偿款的标准各地有分歧。婚姻法领域的财产关系的特征为身份利益制约财产利益，身份利益优于财产利益。物权法领域的财产关系保护物的所有关系，以财产登记为判断的依据；婚姻法领域的财产关系保护家庭共同利益，以财产取得时间为判断的依据。因此，在婚姻法关于财产关系的规定有特殊规定的，适用婚姻法的规定。

我国婚姻法第十七条、第十八条有关于婚姻关系存续期间的收益、赠与财产的归属的明确规定，应当优先适用其规定。最高人民法院在制定《婚姻法司法解释（三）》时，要考虑财产关系是配偶权支配下的财产关系，重视社会性别平等。

第二节　配偶权对非婚同居关系的效力

一　非婚同居概述

（一）非婚同居的含义

《现代汉语词典》中的同居有三层含义：一是同在一处居住。二是夫妻共同生活。三是男女双方没有结婚而共同生活。从法律角度考虑，现代意义上同居的含义是包括了夫妻婚姻生活和非婚同居这两种情形。非婚同居的含义主要指共同生活的人之间的在同一住所共同生活。首先，非婚同居的主体是双方都没有配偶，即没有婚姻关系存在。其次，非婚同居没有结婚的形式要件，非婚同居不受婚姻法律的保护。最后，非婚同居是一种持续公开共同生活。共同生活是判断非婚同居的条件之一，共同生活一般是三个方面：经济生活、精神生活和性生活。这三个方面对同居当事人的程度要求，因不同的国家有不同的规定而有所不同。德国宪法法院的判决中认为"类似婚姻关系"不仅符合婚姻要件外，还符合一男一女有意长期的排外的共同生活，这种共同生活负有紧密的约束和相互扶养责任。法国宪法委员会对"共同生活"的定义为共同的居所中两人间有"夫妻"生活。① 但是荷兰等一些欧洲国家对非婚同居并不要求两人之间的性关系。非婚同居生活具有相对的稳定性，虽然没有婚姻关系稳定，但是比临时的两性结合持久。非婚同居具有公开性，非婚同居为周围的亲属、朋友、邻居所知，当事人也不刻意隐瞒。

（二）非婚同居的分类

非婚同居是与结婚平行的一种人之间的生活方式，非婚同居有多种分类，其中对立法有重要影响的是按有无结婚的意图，分为有婚意的非婚同居和无婚意的非婚同居两类。有婚意的非婚同居是以结婚为目的的同居，虽然同居后有可能不结婚，但是在同居之时，当事人是以结婚为目的的。目前的试婚制度，就是在结婚之前，当事人先进行生活上的磨合，以确定

---

① 参见王薇《非婚同居法律制度比较研究》，人民出版社 2009 年版，第 21 页。

最终的婚姻的伴侣。由于现代社会，一方面人们活动的空间更大了，地域性的界限被打破。另一方面人们之间的了解也限于表面，知根知底的情形越来越少见了，两人结合为配偶，离异的风险加大。而结婚、离婚都是件耗费时间、精力的工作，因此，试婚的人数增加。① 无婚意的非婚同居是同居当事人不以结婚为目的，将同居作为结婚的替代。德国关于非婚同居生活，有三种观点：第一种认为非婚同居是违反善良风俗的行为，法律不予干涉；第二种认为非婚同居和婚姻具有事实上的相似性，具有"次等效力的婚姻"；第三种认为非婚同居区别于婚姻，但应受到法律的保护。非婚同居在适用法律时，按照不需要当事人选择而适用的法律规定、当事人之间的明确约定、推定或默示的约定三种方式适用现有的法律。②

（三）非婚同居与相关概念的辨析

非婚同居与婚姻。婚姻是男女双方以永久共同生活为目的的两性结合，这种结合关系受到法律的保护。非婚同居区别于婚姻主要表现在：首先，非婚同居的当事人之间没有配偶关系。虽然非婚同居在不同的国家有不同的规制形式，但是非婚同居的当事人仅是取得了部分配偶权利，但没有发生当事人身份的改变。其次，婚姻受到法律保护的前提是婚姻的成立，符合法律规定的形式要件和实质要件，而非婚同居是一种既定事实，不一定能得到法律保护。

同居与民事伴侣关系。民事伴侣关系有别于单纯意义上的同居，它是法律认可的身份关系。民事伴侣主要是相关国家解决同性伴侣身份关系的一种方式，但是其主体范围在实践中，适用的范围被扩大化了，民事伴侣关系也可以适用于异性之间，相比较婚姻关系，民事伴侣关系的解除较简单，没有离婚制度复杂。

同居与通奸、姘居。通奸和姘居违反了一夫一妻制基本原则，非婚同居不违反一夫一妻制原则。非婚同居制是当事人在现代社会，选择多种生活方式的结果，当事人不愿受到婚姻的约束，在自愿的前提下的一种两

---

① 《家庭》杂志的调查中，25%的同居者认为同居可以为正式结婚做好充分心理准备，24%的同居者认为同居有助于日后正式结婚后夫妻幸福和谐，24%同居者认为为了发现双方不合适时容易分手。参见胡建敏《非婚同居关系浅析》，《中国科技信息》2005年第14期。

② 参见［德］迪特尔施瓦布《德国家庭法》，王葆莳译，法律出版社2010年版，第437页。

性、同性的结合，即使不在法律调整范围之内，也不受谴责和制裁。

二　社会性别视野下的配偶权为有婚意的非婚同居提供理论基础

（一）法律规制有婚意的非婚同居的价值取向

1. 为当事人选择多样的生活方式提供便利

非婚同居在现实生活中表现形式多种多样，当事人选择婚姻形式还是其他结合形式，与一国的历史传统以及社会现代化发展分不开的。一方面，受到传统观念的影响，事实婚姻这种非婚同居的效力虽然被现有法律不承认，但当事人仍会将其作为两性结合的合法方式。传统社会，中国强调礼仪，婚姻家庭生活作为基本的社会活动，符合立法伦理秩序，婚姻上以事宗庙，下以继后世。尽管我国婚姻法在新中国成立后不承认婚姻仪式的法律效力，但是民间对仪式的认可度超出了制度的预设。2001 年，全国妇联对《婚姻法》的修改问题作了相关民意抽样调查，31 个省、自治区、直辖市中，已婚未办理登记的人占成年人数的 4.2%，占已婚者的 4.6%，而在农村，这种情况占到成年人总数的 6.9%，占农村已婚者 7.5%。11.0% 的人认为结婚没有必要登记，城市居民认为结婚不必登记的占 6.1%，农村高达 15.9%。另一方面，随着社会现代化发展，试婚这一新型的非婚同居现象出现。[①] 城市化步伐加快的同时，人与人之间的交流变少，心理压力增大，人的群属性要求人个体间的交流，个体之间情感得到满足，两性之间的结合成为便捷而相对稳定的生活方式。试婚这种有婚意的非婚同居逐渐成为人们有意的行为，摆脱婚姻的约束，但是又能享受人与人之间的情感交流。试婚是没有配偶的男女共同居住在一起，以将来结婚为目的，对婚后生活的提前尝试。我国《家庭》杂志在 1999 年一项调查表明，1/6 的人明确表示同居是出于试婚的目的，其中 25% 的同居者认为同居可以为正式婚姻做好充分心理准备，24% 的同居者认为同居有助于日后正式结婚后夫妻幸福和谐，24% 的同居者认为同居是为了双方不合适时容易分手。[②] 试婚不需要当事人承担任何法律后果，却能为以后婚

---

① 参见王胜明、孙礼海主编《中华人民共和国婚姻法修改立法资料选》，法律出版社 2001 年版，第 132 页。

② 何丽新：《我国非婚同居立法规制研究》，法律出版社 2010 年版，第 37 页。

姻生活做准备，试婚成为都市男女结婚前的选择方式之一。

2. 保护非婚同居当事人的利益，实现男女实质平等

非婚同居的法律保护缺失，加剧了当事人之间的强弱格局。当事人之间的社会性别的社会分工模式不同，女性在非婚同居关系中，一般处于社会定位的传统女性角色，即女性承担生育、照顾的职能。这一社会分工"鼓励一些人而不鼓励另一些人去培养关怀素质，就可能易于导致后者对前者的剥削。在大多数社会中某些人显然受益于由另一些人来承担关怀的责任，他们才有自由去追求属于自己的不那么利他的利益"。① 重庆师范大学心理教育咨询中心主任刘东刚提出同居成本论，认为就社会文化成本、身体健康成本、生理成本、经济成本、心理成本这五个方面而言，女方在非婚同居期间付出的成本比男方高。一方面，女性在同居期间担负的家务劳动较多，分居关系一旦终止，家务劳动的补偿不能得到实现，这些对女方都是不利的。② 另一方面，非婚同居造成的女方流产、甚至丧失生育能力的案例在现实中并不少见。同居当事人之间缺乏人身关系的法律规定，在同居对女方的身体乃至精神造成很大的痛苦时，无法获得相应的法律救济。最高人民法院《关于适用婚姻法的若干问题的解释》中规定"当事人起诉请求解除同居关系的，人民法院不予受理"，司法拒绝对同居关系干预，事实上加深了处于不平等地位的两性间的关系，加固了女性的弱势地位。成都的一则因同居流产损害健康权案件具有典型意义。该案件涉及女性权益的保护，某女在恋爱期间同居，短期内做了3次人流，对身心造成极大的伤害。做完人工流产后，同居的男性却拒绝见面，也拒不履行照顾义务，经医生诊断可能造成不孕不育。该女性主张同居男性支付她因做人流而导致的人身伤害赔偿费用，这一诉讼主张最终得到了法院的支持。法院认为人流给同居女性所带来的损害后果主要表现是女方不能正常地恢复身体的健康状况，容易出现意外事故，引起许多并发症，还容易造成心理上的创伤。法律以健康权受到损害而为由，酌情认定同居女性获得精神抚慰金2000元。法院的判例反映出了我国对非婚同居行为缺乏规

① ［加］威尔·金里卡：《当代政治哲学》，上海译文出版社2011年版，第419页。
② 重庆师范大学心理教育咨询中心主任刘东刚提出同居成本论，认为社会文化成本、身体健康成本、生理成本、经济成本、心理成本这五个方面，女方在非婚同居期间付出的成本比男方高。

制的现状，法官只能以健康权受到侵害为由进行案件的审理。而且该案件又不完全符合侵权责任要件，虽然有对女方身体造成损害的事实，有同居行为与损害结果的因果关系，但是男方是否具有主观恶意，难以判断，并且女方对同居行为也应是认可的，法院的支持女性同居者的诉讼主张是折中裁判的结果。①

总之，非婚同居的出现反映了当代社会当事人生活方式的多样化的趋势，同时也产生了很多社会问题，同居期间弱势者权利保护，同居期间子女如何抚养，应用社会性别平等视角下的配偶权理论对有婚意的非婚同居当事人进行保护，不失为一种有效的途径。

（二）社会性别视野下的配偶权为有婚意的非婚同居提供理论基础

有婚意的非婚同居强调当事人之间的身份关系，其立法模式不仅对当事人的财产关系、子女抚养关系进行调整，还对当事人部分人身关系进行调整。我国有婚意的非婚同居的主要形式是事实婚姻。由于无婚意的非婚同居不强调当事人之间的身份关系的紧密性，参照国外的立法例，其立法模式仅是对当事人之间财产关系及子女抚养问题进行规制。一般来说，事实婚姻的含义有广义说、较广义说、狭义说三种，其中狭义说认为事实婚姻是没有配偶关系的男女，未经婚姻登记，以夫妻名义共同生活，周围群众也认为是夫妻的两性结合。② 对于缺乏实质要件的事实婚姻，多数国家按照无效婚姻或可撤销婚姻对待；对于缺乏形式要件的事实婚姻采取不同的原则，表现为三种原则即承认主义原则、不承认主义原则和相对承认主义原则。我国对事实婚姻的法律效力的认定，在不同的历史时期有不同的态度。1994 年的《婚姻登记条例》颁行前是认可事实婚姻的效力，在1994 年《婚姻登记条例》颁行后不再认可事实婚姻的效力，认为是非法同居关系。2001 年婚姻法修订案中对事实婚姻采取了相对认可的态度，认为事实婚姻的当事人只要补办了结婚登记就获得了法律的保护效力。事实婚姻曾经是法律调整非婚同居的主要模式，但是这一模式在 1994 年 2 月发生了改变，法律不再承认事实婚姻的法律效力，不再保护事实婚姻，因此具有婚意的非婚同居不再属于法律调整的范围。事实婚姻在我国建立

---

① 　王坤：《女性在非婚同居中损害的法律救济》，《河北法学》2009 年第 7 期。
② 　参见宋凯楚《违法婚姻论》，人民法院出版社 1990 年版，第 124 页。

之初至今一直存在，由于事实婚姻中的当事人一般具有结婚的意图，因此在相当长的时间内，很多事实婚姻的当事人认为其同居关系就是法律保护的婚姻关系。如果对这种非婚同居关系法律不予保护，会侵害到相关方尤其是女性的利益。由于婚姻法为保持法律的严肃性不对事实婚姻进行完全承认，但是事实婚姻在现实生活中屡禁不止，笔者认为可以通过借鉴国外关于有婚意非婚同居的制度的规制对事实婚姻进行保护。

　　我国学者按照同居关系的当事人是否取得婚姻配偶权利和同居关系受法律保护是否履行登记手续，将国外的关于非婚同居的立法模式概括为四类：等同于婚姻模式的同居登记制、等同于婚姻模式的同居不登记制、区别于婚姻模式的同居登记制、区别于婚姻模式的同居不登记制四种类型。①　等同于婚姻模式的同居登记制和区别于婚姻模式的同居登记制同属于民事伴侣关系，按照当事人之间身份关系的紧密程度作的划分。等同于婚姻模式的同居登记制是以美国佛蒙特州为代表的，其规定了民事结合当事人享有与婚姻配偶同等待遇，区别于婚姻模式的同居登记制是以美国夏威夷州《互惠法》为代表的，规定登记伴侣享有类似婚姻的权利。法国的 PACS 也属于这一类。至于等同于婚姻模式的同居不登记制度，该制度中的同居关系的性质是婚姻性质，但是没有经过法律的认可，不进行登记既不便于国家对其进行管理，而且实际上对国家的婚姻制度产生消极的作用。因此，该制度仅被相关国家采取，我国立法在对待事实婚姻上原来也采取这一模式。我国的事实婚姻也属于非婚同居的一种，但是与其他非婚同居关系相比，当事人之间具有人身性质较强，表现为配偶权利性质。而等同于婚姻的登记制度是符合法定条件的非婚同居在登记后取得了婚姻配偶类似的权利，比较满足事实婚姻的特点。丹麦、瑞典、荷兰、加拿大魁北克省等采取这一形式，等同于婚姻的登记制度最初是保护同性伴侣的权利模式，意想不到的是异性伴侣对这种模式更青睐，其比婚姻其解除更自由吸引了异性伴侣。以等同于婚姻的登记制度对有婚意非婚同居事实婚姻进行的法律规制，可以保护非婚同居中的弱势的一方，一般都是女性。主要表现为同居一方可以要求对方履行赔偿责任，即一方多次导致另一方怀

---

　　①　参见王薇《非婚同居法律制度比较研究》，人民出版社 2009 年版，第 358 页。

孕流产，造成身体严重损害的；一方负担较多家庭事务的；一方虐待、遗弃另一方的。在非婚同居的当事人之间出现了违反同居权利义务和忠实权利义务的情形时，同居关系视为自动解除。

至于其他非婚同居形式可以采取区别于婚姻模式的不登记模式，以在实质上是否有类似婚姻的共同生活为标准，为当事人提供一种新型的身份关系，保护当事人对其生活方式的自由选择权。

第三节　配偶权在其他法律上的效力

一　配偶权在民事诉讼法上的效力

配偶权在民事诉讼法上的效力主要表现为回避制度。回避制度历史久远，涉及的范围也很广，包括职务回避、公务回避和地区回避，实行回避的目的是消除亲属关系对公务活动的消极影响。民事诉讼法中的回避制度是指审判人员在符合法定的情形时，不得参与案件审理的制度。法律对审判人员禁止参加案件审理的情形作出了明确的规定。回避制度是由回避的事项、回避适用范围、申请回避和作出回避决定等内容构成。民事诉讼中回避制度体现了审判中立性，诉讼程序结构内部的平衡以实现案件的公正审理，要求法官与案件中的当事人双方及诉讼代理人无关联的保持中立。法官在案件的审理中应当客观公正、不偏不倚，不因当事人的具体情况不同而有所区别。美国大法官弗兰克福特认为，任何人，无论其职位多高，或者其个人动机多么正当，都不能是他自己案件的法官，这是法院的职责所在。[①] 大陆法系称其为回避制度，英美法系称其为排除偏见原则。

我国民事诉讼法第四十四条至第四十七条规定了审判人员的回避制度，该制度适用于书记员、翻译人员、鉴定人和勘验人。我国民事诉讼法规定的回避制度适用的情形之一为审判人员是当事人、诉讼代理人的近亲属，并没有明确规定配偶关系。我国在最高人民法院《关于审判人员严

---

① 转引自杨一平《司法正义论》，法律出版社 1999 年版，第 179 页。

格执行回避制度的若干规定》中明确了近亲属的范围，即第一，近亲属是案件当事人或者与当事人有直系血亲、三代以内旁系血亲及姻亲关系的；第二，近亲属是本人或者其近亲属与本案有利害关系的；第三，担任过本案的证人、鉴定人、勘验人、辩护人、诉讼代理人的；第四，与本案诉讼代理人、辩护人有夫妻、父母、子女或者同胞兄弟姐妹关系的；第五，本人与本案当事人之间存在其他利害关系，可能影响案件公正处理的。具有以上几项法定事由之一的，审判人员应当自行回避。当事人或诉讼代理人也有权要求他们回避。

台湾地区的民事诉讼法中规定了法院法官回避的三种情形，即自行回避、申请回避和职权回避。在自行回避中规定了当事人与法院职员之间存在亲密亲属关系的，为避免法官受情感上作用的影响，同时使当事人对于法院裁判产生信赖，法官不得执行审判职务。台湾民事诉讼法第三十二条规定了法官、法官配偶、前配偶或未婚配偶，为该诉讼事件之当事人的；法官为该诉讼事件当事人八亲等内血亲或五亲等内之姻亲或曾有此亲属关系者；法官或其配偶、前配偶或未婚配偶，就该诉讼事件与当事人有共同权利人、共同义务人或债还义务之关系者；法官现为或曾为该诉讼当事人之法定代理人或家长家属者等。① 德国民事诉讼法中第四十二条第一款规定了法官可以因为依法回避的原因或者担心其有不公正的可能而被申请回避。这种不公正可能来自与诉讼参与人的关系。法官在与当事人、法定代理人或者诉讼辅助人的关系中，涉及不公正的理由有：仇恨或友谊，法官在婚姻争议中与当事人有更亲密的、超越纯粹同事之谊的职业关系或者私人关系，或者法庭成员自己就是被告；政治立场和信仰的对立，订婚或者远亲以及姻亲等。②

上述国家和地区的立法表明法官与当事人之间的配偶关系是可能产生法官不公正判决的最主要的一类亲属关系。我国通过最高人民法院司法解释的形式对法官与当事人间的亲属关系明确化，法官与当事人之间的配偶关系没有规定，而是仅规定了血亲、姻亲关系。有必要对血亲、姻亲关系

---

① 陈计男：《民事诉讼法》，台湾三民书局 2004 年版，第 64—66 页。
② ［德］罗森贝克、施瓦布、戈特瓦尔德：《德国民事诉讼法》，李大雪译，中国法制出版社 2007 年版，第 150—151 页。

具体化、明确化，便于法官操作和当事人了解。

二　配偶权在劳动法上的效力

（一）劳动法上的配偶权利

配偶权在劳动法上的效力主要表现工伤保险条例中第五章工伤保险待遇中的三十九条规定。按该条规定供养亲属的抚恤金按照职工本人工资的一定比例，发给由因工死亡职工生前提供主要生活来源、无劳动能力的亲属。标准为：配偶每月40%，其他亲属每人每月30%，孤寡老人或者孤儿每人每月在上述标准的基础上增加10%。司法实践中关于抚恤金的分配办法存在争议，集中为抚恤金按遗产的分配方法和抚恤金按夫妻共同财产分配的方法。从抚恤金的性质考察，它是国家对因工死亡的职工生前扶养的亲属提供的生活保障，解决其生活困难的一项福利措施。因此，抚恤金既不是遗产也不是夫妻共同财产。配偶权是夫妻间的一种陪伴、钟爱、帮助的权利，一方因公死亡的，配偶取得精神慰藉和物质补偿性质的金钱给付，夫妻双方都有应当平等的享有此项权利。

（二）家务劳动的价值

夫妻在家务劳动中的存在分工，短期内改变这种劳动分工不太可能，有必要承认家务劳动的价值。《瑞士民法典》亲属编第一百六十四条规定：负责料理家务、照料子女或扶助配偶方从事职业或经营事业的一方配偶，有权要求他方支付一笔合理的款项，供其自由处分。英国关于婚姻及离婚的王室委员会在其报告的第九编"夫妻间财产上诸权利"的一般考虑事项中提出：婚姻为夫妻平等运作的合伙，妻通过家事之照料、子女之养育而对共同事业的贡献，与夫之维持家计、抚养家庭具有同等价值。我国婚姻法第四十条规定了离婚时家务劳动的补偿制度。该制度是将家务劳动与离婚制度紧密联系在一起，立法者注意到了家务劳动的价值。但是司法实践中，该制度没有达到立法预期的效果。

王歌雅教授就婚姻法规定的家务劳动补偿制度进行了实践调研活动，该调研活动主要在北京的海淀法院、上海的闵行区法院和哈尔滨南岗区法院进行阅卷调研。在本次阅卷中，显现家务劳动承担的案件，北京共3件，占案件总数的2.1%。其中全部由女方承担的案件1件，主要由女方承担、男方协助和主要由男方承担、女方协助的案件各 1 件，分别占相关案件总数的 0.7%。上海共 5 件，占案件总数的 4.3%，主要由女方承担、男方协助的案件 3 件，主要由男方承担、女方协助的案件 2 件。分别占案件总数的 2.4%、1.7%。哈尔滨共 6 件，占案件总数的 5.0%。其中，全部由女方承担的案件 3 件，全部由男方承担的案件 2 件，主要由女方承担、男方协助的案件 1 件。分别占案件总数的 2.5%、1.7%、0.8%。①一是这项制度的适用范围小，仅限于夫妻关系存续期间的采用分别夫妻财产制的夫妻适用，而我国的法定财产制是夫妻婚后所得共同制，约定财产制之一是分别财产制，当事人在没有特别约定的情形下，一律推定当事人采取法定财产制，因此采取分别财产制适用人数相对较少。二是家务劳动的补偿标准难以确定。家务劳动是当事人对家务的承担，付出当事人的时间、耗费当事人的精力，但是如何衡量家务劳动没有具体标准。三是该项制度将家务劳动补偿与离婚联系在一起，容易产生歧义即不离婚没有社会评价体系。劳动法正视现有制度的缺陷，增加家务劳动的评价体系，具体可以参照家政人员的工资标准制定具体的评价标准。

三　配偶权在刑法上的效力

刑法在妨害婚姻家庭权利的犯罪中规定了重婚罪和破坏军婚罪。重婚罪是有配偶而重婚，或者明知他人有配偶而与之结婚的行为。一般认为重婚罪是对婚姻关系的破坏，侵犯了合法配偶的婚姻权利和人身权利。重婚罪是以存在一个合法婚姻为前提，只有合法婚姻关系遭受非法婚姻关系的破坏，才有成立本罪的可能。破坏军婚罪是明知是现役军人的配偶而与之同居或者结婚的行为。本罪所侵害的直接客体是现役军人的婚姻关系。一个行为，只有超出社会相当性时，才能构成违法；只有严重超越社会相当性时，才可能构成犯罪。其中，社会相当性是指根据当前社会大多数社会成员的价值观，据以被当时历史地形成的社会伦理秩序所承认或许可的性质。②这两项罪名严重超越社会相当性，侵害了一夫一妻制，具体都侵害了配偶权，配偶权的明确规定为罪名侵害客体的具

① 参见王歌雅《离婚救济制度——实践与反思》，《法学论坛》2011 年第 2 期。

② 于改之：《刑民分界论》，中国人民公安大学出版社 2007 年版，第 205—206 页。

体化提供了法律上的依据。

　　刑法中的强奸罪在适用时，应当遵循配偶间的性别平等原则。司法实践中强奸行为出现同案不同判的现象，主要是针对强奸罪的加害人与受害人存在配偶关系的情形，有些法院的作法是对有配偶关系的强奸行为不按强奸罪对待，这一做法缺乏对强奸行为的社会性别视角的认识。这一做法可以从学理上找到根源，80 年代中期以前的权威著作中对这一问题存在盲区。这一盲区本身表明，强奸罪的主体排除丈夫是"自然的"、"不言而喻的"。进入 80 年代末、90 年代以来，研究者的视野开始触及这一敏感区域，这是一个很大的进步。但主流思想仍持否定说。有研究者指出不能以婚姻完全排除性行为的非法性。但同时作者认为并非所有的婚内强奸均以强奸罪论处，从作者列举的应定强奸罪的情况看，只包括流氓强奸、帮助他人强奸妻子、认识错误、当众强奸等极端情形，一般意义上的丈夫强奸仍然是豁免的。① 丈夫强奸豁免，以承认婚内性关系合法化为前提，但是婚内性关系如何实现，是一种夫妻之间平等的请求权，还是以暴力的方式实现，这是争议的焦点，很显然在性别平等的视角下，夫妻间的同居权利是以一种请求权的方式实现，性暴力违反了一方的意志，对其造成了身体和精神的损害后果。所以，对犯罪主体是丈夫的强奸罪应该追究其刑事责任，而不是豁免。

四　配偶权在国籍法上的效力

　　配偶权在国籍法上的效力主要表现为自然人的国籍取得方面。国籍是一个人作为特定国家的成员而隶属于这个国家的一种法律上的身份。② 国籍的取得有两种方式：一种是生来取得，另一种是传来取得。前者国籍的取得与父母的国籍或出生地有关，后者国籍的取得有一部分是因婚姻而取得国籍。我国的国籍法中第七条规定：外国人或无国籍人，愿意遵守中国宪法和法律，并具有下列条件之一的，可以经申请批准加入中国国籍：1. 中国人的近亲属；2. 定居在中国的；3. 有其他正当理由。按该条规定实际上承认配偶关系的成立是取得中国国籍的一种方式，因为中外

---

① 周永坤：《婚内强奸的法理学分析》，《法学》2000 年第 10 期。
② 参见李浩培《国籍问题比较研究》，商务印书馆 1979 年版，第 5 页。

当事人缔结婚姻就取得了近亲属身份，取得了配偶权。

1957 年《已婚妇女国籍公约》规定："缔约国同意其本国人与外国人结婚者，不因婚姻关系之成立或消灭，或婚姻关系存续中夫之国籍变更，而当然影响妻之国籍。""缔约国同意其本国人自愿取得他国国籍或脱离其本国国籍时，不妨碍其妻保留该缔约国国籍。""一、缔约国同意外国人为本国人之妻者，得依特殊优待之归化手续，申请取得其夫之国籍；前项国籍之授予，得因维护国家安全或公众政策加以限制。二、缔约国同意本公约不得解释为对于规定外国人为本国人之妻者有权申请取得夫之国籍之任何法律或司法惯例有所影响。"鉴于妻子的国籍发生法律冲突的原因，是婚姻关系的缔结或消灭，或丈夫的国籍变动，而人人享有国籍，不因性别的不同而使这项权利的行使有所不同，该公约规定了无论妇女与外国人结婚或离婚，或丈夫改变国籍，都不应自动影响该妇女的国籍，即采取了在男女平等基础上的"妻子国籍独立原则"。

第七章　社会性别视角下配偶权的救济途径

第一节　民法体系中的配偶权救济途径

一　婚姻法中规定的配偶权救济途径

2001 年婚姻法修订颁布之前的立法讨论，对是否惩处第三者成为一个焦点，讨论一度呈白热化。考察其缘由，一方面市场经济取代计划经济，婚外恋情逐渐增多引发人们的关注，如经济大省——广东省的"包二奶"现象尤为严重，引发了一系列的社会问题①；另一方面婚外恋情冲击传统的家庭模式，危害家庭关系、夫妻关系，法律是否应当有所作为引发人们的思考。当时有一项调查内容涉及 30 岁以下上海青年对"夫妻分居半年以上，一方与他人有性关系可以容忍"及"婚姻中得不到满足需求可以到婚外去寻求补偿"表态时，仅有 6% 和 7% 的人支持，82% 和 73% 的人持反对意见。当时的法律委员会和法制工作委员会认为通奸行为情况比较复杂，应当通过法律、党纪、政纪、道德、教育等多种手段、多种渠道予以遏制。②

2001 年婚姻法修订案颁布最终确立了对配偶权的不完全规定和不完全救济。表现为婚姻法第四条对夫妻忠实权利义务作了宣示性的规定，法院只是类推适用了该规定。司法实践中存在当事人通过婚姻法请求对配偶权的具体的权利救济。我国首例同居权案件就是通过离婚诉讼实现的。八

---

① 李银河、马忆南：《婚姻法修改论争》，光明日报出版社 1999 年版，第 185、249 页。
② 杨遂全：《第三者侵害婚姻家庭的认定与处理》，法律出版社 2001 年版，第 13 页。

旬香港老人杨某与胡某在广西钦州办理了结婚登记，但是两年后，妻子不愿与其同房，于是杨某以索回合法婚姻的同居权为由提起了诉讼。法院依据婚姻法第四条的规定认为，原告享有配偶权，法院支持原告的诉讼主张；原告在主张自己权利的同时，不得侵害配偶的性权利。案件最后以调解结案。[①] 最高人民法院随后颁行《婚姻法司法解释（一）》中禁止了第四条的单独适用，也就是仅以维护忠实权利为由起诉的，法院都驳回起诉。婚姻法中没有明文规定同居关系，一般由道德对其进行调整。最高人民法院民一庭负责人在《婚姻法司法解释（一）的理解与适用》中，认为有违背忠实义务情形的，无过错方只能以自己的配偶为被告，不能以婚姻以外的第三者为被告或共同被告。总之，我国法律规定了有配偶者与他人同居、重婚等行为，婚姻关系存续期间没有民事制裁；只有在婚姻关系终止后可以要求离婚损害赔偿。

我国的离婚损害赔偿制度中涉及配偶权救济的内容，主要是重婚、有配偶者与他人同居、家庭暴力的情形下，配偶可以在离婚时，无过错方向过错方请求离婚损害赔偿。关于离婚损害赔偿的性质，有不同的观点。一般学说认为离婚损害赔偿有两种形式：一种是离因损害，夫妻的一方行为既是离婚的原因也是侵害另一方的行为时，另一方可以请求因侵权行为产生的损害。因重婚、姘居侵害了配偶权的行为，受侵害方可以要求侵权损害赔偿。另一种是离婚损害，离婚本身构成对夫妻一方的伤害。如虐待他方配偶的直系血亲而离婚的，没有侵害他方的行为，他方可以提出离婚，就离婚本身，构成损害赔偿的原因。关于我国离婚损害赔偿的性质有两种观点：一种观点认为离婚损害赔偿性质属于离因赔偿，夫妻一方的侵权行为是导致离婚的原因，这种情形下的损害赔偿属于离因损害的范畴。另一种观点认为离婚损害赔偿不仅存在于夫妻之间，家庭成员之间也可以提出离婚损害赔偿。我国离婚损害赔偿制度规定了四种具体请求赔偿的情形，其中重婚和姘居的行为是配偶一方侵害了配偶他方的配偶权，这种侵权行为也是导致离婚的原因。家庭暴力和虐待、遗弃家庭成员的行为，既可以是夫妻一方对另一方实施，也可以是除配偶以外的其他家庭成员之间实施

---

① 余延满：《亲属法原论》，法律出版社 2007 年版，第 227 页。

的，或配偶一方对其他家庭成员实施的，不限于夫妻之间的侵权行为，这种情况属于离婚损害赔偿的情形。总体而言，夫妻一方行为是离婚损害赔偿的原因，导致离婚的行为反映了配偶一方的过错程度，我国离婚损害赔偿制度是离因损害。最高人民法院《关于适用〈中华人民共和国婚姻法〉若干问题的解释（一）》第二十八条规定："婚姻法第四十六条规定的'损害赔偿'，包括物质损害赔偿和精神损害赔偿。涉及精神损害赔偿的，适用最高人民法院《关于确定民事侵权精神损害赔偿责任若干问题的解释》的有关规定。"实际上也肯定了离婚损害赔偿是侵权责任法上的损害赔偿制度。

同时，我国婚姻法的相关条文还间接地规定了同居义务，以实现对配偶权进行救济。婚姻法中第三十二条规定了离婚的理由之一，感情不和分居满两年的可以径直判决离婚，间接地承认了夫妻应当共同生活，互负同居义务。

二 侵权责任法的救济途径

我国民法通则第一百零六条规定了公民、法人由于过错侵害国家、集体的财产、侵害他人财产、人身权的，应当承担民事责任。但是对民法通则中有关侵权民事责任的一百一十七、一百一十八、一百一十九、一百二十条的规定进行研究，不难发现，侵权责任主要是对财产权、知识产权和人格权受到侵害的救济，并没有有关配偶权的救济。最高人民法院《关于确定民事侵权精神损害赔偿责任若干问题的解释》第二条规定了侵害监护人的精神损害赔偿，即个人非法使被监护人脱离，导致亲子关系或者近亲属间的亲属关系遭受严重损害，监护人向人民法院起诉请求赔偿精神损害的，人民法院应当依法予以受理。由此可以看出，我国仅明确规定了亲权受到侵害的侵权责任。在 2001 年婚姻法修订案之前，我国民事法律对配偶权的具体权利救济没有明确的规定。司法实践中，在 2001 年之前有关侵害配偶权的案例相对很少。[①]

---

① 1988 年，北京出版社出版的孟玉著的《人身权民法保护》，虽然说的是人身权，但是对身份权局限于公民监护权、知识产权中的身份权以及荣誉权。20 世纪 90 年代，杨振山教授编的判例研究中开始涉及配偶身份权的案例。

　　我国侵权责任法在起草阶段，很多学者提出了将基于婚姻关系产生的身份利益都由侵权责任法中的精神损害赔偿制度进行救济。王利明教授在其主持起草的建议稿第一千八百二十九条规定："有下列情形之一，妨害家庭关系的，应当承担停止侵害、赔礼道歉、赔偿损失等民事责任：（一）明知他人有配偶而与之非法同居的；（二）采取引诱或者其他非法手段使未成名人脱离监护人的；（三）没有正当理由拒绝探视未成年子女的；（四）妨害家庭关系的其他行为。"该条立法理由是：家庭关系中最重要的两类关系，那就是婚姻关系和父母与子女的关系，因此对家庭关系的妨害主要针对这些方面。在我国现行婚姻法第四十六条规定了有配偶者与他人同居而导致离婚的，无过错方有权请求损害赔偿。这里规定的主要是夫妻配偶之间的离婚损害赔偿，并没有涉及第三方，因此是不完备的，遂规定了针对婚姻关系之外的第三者侵害配偶权的行为。第二种和第三种侵权行为主要针对侵权的侵害问题，典型的加害方式就是诱拐儿童。①

　　该草案第一千八百三十条规定："侵害配偶一方造成健康权损害，使之丧失性功能的，对方配偶可以向侵权行为人就配偶之间的性利益的损害，请求精神损害赔偿。"立法理由是对这一间接侵害婚姻关系的侵权行为有必要在民法典中单独进行规定。法律明确规定夫妻之间的同居义务，这种法定义务也就是赋予了配偶在婚姻关系存续期间可以生儿育女以及享受与配偶进行性生活而带来的乐趣，生理上的欲求及满足也成为婚姻关系的重要内容，而性生活的不和谐常常成为夫妻之间离婚的一个重要理由。因此，侵害配偶一方造成健康权损害，使之丧失性功能的，虽然没有直接侵害婚姻关系的故意，但客观上这种对配偶一方健康权的损害造成了配偶一方性利益的损失，而且这种损失对于配偶之间婚姻关系的稳定也造成了相当大的影响，因此对于这种性利益的损害，法律上有必要对之进行救济，赋予配偶一方的损害赔偿请求权。事实上，这一类型的案件在我国屡见不鲜，也有必要通过明确的立法规定赋予直接的救济手段。②基于上述理由，立法建议稿第二千零四十四条规定："侵害自然人的人格权、身份

① 王利明：《中国民法典学者建议稿及立法理由》，法律出版社 2005 年版，第 22 页。
② 同上书，第 23 页。

权或合法的人格、身份利益以及法律规定的其他民事权益，造成精神损害
并导致严重后果的，受害人有权请求责任人赔偿精神损害。受害人因侵权
行为致死，或者自然人死亡后其人格或者遗体遭受侵害，死者的配偶、父
母和子女有权请求赔偿精神损害；没有配偶、父母和子女或其并未提出请
求的，其他近亲属有权请求赔偿精神损害。"① 同时还在第一千八百二十
九条规定了间接侵害婚姻关系的其他的救济方式，即明知他人有配偶而与
之非法同居的，应当承担停止侵害、赔礼道歉、赔偿损失等民事责任。

杨立新教授主持起草的建议稿第五十一条规定：有下列情形之一，妨
害婚姻家庭关系的，应当承担停止侵害、赔礼道歉、赔偿损失：（一）明
知他人有配偶而与之重婚的；（二）以欺诈、威胁或者滥用从属关系等非
法手段，诱使他人允诺同居，造成严重后果的；（三）采取引诱或者其他
非法手段使未成年子女脱离监护的；（四）没有正当理由拒绝权利人探望
未成年子女的；（五）其他妨害婚姻集体关系的行为。第五十二条规定
了，侵害配偶一方身体健康，造成性功能严重损害的，他方配偶可以就配
偶间性利益的损害，请求精神损害抚慰金。第一百七十四条也提出了侵害
他人身份的精神损害抚慰金制度，"侵害他人人格、身份的，受害人可以
请求赔偿精神损害抚慰金。侵害死者人格利益的，其近亲属可以请求赔偿
精神损害抚慰金。侵害法人或者其他组织人格权的，受害人也可以根据实
际情况，请求适当的损害赔偿金。侵害知识产权中的精神权利的，适用本
条第一款的规定"。其建议稿第五十一条规定了明知他人有配偶而与之重
婚的；以欺诈、威胁或者滥用从属关系，诱使他人允诺同居的，造成严重
后果的，应当承担停止侵害、赔礼道歉、赔偿损失。

麻昌华教授的侵权责任法建议稿的第一千五百四十九条规定"侵害
夫妻生活质量"："对他人的人身造成伤害，致使其性器官功能退化或与
其配偶的性行为不协调的，受害人的配偶可请求支付公平的赔偿。受害人
以此为理由提出诉讼可独立于其配偶就其所受损害提起的损害赔偿诉
讼。"第一千五百五十条规定"侵害婚姻幸福权"："引诱他人在婚姻外性
交的，婚姻当事人双方均有权请求法院责令行为人停止侵害，赔礼道

---

① 王利明：《中国民法典学者建议稿及立法理由》，法律出版社 2005 年版，第 511 页。

歉。与已婚人有婚姻外性接触的，婚姻他方有权要求法院阻止此等行为，并要求行为人双方赔偿自己因此受到的精神损害，但职业需要者除外。"第一千五百五十一条规定"侵害家庭幸福权"、"拐卖他人家庭成员、离间家庭成员之间的关系、破坏夫妻关系的，受害人有权要求行为人停止侵害，赔偿损失"。

上述学者的侵权责任法建议稿都涉及了对侵害配偶权的法律救济的立法设计，特别是对第三者破坏婚姻关系的问题作出了明确的法律制裁规定。但是侵权责任法最终并没有肯定这些条款。

我国侵权责任法颁布后，侵权责任法第二条列举了受保护的具体权利，并规定了一个概括性兜底条款即对"其他民事权益"进行保护，配偶权并没有明确规定在要保护的民事权利范围之内。由于考虑到侵权主体身份关系的特殊性即夫妻身份关系，侵权发生的时间的特殊性即在婚姻关系存续期间，虽然侵权责任法没有对配偶权救济作出明确的规定，但是，侵权责任法第二条的规定毕竟为将来配偶权的保护提供了法律依据。同时，侵权责任法第二十二条规定了侵害人身权益的，造成严重精神损害的，可以获得精神损害赔偿。侵权责任法为侵害配偶权的精神损害赔偿救济提供了制度上的保障。

第二节　配偶权救济中存在的问题

一　权利界定不明确救济困难

我国侵权责任法规定只有受保护的民事权益受到侵害才进行救济。但是，我国法律对配偶权没有明文规定。配偶权立法缺失的现状，是配偶权受到侵害法律救济不利的主要原因。法律对配偶权救济的立法放任态度，侵犯配偶权的问题就只能由道德来调整。但是道德调整存在弊端：道德可以约束自律的人，但是没有强制执行的效力，难以实现仅凭当事人的良心达到调解当事人间及与社会的利益平衡。以夫妻忠实权利义务为例，我国法律虽然规定了有关忠实义务的条文，而且规定了离婚时，对违反忠实义务一方，无过错方向不忠实的另一方提出离婚损害赔偿。但是《婚姻法司法解释（一）》明确了对婚姻关系存续期间一方违反忠实义务行为的不予受理，因此该条不能作为判案的依据，无法满足实践中夫妻间违反忠实义务的救济需求。由于现有救济途径条件严格、方式单一、限制过多，使得当事人寻求自我解决途径。其结果是实践中夫妻间订立忠实协议的情况不断出现，当事人通过意思自治自己解决婚姻关系存续期间侵害配偶权的问题。

同样的问题也存在于同居权利义务的立法态度中。同居的权利义务法律没有规定，当事人订立空床费协议，约定惩罚违反同居义务的措施。中国的第一例空床费案例曾经引起了国内法律理论界和实务界的大讨论。该案中刘某与熊某是夫妻关系，丈夫熊某经常不回家，有一次开玩笑说要支付"空床费"给妻子刘某，于是两人商定，如果丈夫夜不归宿，按每小时 100 元计算空床费，从凌晨 12 点到早上 7 点，丈夫陆续给妻子开立了五张"空床费"的欠条。夫妻关系恶化，妻子起诉离婚，同时要求丈夫支付空床费。① 忠实协议、同居协议是当事人之间的意思自治的产物，在协议没有争议时，当事人按照合同进行履行就可以了。但是，协议有争议时，如何解决，法律对此类协议要不要调整，归根结底还是配偶权没有明确具体规定的遗留的问题，如果法律对配偶权有规定了，当事人也就不必再约定此类协议了。

二 忽视案件个体差异救济不力

配偶侵犯配偶权的情形与第三者侵犯配偶权的情形有所不同，应该对夫妻的妨害行为适用较高的注意义务标准，对其他人适用较低的注意义务标准。美国学者认为对家庭成员间的侵权行为判断的标准应更宽恕，与处理陌生人的标侵权行为标准应加以区别。②

以同居义务为例，违反同居义务不能仅以一般人的情况为标准，而要考虑当事人的生活方式，具体个人因年龄、体力、身份地位、财产状况、教育程度、生活习惯而有所不同，还要考虑权利受到妨害的一方有无宽

---

① 参见朱晓娟、戴志强《人身权法》，清华大学出版社 2006 年版，第 293 页。
② 参见夏吟兰、罗曼景《夫妻之间婚内侵权行为的中美法比较》，《比较法研究》2012 年第 3 期。

恕。违反同居的权利义务形式之一的婚内强奸是否成立，法律考虑在具体案件中女方生理期、患病，导致不能或不愿发生性行为的情形，而不是一概认为婚内强奸不成立。同样忠实权利义务也考虑权利人的具体情况。现阶段，中国的家庭仍担负着传统养老育幼的责任，离婚对当事人双方都可以看成是一种投入产出的经济行为。女性由于年龄的增加和生育子女，其在婚姻市场上的价值受损。婚姻初期，女性将人生中的黄金时光奉献给了丈夫，而且许多妻子会放弃个人的事业上的发展机会，换来了丈夫在婚姻市场上的价值随时间而逐渐增加，并最终超过妻子。如果存在婚外恋情，第三者坐享其成，分享丈夫的成就、地位、财富以及其他有价值的因素。因此，对忠实权利义务具体内容规定，从具体的情况考虑女性在婚姻中弱势地位，女权主义者拉森提议在侵权中重塑通奸"我很奇怪，商业关系中对诚信和公平交易的要求，比在人身关系中的要求更高，对婚姻关系中进退两难的局面的一种反应便是沉默，并且对那些放弃向拥有特权或权力一方要求独立和流动性的个体，降低其价值。根据两性之间的爱情和性关系的历史，在我们的社会中，男性更倾向于寻求性自由，而女性则更依赖于夫妻关系"。[1]

三　国家法律介入婚姻领域的有限性

（一）国家法律对婚姻领域有限调整的原因

首先，道德调整存在局限性。配偶关系具有很强的伦理性，因此一般交由道德伦理进行调整，道德有对婚姻家庭领域行为是非、善恶、美丑提供评价标准的作用，它通过道德感、品行制约、责任感、义务感、羞耻感、贞节感而调整婚姻关系的缔结、维系、解除行为。[2] 但是，一方面，道德的内涵在现代化变迁中发生了变化，传统的道德约束相对松弛，一些落后的现象重又出现，如道德对"包二奶"、"性自由"的宽容，这些行为给社会和个人带来了危害。另一方面，道德没有以国家强制力作为后盾，呈现出一种"应该而非必须的行为规范"的状态，仅靠社会舆论压

---

① ［英］安东尼·W. 丹尼斯、罗伯特·罗森编：《结婚与离婚的法经济学分析》，王世贤译，法律出版社 2005 年版，第 99 页。

② 参见曹贤信《亲属法的伦理性及其限度研究》，群众出版社 2012 年版，第 44 页。

力，难以协调夫妻间及其与社会的利益关系。而且家庭中的治理格局虽然是夫妻别体下的家庭成员的自治，但是，家庭中的经济地位决定了经济地位占优势的一方具有家庭事务的决定权。道德调整就可能屈从于经济优势一方，不能实现调整的目的。所以，"在一个组织良好的社会中，最重要、最必要的社会行为规则通常是由法律强制实行的，那些在重要程度上稍轻的规则是由实证道德来维系的。法律仿佛构成社会秩序的骨架，道德则给了它血和肉"。① 说到底道德的舆论强制，不是一种权威性的行为规范。

其次，家庭私人领域的私密性弊端。家庭具有隐私性和封闭性，家庭内的事务仅与家庭组成人员有关，与家庭之外的任何人都没有关系，家庭自治在传统法律关于公共领域与私人领域两分法中获得了法律的支持，但这不应成为拒绝法律为夫妻提供救济的理由。夫妻之间的不应结婚而丧失了个体独立，在夫妻之间产生频繁的利益冲突时，当一方造成的损害超过了另一方的忍耐限度，法律的不作为，很可能使夫妻间的配偶权演变为一方的绝对权利，另一方的绝对义务。家庭关系领域的身份关系涉及了实质公平，夫妻关系建立后，每个个体是独立的个体，人格独立，夫妻双方完全平等对待，夫妻间是一种互敬互爱、互相体谅的状态，否则违反了夫妻间的平等，影响到了公序良俗。因此，国家对家庭生活进行适当的干涉，防止或制止家庭成员中出现严重的不正义或不平等现象，而不是对家庭生活的完全自治的听之任之。

（二）国家法律介入婚姻领域的限度

国家对家庭生活的介入，以社会性别平等为目标。国家介入在家庭自治和适度干预之间找平衡，一方面尊重当事人的自主决定权；另一方面当有侵害家庭弱势者的行为时，国家积极干预纠正该行为。这两方面是统一协调的关系，彻底实现个人的自主权，实现个人之间的实质平等，就是必要时打破家庭形式对个人自主权的禁锢。

具体化为国家的干涉与家庭隐私权的关系如何协调。家庭隐私权属于共同隐私权的一种，共同隐私是指群体的私生活安宁不受群体之外的任何

---

① 西季威克：《伦理学方法》，中国社会科学出版社 1984 年版，第 469 页。

他人非法干扰，群体内部的私生活信息不受他人非法搜查、刺探和公开，即使是群体的成员或以前的群体成员公开私生活秘密也受到若干原则的限制。① 私生活的安宁是一种主观心理状态，主观心理状态由法律保护，必然要经历客观化的过程，私生活安宁可以成为一种事实状态获得保护。家庭隐私是指夫妻作为一个群体，因夫妻共同生活而产生的私生活安宁不受夫妻以外的其他人干扰，私生活信息不受他人的非法获得和公开化。

关于家庭隐私权和国家干预家庭生活间的关系，在《欧洲人权公约》第八条有相关的规定："一、人人有权使他的私人生活和家庭生活、他的家庭和通信受到尊重。二、公共机关不得干涉上述权利的行使，但是依照法律的干预以及在民主国家中为了国家、公共安全或国家的经济福利的利益，为了防止混乱或犯罪，为了健康或道德，或为了保护他人的权利与自由，有必要进行干预者，不在此限。"② 家庭隐私权应该予以尊重。但是行使家庭隐私权侵害了配偶个人权利，国家有必要进行干预。家庭隐私中的群体中每个人人格尊严都应受到保护，家庭生活中成员应该相互尊重，而不应在公权力止步的范围内，出现一方对另一方的侵害的情况。家庭隐私的范围很广，我们仅讨论涉及配偶权关系的隐私。

（三）国家法律介入的方式

国家介入的方式是通过配偶权的法定化实现的。配偶权的具体内容，夫妻同居权利义务、忠实权利义务以及婚姻住所决定权由法律明文规定。

夫妻同居权利义务涉及夫妻最私密的空间，法律对该私密空间进行干涉，通过同居权利义务的法定化得以实现。我国理论界对是否由法律规定同居权存在争议，不支持同居权的观点之一认为，婚后夫妻是否同居以及同居涉及哪些内容，属于个人及家庭的隐私范畴，法律不应加以干涉。家庭隐私权和同居权利是否冲突呢？笔者认为同居权利与义务是夫妻双方的

---

① 张新宝：《隐私权的法律保护》，群众出版社 2004 年版，第 206 页。家庭隐私的范围包括：家庭成员的构成情况、家庭中每个成员的基本情况、父母的婚姻状况、家庭的收入和储蓄、家庭的主要收入来源、家庭的资产或产业、家庭住址、家庭的住宅电话、家庭遗传、家庭的社会关系、家庭的正常的监护、抚养关系、收养关系、家庭生活安宁、家庭内部发生的不愿意或不方便为家庭成员之外的人知晓的事件、夫妻间的性生活秘密以及安宁等方面。

② 资料来源于中国社会科学院法学研究所《国际人权文件与国际人权机构》，社会科学文献出版社 1991 年版，第 621 页。

权利与义务，具体体现了男女平等的原则。夫妻关系成立后，必然有婚姻的共同生活。虽然同居属于共同隐私，但是在婚姻家庭关系中夫妻双方个人人格独立，相互协力、相互扶助，法律应对同居这一婚姻最本质的内容进行规制，有利于实现夫妻双方人格独立基础上的男女平等。我国法律虽然对同居权没有进行规定，但是确定了分居达一定期限可以作为判断离婚的理由。我国婚姻法规定的离婚的法定事由之一，就是分居，可以认为法律间接地认可了同居权。当然法律明确同居权利与义务的相关规定，既可以给审判离婚提供准确的判案依据，而且也为确定婚内强奸提供法律依据。法律规定同居权利义务，对婚内强奸的认定有重要的意义，使得实施强奸的一方当事人不能以夫妻身份关系侵害另一方的人格权，否则会被追究法律上的责任。

　　夫妻忠实权利义务涉及夫妻私密空间，其与同居权利义务密切相关。夫妻间情感忠实属于共同隐私权的范畴，笔者认为与同居权相同，在夫妻个人人格尊严有受侵害之虞或已经受到侵害，法律也应予以积极干预，达到保护个人人格独立。至于第三者与配偶一方的情感是否是隐私，是否由国家法律进行调整，有不同的观点。一种认为国家应予以调整①，一种则认为国家不应予以调整②。第三者与配偶一方的情感、交往属于隐私权保护的范围，可以对抗外界的侵扰。第三者与配偶一方的情感，破坏了社会的婚姻秩序，侵害到配偶他方身份利益，因此受到相应的限制，但是配偶一方行使权利，不得超过必要的限度。第三者侵害他人配偶权，受害方采取了刺探第三者隐私的方法维护自己的权利，认为加害方和第三者的隐私权受到限制，且这种限制是合理合法的。但是受害方在行使这一权利时，也受到限制即仅限于维护自己的权利，不得公开隐私。③

　　婚姻住所决定权是配偶权权利束中的一种，婚姻住所为保障婚姻内权利义务的实现提供场所，法定化是其必然的选择。

---

　　①　杨遂全：《第三者侵害婚姻家庭的认定与处理》，法律出版社 2001 年版，第 11—14 页。

　　②　李银河：《不应当用法律手段惩罚婚外恋》，载李银河、马忆南主编《婚姻法修改争论》，光明日报出版社 1999 年版，第 312—316 页。

　　③　参见邹文涛《中国家庭成员间隐私权保护研究》，西南政法大学硕士学位论文，2010年，第 26 页。最高人民法院吴晓芳法官认为，捉奸负面效应大，可能会践踏人权。

第三节　社会性别视角下配偶权救济的特点

一　权利救济的前提——婚姻领域权利明确界定

民事责任是救济民事权利的一种法律手段，我国民法通则中的民事责任①分为侵权民事责任和违约民事责任。按其权利效力所及的范围分为相对权的救济和绝对权的救济。相对权是请求特定人为一定行为的权利。绝对权是权利人享有的并排除他人干涉的权利。侵权民事责任是以绝对权为保护对象，违约民事责任是以相对权为保护对象。

（一）配偶权是绝对权

我国配偶权呈现出既是绝对权，又具有相对权的性质。配偶权的性质是随着时代的发展而发展变化的。传统的配偶权受男女不平等立法思想的影响，主要表现为一种丈夫对妻子单方面的支配权。现在配偶权受到男女平等的立法思想的影响，夫妻间的法律地位平等，任何一方的身份地位都不高于或低于另一方，强调以义务为中心，而不是权利。

配偶权的效力在夫妻间和夫妻以外的第三者间是不同的。学者对配偶权的效力认定有三种观点：一种认为配偶权对配偶以外的第三者有效力，第三者负有不得侵害配偶权的义务；一种认为配偶权仅在夫妻之间发生效力，配偶权具有相对权的特征；一种认为配偶权的效力因不同的对象有区别，配偶间是相对权，配偶以外的第三者是绝对权。配偶权是夫妻间的身份利益，对夫妻以外的第三者的效力如何，"身份权具有法定公示力，所以具有相对性的身份权利义务关系能够成为一种绝对权"。② 配偶权作为身份权的一个重要的分支，也具有对世性。虽然婚姻身份行为有事实在先的特征，但是大多数国家的配偶权的产生都要经过法定的程序，婚姻登记

---

① 民事责任的概念存在争议，主要有四种学说：一是担保说，认为民事责任是债务履行的担保。二是制裁说，认为义务人违反私法上的义务所应受的法律制裁。三是制裁兼担保说，认为责任是义务人侵害他人的权利或利益受到民事制裁，同时责任是指债务人以其财产担保债务。四是法律后果说，认为对责任者不利的后果。参见邱雪梅《民事责任体系重构》，法律出版社 2009 年版，第 27—30 页。

② 杨立新：《民法总则重大疑难问题研究》，中国法制出版社 2011 年版，第 435 页。

或婚姻仪式，没有履行这些程序的婚姻，法律一般不予认可。配偶以外的其他人，负有对婚姻圆满状态的尊重，不得侵犯配偶间的身份利益。

由于配偶权具有绝对权的效力，一般说的侵犯配偶权的民事责任主要是指第三者侵害配偶权的情形，对绝对权的侵害，按侵权责任追究第三者的民事责任。

（二）配偶权是相对权

配偶权在夫妻之间的效力表现为夫妻间产生了共同的支配身份利益的后果，这种支配性反映在具体的权利内容上是权利义务的一体化，夫妻相互间的忠实权利义务、同居的权利义务、婚姻住所决定权的权利义务①。夫妻既是权利人又是义务人，以忠实权利义务为例，丈夫的忠实权利即是妻子的忠实的义务，妻子忠实的义务即是丈夫忠实的权利。夫妻间的权利义务不是截然分开的，而是混合在一起的。因此，我国学者认为一方配偶权的实现与否，很大程度上依赖于另一方配偶的作为或特定的不作为，因而配偶权明显具有相对权的特征，②"我们最好把'人身亲属权'作为一种特别的权利类型来看待，它和人格权很相似，但又有区别，即它是在身份法关系上针对一个他人的"③。

配偶之间发生侵害配偶权，对配偶权之间的民事责任如何认定。现阶段，侵权责任法的救济范围呈扩大化趋势。有学者认为侵权责任法不仅保护绝对权，而且保护具有不可侵犯性的民事权利，侵权责任法的适用范围扩大了，配偶权的具体权利具有不可侵犯性，因此属于侵权责任法的保护范围。④ 侵权法对相对权性质的配偶权保护方式上具有特殊性。有学者认为侵权法所保护的身份权具有相对性，因此具体行使的过程中不同于一般绝对权请求权。身份请求权行使的前提是身份权受到妨害，妨害是没有造成身份权的损害，只是妨害权利人行使配偶权，妨害权利人的婚姻圆满支

---

①　婚姻住所决定权的性质有学者认为是绝对权，依当事人一方的意思就可以实现。参见裴桦《配偶权之权利属性探讨》，《法制与社会发展》2009年第6期。如前所述，婚姻住所决定权在我国主要实现的方式是夫妻协商确定，可以认为是相对权。

②　张保华：《第三者侵犯配偶权之民事责任》，载杨立新主编《侵权法热点问题法律应用》，人民法院出版社2000年版，第580页。

③　[德]卡尔·拉伦茨：《德国民法通论》（上），王晓晔等译，法律出版社2003年版，第216页。

④　余延满、张继承：《试析配偶权的侵权行为法保护》，《江西社会科学》2008年第2期。

配状态。身份请求权对应的是状态责任，侵权责任吸收状态责任。身份请求权让位于伦理规范，"亦因身份关系高度人格色彩，即便追究当事人责任请求损害赔偿，亦难因惩罚有责者而促使身份关系回复原状，或预防不当行为再发生"，[①] 所以受害人原谅发生的频率较高。[②] 实践中，有相关的案例法院支持了配偶权受侵害的一方的精神赔偿主张。[③]

二　重视案件审理中的当事人个体差异，使用利益衡量的方法

在配偶权案件中经常会有多种权利交织的情形，配偶身份权、配偶人格权、配偶财产权的多种权利冲突。且配偶权案件在判案时，考虑当事人具体的个人体验，因此，在裁判案件时需要法官进行利益衡量办案。利益衡量理论有两种模式：一种是德国法利益衡量模式。德国利益衡量是在概念法学基础上建立的，认为立法者是理性的，法律本身具有形式的完美，逻辑自足。但是现实情况是法律难免有漏洞。法律漏洞可分为立法计划内的漏洞和立法计划外的漏洞，立法计划内的法律漏洞按类推适用的方法进行填补，立法计划外的漏洞按利益衡量进行填补。另一种是日本利益衡量的模式。日本利益衡量的标准是从普通人立场出发，对事件的评价多是传统、风俗、习惯道德等，其目标是为了争得一般社会下常识性的正义。日本没有像德国那样对法律漏洞做进一步的划分，而是笼统地认为只要是法律没有规定或规定的内容有欠缺的，法官就有行使自由裁量权的可能。[④] 日本的利益衡量论也促成了民法解释学的形成。日本利益衡量论的学者受到美国现实主义法学的影响，他们在法学研究中注重传统社会和移植的法律制度有机的结合，最终形成了日本的民法解释学。占据现在日本民法解释学主流的是基于自觉选择一定的利益衡量之上的功能主义方法。[⑤] 日本民法学者加藤一郎和星野英一都坚持裁判过程中的实质决定论，认为得出

---

① 参见吕丽慧《从身分法角度论侵害配偶权之民事责任》，《月旦民商法杂志》2013 年第41 期。

② 杨立新：《民法总则重大疑难问题研究》，中国法制出版社 2011 年版，第 437—439 页。

③ 原被告结婚后，出现第三者，原告同意与被告离婚，但是要求精神损害赔偿。法院支持了原告的诉讼主张。参见朱晓娟、戴志强《人身权法》，清华大学出版社 2006 年版，第 220 页。

④ 张春利：《关于利益衡量的两种知识》，《法制与社会发展》2005 年第 6 期。

⑤ ［日］甲斐道太郎：《法解释学的课题》，《法律时报》第 37 卷第 5 号。

裁判结论的不是法律严格的三段论，而是法律之外的其他实质性因素，基于具体的事实做出当下的利益衡量。对于利益衡量方法适用的案件类型，日本学者只是笼统的主张在裁判案件时法官应积极地根据当下的案情进行利益衡量，从而妥当地对案件作出判决，这一点不同于德国的利益法学者的主张，他们认为利益衡量的方法仅适用于需要进行漏洞补充的时候。我国和日本的法治化道路有相似之处，都有从国外引入先进的法律制度的经历。日本根据社会发展的法治需求，结合本国国情，法官在一定情形下进行自由裁量，突破了法律严格三段论的模式，借鉴国外法律，又考虑本地国情。"以加藤一郎和星野英一为代表的日本学者所提出的利益衡量论并不仅仅是一个关于如何对立法者的利益评价的探寻来补充法律漏洞的法律解释方法，更是一个指向整个裁判过程的法学方法论。"① 日本的利益衡量模式相对德国模式更值得我们选取。

　　利益衡量，从根本上分析是对不同类型的利益轻重得失进行比较权衡。法官根据一定的价值判断标准确定法律优先保护的利益。价值判断具有主观性色彩，必须符合共识的价值，一般而言"两害相权取其轻，两利相较择其重"。划分利益衡量中的利益种类，对利益衡量理论和操作具有重要意义。日本民法学者对利益衡量的操作方法没有具体的论述，在审判实践中会产生利益衡量不当的情形。典型的案例是加藤一郎举例的"姘居妻"案。该案分析时认为丈夫发生交通事故后，处于重婚关系的"姘居妻"（即二号妻）与正妻（原配）有一样的慰谢金请求权，因为她与正妻一样，对丈夫（情夫）的死有同样的悲伤、痛苦②。我国学者提出利益衡量的具体操作方式：按具体利益、群体利益、制度利益和社会公共利益③的划分方法进行利益分类。这些利益形成结构层次，即划分为当事人利益、群体利益、制度利益和社会公共利益，这些利益的位阶是逐渐递增的。当事人的具体利益、群体利益有必要放在制度利益和社会利益的背景下进一步进行分析。并就加藤一郎的"姘居妻"案进行分析操作，得出与加藤一郎完全相反

　　① 郑金虎：《司法过程中的利益衡量研究》，山东大学博士学位论文，2010 年。
　　② 加藤一郎：《民法的解释与利益衡量》，梁慧星译，载梁慧星主编《民商法论丛》（第 2 卷），法律出版社 1995 年版，第 78 页。
　　③ 梁上上：《利益的层次结构与利益衡量的展开》，《法学研究》2002 年第 4 期。

的结论，具体如下："姘居妻"不是婚姻关系中的当事人，对夫妻间的身份关系具有破坏作用。虽然作为个体对丈夫的死有精神痛苦，但是这种精神痛苦不能成为法律救济的依据，产生精神痛苦的根源在于其侵害了妻子的身份利益，事实上取得了妻子的部分配偶权，使夫妻间的相互忠实义务难以实现，如果对姘居妻进行救济，就是认可其法律地位，破坏了夫妻间的相互平等、相互尊重的身份关系。同时对一夫一妻原则、公序良俗原则都有破坏作用。

　　利益衡量的结果要有相应的法律规则作依据，经得起法律的检验，这是在形式上使利益衡量合乎法律的根本保证。关于利益衡量的具体应用方法，按照加藤一郎先生的表述即在最初的判断过程中，有意识地将既存的法规排除在外，首先以全部白纸的状态对这一事件应该如何处理加以考虑，然后在得出结果后，要根据法律规则对衡量结果进行校正的要求。他说："我要强调的是，利益衡量要有说服力，仍旧不能忘掉论理。作为论理，使结论与条文结合，即这一结论可以从形式上结合条文予以说明，否则仍旧是任意的判断、恣意的判断。""因为这是他个人的感受，别人可能有相同的感受，也可能没有。没有人可以主张，他的感受比别人的确实可靠。仅以法感为基础的判断，只有对感觉者而言是显然可靠的，对与之并无同感之人，则否。法感并非法的认识根源，它至多是使认识程序开始的因素，它促使我们去探究，起初'凭感觉'发现的结论，其所以看来'正当'的原因何在。"① 利益衡量的思考方式，改变了传统的依据形式三段论方法进行判断，而是利益衡量初步结论加找到的经过解释的法律条文。法官在审理案件进行法的解释时，必然要经过利益衡量的过程，单一因素的衡量标准难以满足利益衡量的实际需要，利益衡量实际上是要对案件所涉及法律规则、社会效果、公共政策、社会主流价值观、法官个人的价值判断等因素和它们之间的优先次序作出权衡取舍，最终作为标准的不是单一的因素，而是它们之间博弈的综合结果。同时，利益衡量的因素在具体案件中不是固定的，而有新因素的加入。法官在对涉及夫妻配偶权案件审理时，进行的利益衡量过程中加入社会性别平等视角审视案件，认识

───────────

①　参见陈林林《方法论上之盲目飞行》，《浙江社会科学》2004 年第 5 期。

一些妇女可能因性别因素而受到歧视，可以避免性别盲视，男女不平等对待现象发生。

三　国家适当干预婚姻领域

国家在婚姻一方当事人侵害另一方当事人超过容忍的限度时，应突破婚姻的私密性给予救济，防止配偶间权利"权力化"，成为强势一方无所顾忌的侵害另一方的领域，具体表现为国家对侵害配偶权的行为提供侵权责任救济。侵害配偶权属于婚内侵权①的一种类型。侵权责任适用于婚姻家庭领域，我国婚姻当事人一般适用婚后所得共同制，侵权责任的财产赔偿具有一定特殊性。② 国外有关国家侵害配偶权立法例和司法实践可以提供借鉴的模式。

（一）美国关于侵害配偶权的调整模式

1. 第三者干扰婚姻的行为。早期美国关于第三者干扰婚姻的立法表现为，因第三者干扰婚姻和谐的受侵害的配偶，通过离间夫妻感情的诉讼获得了法律上的救济。法庭判决金钱损害赔偿，主要是补偿配偶感情和配偶间陪伴损失，这一损失与第三者干涉婚姻生活有关联。其理论依据是认为妻子是动产，是男人的最有价值的财产。因此，引诱男人的妻子就可能

---

① 婚内侵权持否定说的学者认为：（1）夫妻之间所产生的加害行为不具有反社会性，夫妻之间侵权行为具有天生的阻却违法性。（2）夫妻关系是一种典型的伙伴关系，夫妻之间的感情裂痕有着很强的自我愈合力，法律的干涉会促使夫妻关系恶化，加速婚姻的解体，夫妻间侵权责任的达不到理想的结果。（3）如果承认夫妻之间可以成立侵权损害赔偿责任，如果夫妻间共有财产是共同共有，在婚姻存续期间，不可能对该共有财产进行分割，以用来负担损害赔偿责任。持肯定说的学者认为：（1）侵权行为的成立与否与侵权行为人与受害人之间是否存在婚姻关系无关。（2）从夫妻一体主义到夫妻别体主义理论是婚内侵权损害赔偿制度构建的权利基础。夫妻人格的平等与独立为夫妻间民事责任的承担奠定了主体上的可能性。（3）该制度的构建不会引起大量家庭的解体。因为家庭的安宁是来自于对对方权利的尊重，是夫妻共同创造的，而不是以牺牲一方应获保护的权利来实现的。参见冉克平《论夫妻之间的侵权损害赔偿》，《华中科技大学学报》（社会科学版）2010年第2期。

② 我国夫妻财产制是婚后所得共同制，夫妻共同财产消灭的原因有三种：一是离婚；一是夫妻一方死亡；一是夫妻另行约定其他财产制。我国《婚姻法司法解释（三）》对婚姻关系存续期间的夫妻财产制的变动作出了规定，有下列重大理由且不损害债权人利益的除外：（一）一方有隐藏、转移、变卖、毁损、挥霍夫妻共同财产或者伪造夫妻共同债务等严重损害夫妻共同财产利益行为的；（二）一方负有法定扶养义务的人患重大疾病需要医治，另一方不同意支付相关医疗费用的。可以要求法院分割夫妻共同财产。分割夫妻财产的类型限于以上两种，对支撑婚内侵权还显不足。《婚姻法司法解释（三）》承认了婚内分割夫妻共同财产的例外情形。

构成对丈夫财产权的侵害。但是，比财产损失更严重的侵权损害后果是使丈夫丢面子造成了精神痛苦而不是妻子被引诱行为。

19 世纪后期多数州通过了《已婚妇女财产法》，该法案赋予已婚妇女与男人同样的财产权。妇女获得了因第三者离间夫妻感情诉讼的权利。从法律的角度，妇女获得了与男性平等的地位。法庭不再采纳财产权理论，而是将离间夫妻感情作为合法婚姻的配偶权的篡夺。第三者干涉夫妻感情作为一种侵权行为，必须要证明：一是夫妻间曾经有爱情和感情；二是曾经存在于夫妻间的爱情和感情已经被破坏了；三是被告的行为与破坏婚姻关系之间有因果联系。

1972 年美国威斯康星州废止了离间夫妻感情的诉讼，印第安纳州法案标题是"提升公众道德的法案，废除一些民事诉讼理由，其中包括离间夫妻感情的诉讼"。这一标题暗含印第安纳州立法信念是离间夫妻感情的诉讼理由会侵蚀公众道德，而不是提升婚姻幸福感。近些年来，美国有学者认为夫妻间精神虐待也是一种侵权，法庭被要求适用无法容忍行为的侵权责任，主要是针对一部分原告没有主张身体伤害的婚姻案件。

尽管司法界废除了离间夫妻感情的诉讼，但是在实践中仍有此类诉讼的出现。2007 年，美国密西西比州最高法院就支持了前夫的要求第三者损害赔偿之诉，陪审团最终判决其前妻的情人赔偿超过 75 万美元。① 具体案情是 1999 年 12 月 21 日，Valentine 向马歇尔县的巡回法院提起诉讼，理由是 Fitch 离间夫妻感情。陪审团审案后，法官在 2005 年 4 月 12 日判决 Valentine 获得 64.2 万美元的实际损失赔偿和 11.25 万美元的惩罚性赔偿。在这个案件中，Fitch 要求州最高法院宣布离间夫妻感情的侵权是不合时宜的、过时的，这种诉讼是建立在中世纪的婚姻观念基础之上的。密西西比最高法院认为密西西比州拒绝废止普通法的离间夫妻感情的诉讼，其目的是为了保护婚姻关系，同时也为有意损害婚姻关系的行为提供补救措施。离间夫妻感情的诉讼，是对遭受损失或者伤害者的唯一可行的救助办法。因此，最高法院认为丈夫被不正当地剥夺了妻子帮助、陪伴的权利，其有权提起诉讼，以对抗干涉他们夫妻关系的第三者。

---

① ［美］哈里格·D. 劳斯、大卫·D. 梅耶：《美国家庭法精要》，中国政法大学出版社 2010 年版，第 73 页。

爱达荷州最高法院针对妻子 Mary 对其丈夫的婚外性行为提起的传统意义上的离间夫妻感情的诉讼的救济不予以支持，但是却同意了软暴力之诉，理由是妻子与丈夫实施性行为，却不知丈夫对其不忠，违反了她的同意。在这个案件中，争议的焦点一：婚姻关系存续期间，妻子 Mary 是否有对丈夫排他的性权利？妻子 Mary 认为根据私通、侵犯个人隐私以及干涉婚姻契约的理论，主张的通奸行为是可以起诉的，她认为爱达荷州最高法院明确废止了离间夫妻感情的诉讼，因此这成为夫妻感情恢复的阻碍。而爱达荷州法院认为地区法院正确的驳回了上诉人要求恢复离间夫妻感情的侵权行为。焦点二：妻子 Mary 是否能因为精神抑郁而获得的赔偿？案件中这种精神抑郁产生，有其根源，即主要是妻子担心丈夫婚外性行为引发感染性传播疾病。法院不认可离间夫妻感情的诉讼，但是妻子作为原告可以起诉平复其精神痛苦，这种精神痛苦的根源是担心将来的不健康状态，而这种不健康状态则是由于丈夫婚外情导致的性传播疾病。焦点三：妻子 Mary 是否可以获得名义上的人身伤害赔偿？妻子认为和丈夫发生性行为，是以不知丈夫与他人有奸情的前提下，因此丈夫不通报婚外奸情，实际上妻子与丈夫的同居承诺无效，丈夫处于承担人身伤害的境地。①

2. 婚内侵权

美国的婚内侵权集中在家庭暴力、婚内强奸、一方错误陈述亲子关系行为、配偶间传播性传播疾病的行为这几类。② 涉及配偶权的是前两类行为。《美国侵权法重述（第二次）》规定，丈夫或妻子不能仅因婚姻关系而免除一方对另一方的侵权责任。美国婚内侵权历经了从夫妻间侵权豁免阶段到夫妻间侵权被追究的阶段，适应了男女在法律地位上平等，夫妻人格独立的时代需要。随着婚姻外的"无法容忍"侵权行为被广泛认可，以及夫妻间婚内侵权豁免权被大范围的取消，使得配偶间的精神虐待寻求侵权法的救济成为可能。美国侵权法重述第四十六项规定了，故意的或粗

---

① 参见［美］哈里格·D. 劳斯、大卫·D. 梅耶《美国家庭法精要》，中国政法大学出版社 2010 年版，第 73 页。

② 参见夏吟兰、罗曼景《夫妻之间婚内侵权行为的中美法比较》，《比较法研究》2012 年第 3 期。

鲁的"不可容忍"行为造成了原告严重的情感上的悲痛，有些州法庭将造成情感悲痛后果的故意精神伤害定性为侵权行为。① 有些案例反映了包括第三者的三角感情关系的诉讼，精神虐待的诉讼只针对第三者，这实质上改变了法律救济的主旨。针对第三者的精神虐待诉讼，地方立法和先前的判例都废除了离间夫妻感情的诉讼主张。对除离间夫妻感情以外的案件进行分类，主要可以归纳为三类案件：一是威吓。在 Massey v Massey 一案中，妻子诉称丈夫否认其有独立存取钱的能力，施舍些小钱给她，在其他人面前贬低她，使她经历了紧张、害怕和不安。二是欺骗。在 Ruprecht v Ruprecht 案中，妻子欺骗丈夫和上司有通奸的行为。三是残暴。Henriksen v Cameron 案中妻子称在丈夫喝醉后各种威胁行为都会发生。这三类案件都要求达到不可容忍的限度才作为侵权行为予以救济。其中上述第二类案件，实际上可看作是侵害配偶权。②

（二）德国关于侵害配偶权的调整模式

德国法第八百二十三条规定第一款是其侵权行为法的最基本规定，"因故意或过失不法侵害他人生命、身体、健康、自由、所有权或者其他权利者，对被害人负损害赔偿的义务"。该条款中的"或者其他权利"，为以后可能发展的权利留下了空间。正是基于这一规定，帝国最高法院和其继任者联邦最高法院以判例的形式确认了"判例法"上的权利。在德国法中，第三者干扰婚姻关系，受侵害的配偶不可以向第三者提出

---

① Ira Mark Eliman & Stephen D. Sugarman：Spousal Emotional Abuse as a Tort?，Maryland Law Review，1996（55）：1280.

② 我国也有类似案例，原告周某某与被告王某某原系夫妻，后王某与被告王某某发生婚外性关系。王某某怀孕生下一子，孩子是王某的，取名周某。因周某某对王某、王某某的所作所为一无所知，故在王某某怀孕期间及周某出生后，履行了做丈夫、做父亲应尽的职责。邻居沈宗长在与王某某争吵时，说周某不是周某某的孩子，是王某的孩子。周某某知悉后，与王某、王某某并携周某，一同去上海司法部司法鉴定科学技术研究所，对王某与周某以及周某某与周某之间有无血缘关系作技术咨询。咨询意见认为王某与周某之间存在着亲生血缘关系，周某某与周某之间不存在亲生血缘关系。但王某某拿到咨询意见书后，私刻该研究所印章，重新打印尾页，更改咨询意见。周某某拿到更改的咨询意见书后表示怀疑，再次去上海核实，才知悉事实真相。周某某与王某某在民政部门协议离婚，周某由王某某抚育，其今后的一切费用与周某某无关，夫妻共同财产各半分割。离婚后，周某某诉至江苏省六合县人民法院，称王某、王某某的所作所为给他造成极大的精神伤害，要求法院依法确认王某为周某的亲生父亲，并要求王某某、王某赔偿损失。法院对该案按侵害配偶权进行审理。参见《中国审判案例要览》（2001 年民事审判案例卷），中国人民大学出版社 2002 年版，第1—4 页。

停止侵害或损害赔偿请求权，德国联邦普通法院早期的判决认为配偶间的身份权益具有绝对性，但是侵害配偶身份利益不产生上述两项请求权。德国法院认为第三者干扰婚姻是与配偶一方的配合分不开的，属于夫妻内部事件，所以对此不适用侵权法的规定。因此，任何人无权要求配偶与其建立同居关系，受侵害的配偶一方也无权向配偶他方或第三者提出停止侵害的诉讼和损害赔偿之诉。但是，德国联邦最高法院又创造出了"对婚姻物理空间的权利"，认为这种权利源于人格权，不受伴侣或第三者的侵害，保证通奸者不在婚姻住所幽会，妻子可以直接对该情人提出请求权，要求停止对婚姻共同生活的侵害，婚姻的物理空间成为配偶最后的避难所①。

德国学者对第三者干扰婚姻生活的行为，认为侵害了"婚姻共同生活不受妨害的、继续存在的权利"，属于侵权法保护的范围，因此，一方可以向第三者提出损害赔偿请求权，但该请求权受到了限制。还有学者认为将"期待婚姻继续存在的权利"是行使停止侵害请求权的依据②。

（三）法国关于侵害配偶权的调整模式

《法国民法典》第一千三百八十三条规定了侵权责任条款，"任何行为使他人受到损害时，因自己的过失便损害发生之人，对该他人负赔偿的责任"。法国最高法院第二民事庭2000年5月4日的判决认为，与有夫之妇发生通奸关系的人没有过错，因而不构成《法国民法典》第一千三百八十二条规定的侵权行为。对于有过错的配偶，《法国民法典》第二百六十六条规定："在唯一因一方配偶的过错宣告离婚的情况下，该一方对另一方配偶因解除婚姻所受的物质上与精神上的损害，得受判负损害赔偿责任。但是，另一方配偶权仅在进行离婚诉讼之时，始得请求损害赔偿。"③但是埃克斯·普罗旺斯法院认为："一方配偶拒绝履行共同生活义务，构成过错，没有任何法律条文将此过错排除在《民法典》第一千三百八十二条适用范围之外。因为，与本法典第二百二十九条和第三百零六条规定

---

① ［德］克雷斯蒂安·冯·巴尔：《欧洲比较侵权行为法》，焦美华译，法律出版社2001年版，第145页。

② ［德］迪特尔·施瓦布：《德国家庭法》，王葆莳译，法律出版社2010年版，第81—83页。

③ ［德］克雷斯蒂安·冯·巴尔：《欧洲比较侵权行为法》（下），焦美华译，法律出版社2004年版，第140页。

的情形无关，主张其受到损害的一方配偶，在没有经法院判决断绝夫妻关系的情况下，有依据按照普通法的条件请求赔偿。"① 埃克斯·普罗旺斯法院认为可以在婚姻关系存续期间追究侵害配偶权主体的法律责任。法国虽然肯定了对受侵害配偶对另一方配偶主张精神损害赔偿的救济模式，但是加害人仅限于有过错的配偶，第三者不是承担精神损害赔偿责任的主体。②

（四）台湾地区、日本关于侵害配偶权的调整模式

第三者侵害配偶权，最常见的是第三者与配偶一方的通奸行为。我国台湾学者将这种行为称为干扰婚姻之非财产上损害赔偿。王泽鉴先生在民法学说与判例研究中对十个有代表性的判决进行了分析，就被侵害的权益，归纳为两类：一类是夫权、夫的名誉权；一类是一般法益、自由权、夫妻共同生活圆满安全及幸福的权利。前一类带有男女不平等的色彩因而被以后的案例否定了，后一类逐渐明确了通奸行为侵害的法益及夫妻共同生活的圆满支配状态，得到了肯定。后一类的法益就是配偶权的客体。但是在请求精神损害赔偿时，判决的理由不是侵害了配偶身份利益，而是故意以背于善良风俗之方法加损害于他人。③

台湾地区对民法第一百九十五条作了修订，"不法侵害他人身体、健康、名誉、自由、信用、隐私、贞操，或不法侵害其他人格法益而情节重大者，被害人虽非财产上之损害，亦得请求赔偿相当之金额。其名誉被侵害者，并得请求恢复名誉之适当处分。前项请求权，不得让与或继承。但以金额赔偿之请求权已依契约承诺，或已起诉者，不在此限。前二项规定，于不法侵害他人基于父、母、子、女或配偶关系之身份法益而情节重大者，准用之"。第一百九十五条的规定是"非财产损害赔偿范围之重大突破，堪称'民法'债编修正于损害赔偿部分之最主要成就，使多年来学理即实务之努力，为之开花结果。论及其成果主要有二：其一为非财产损害赔偿保护法益之扩大（由具体人格权、集体身份法益扩及于一般人

① 罗结珍：《法国民法典》，法律出版社 2005 年版，第 1075 页。

② 同上。

③ 王泽鉴：《民法学说与判例研究》（第二册），中国政法大学出版社 2005 年版，第 243—246 页。

格权、一般身份法益）；其二为非财产损害赔偿适用对象，由侵权行为扩及于债务不履行"。① 对第三者侵害配偶权的，可以依据"不法侵害配偶关系之身份法益而情节重大者"受理判决。台湾地区对特别限定了情节重大，认为"身份法益与人格法益被侵害时非财产上之损害赔偿。至于身份法益被侵害，可否请求非财产上之损害赔偿？则付阙如，有欠周延，宜于增订。唯对身份法益之保障亦不宜太过广泛。鉴于父母或配偶与本人之关系最为密切，基于此种密切关系所生之身份法益被侵害时，其所受精神痛苦最深，故明定'不法侵害他人基于父母或配偶关系之身份法益而情节重大者'，始受保障"。②

日本第三者与配偶一方合意发生的性行为，日本称为不贞行为。日本 1950 年到 1969 年的 36 个通奸判决中，31 个判决肯定了因通奸产生的精神损害赔偿请求权。剩下的 5 个判决中有 4 个是在婚姻关系破裂后，才有通奸情形，其中 3 个法官认为夫妻在婚姻关系破裂后，已失去要求对方守贞的权利。还有一个案例，虽然初审法院最终没有支持原告的精神损害赔偿请求，但是最高法院坚持认为，第三者侵害了配偶为妻或为夫的权利，行为具有违法性，应赔偿精神损害。婚姻关系发生破裂，夫妻有名无实，实务上考虑破裂这种情形，决定请求权的有无及赔偿数额的大小。③

日本理论界关于不贞行为侵害的权利性质有争议，主要有贞操请求权、夫妻关系中身为配偶的地位、圆满健全的夫妻关系等。多数学者认为侵害的法益是家庭的和平，有些学者认为在婚姻未破裂的时候，以侵害的是名誉和贞操权来理解受侵害的权益；但是夫妻关系破裂或离婚时，婚姻家庭制度中的爱情利益是受侵害的权益。但是也有持反对意见的，认为侵权救济主要是对权利的救济，家庭和平或夫妻关系作为权利不妥当。新近的一些学者认为民法是个人法，第三者明知对方有配偶，通奸的配偶有按自己的意愿选择不通奸的自由，因此其责任大于第三者，即使追究第三者的责任也要限制其适用，即在第三者明显恶意诱发

---

① 邱聪智：《新订民法债编通则》（上册），中国人民大学出版社 2003 年版，第 232 页。

② 同上书，第 178 页。

③ 参见林秀雄《婚姻家庭法之研究》，中国政法大学出版社 2001 年版，第 153—154 页。

不贞行为的场合。① 甚至有学者认为追究第三者的责任是社会中年人的情感的反应，随着社会的发展，此种第三者的责任会越加缩小，以加害配偶一方为目的，引诱配偶他方的情形下，第三者具有恶意的场合，才承担相应的法律责任。②

从上述国家和地区的相关立法发展和司法实践可以看出，侵害配偶权集中在侵害配偶的忠实权利，而且集中在追究第三者侵权责任。虽然他们对第三者干扰婚姻的行为都不予以规制，但是第三者干扰婚姻的行为，确实给受侵害的配偶带来了损害，无论是精神方面还是财产方面。所以，美国在废除了追究第三者的损害赔偿责任后，又有学者提出了对配偶造成的精神虐待的救济，而且在司法实践中不乏对受侵害配偶的救济案例；德国不承认对第三者的损害赔偿责任，但是又设立了对婚姻物理空间的权利救济，防止第三者侵入婚姻住所。日本学者认为在第三者恶意情形下，不免除第三者的损害赔偿责任。无论是立法发展还是司法实践，有必要设立因第三者干扰婚姻受到侵害的配偶的法律救济途径。

第四节　我国配偶权救济构想

婚姻法作为调整婚姻家庭领域人身关系和财产关系的法律，规定配偶权的具体内容和权利效力。有关侵害配偶权的法律救济，由我国侵权责任法进行规制。

在侵权责任法中明确规定配偶权这一民事权益。我国侵权责任法第二条概括规定了民事权益，配偶权并没有明确规定。为便于对其进行救济，有必要在侵权责任法中的司法解释中作明确的规定。同时对婚内侵权制度进行规制，即配偶一方故意侵害另一方的民事权益的，应当承担侵权责

---

① 近江幸治：《民法讲义Ⅵ：事务管理、不当行为、不法行为》，东京成文堂 2004 年版，第 137 页。有地亨：《家族法概论》，东京法律文化社 1990 年版，第 61 页，转引自陈秋君《论侵害身份法益之民事责任》，国立台湾大学法律院法律研究所硕士论文，2008 年。

② 加藤雅信：《新民法大系Ⅴ：事务管理、不当行为、不法行为》，东京有斐阁 2005 年版，第 213—214 页，转引自陈秋君《论侵害身份法益之民事责任》，国立台湾大学法律院法律研究所硕士论文，2008 年。

任。婚内侵权是追究侵害配偶权一方责任的制度前提。

一　辨析保护配偶权的请求权和侵害配偶权的请求权

配偶权属于身份权的一种，带有相对权性质的绝对权。相对权性质的配偶权表现为有夫妻身份关系的人之间存在身份请求权，如夫妻之间的同居请求权。

绝对权性质的配偶权表现为配偶对身份利益的支配力，支配力受到侵害时即有妨害身份权的行为，恢复权利人对身份利益的支配力的责任关系，其目的仅是将不当干扰清除，权利人的请求权属于保护身份权的请求权，如丈夫侵害妻子同居权时，妻子可以行使排除妨害同居权的请求权，其目的是达到恢复身份权的圆满状态和支配力。

由绝对性性质的配偶权衍生出来的保护身份权的请求权，不同于侵害身份权的债权请求权。保护身份权的请求权是状态恢复请求权，恢复身份权的圆满支配状态；侵害身份权的债权请求权是指身份关系人间的侵害达到了损害后果，这种情形下构成了身份请求权和侵权请求权的聚合。[①] 我国保护配偶身份权的请求权和侵害配偶身份权的请求权虽然在侵权责任法中没有明确规定，但是从体系上看仍属于侵权责任法规制的内容。

二　配偶权的救济——构建婚内侵权制度

对于离婚时配偶权救济，婚姻法有离婚损害赔偿制度救济，婚姻关系存续期间的配偶权救济可以采取婚内侵权制度救济。

（一）婚内侵权制度、婚内侵害配偶权

婚内侵权制度属于侵权责任制度的一种。婚内侵权制度是指在婚姻关系存续期间，配偶一方违反了法律有关权利义务的规定，对配偶他方的人身和财产造成侵害后果，承担相应的侵权责任的制度。我国没有婚内侵权制度，对夫妻侵害身份利益造成的损害，没有办法进行救济。关于婚内侵权成立与否，我国学界有截然不同的两种观点：一种认为婚内侵权不成

---

① 参见杨立新主编《民法总则重大疑难问题研究》，中国法制出版社 2011 年版，第 379、381、442 页。

立，如果婚内侵权成立，则造成公权干预私人生活，而且也难以执行。[①]
另一种认为婚内侵权成立，婚内侵权对婚内有过错方进行惩罚，保障无过
错方的合法权益。婚姻法中的分别财产制为婚内侵权的实施提供了制度支
持。同时也为婚内出现的家庭暴力、重婚、姘居、虐待以及遗弃家庭成员
的行为提供了救济途径。[②] 可以改变现阶段配偶一方的侵权行为发生，受
害方不再继续忍受对方的过错，或者选择离婚。随着个体人格意识的增
强，夫妻虽然构成了一个结合体，但是结合体内也要实现男女平等，不因
婚姻关系缔结而对夫妻不平等关系，不予救济。

笔者认为婚内侵权在夫妻分别财产制下，可以实现对夫妻中受害方的
救济。婚内侵权侵害了夫妻的人身权和财产权，人身权中的配偶权是夫妻
关系中的最本质的权利，侵害配偶权是婚内侵权重要的种类之一。婚内侵
权制度不仅对财产权进行救济，而且对夫妻间的人格权、身份权救济，其
适用的范围大于配偶权侵权范围。

婚内侵害配偶权区别于一般侵权的特殊性表现为：第一，侵权关系的
主体间存在夫妻关系，单个第三者不能成为婚内侵权的主体。第二，实施
侵权行为的主体，主观上具有故意或重大过失，明知夫妻他方的权利受到
法律的保护仍侵害。第三，侵权发生的时间是婚姻关系存续期。就配偶权
的救济而言，婚内侵权区别于离婚损害赔偿之处，在于是离婚才可以提出
离婚损害赔偿，而婚姻关系存续期间的侵权行为离婚损害赔偿无能为力，
婚内侵权对当事人的救济恰恰弥补了离婚损害赔偿的不足，即当事人可以
在婚姻关系存续期间提出权利救济。第四，侵权客观上造成了权利的妨害
和损害。夫妻间侵权妨害是妨碍夫妻一方行使人身权和财产权，具体到配
偶权就是妨碍配偶一方取得其身份利益。夫妻间侵权损害是夫妻一方违反
了法定的权利义务的规定，造成了物质上和精神上的有用性减损的侵害，[③]

---

① 辅仁大学的陈荣隆教授认为：婚内损害的实行一方面可能造成家庭生活的不和谐，另一
方面公权力介入家庭生活内部是为权利的滥用。曾宪义先生认为：夫妻之间的侵害行为适用侵权
责任的豁免。中南财经政法大学的孟令志教授认为："如果在判决中对婚内损害赔偿请求权给予
支持，在法律上成为悖论，也很难执行。"

② 参见焦少林《论建立夫妻间侵权责任制度》，李黎《论婚内损害赔偿》。

③ 参见徐晓峰《请求权概念批判》，载《月旦民商法学·法学方法论》，清华大学出版社
2004 年版，第 134 页。

就配偶权的损害而言，是违反了法律关于配偶权利义务的规定，造成的精神上的有用性减损的侵害。第五，侵权行为具有违法性，与一般侵权行为相比其违法的范围比较广泛，违法的确定标准不仅包括现有法律的规定还包括公序良俗，公序良俗起到限制和补充违法性的作用。公序良俗具有不确定性的特点，需要立法上将配偶间的有关身份利益的内容明确化。第六，侵害配偶权的婚内侵权的救济措施包括：排除妨害、停止妨害和人身损害赔偿三项措施。现阶段我国的侵权救济方式包括了状态责任和损害填补责任。状态责任针对的是绝对性支配权受到妨害的情形，绝对性配偶身份权具有支配性质，违反配偶权的圆满支配状态，属于侵权责任中的状态责任。损害填补责任，是绝对性配偶身份权受到损害的情形，以补偿损害为目的的责任。

（二）婚内侵害配偶权的具体行为

婚内侵害配偶权的行为可以表现为作为方式，如一方对另一方的性暴力、精神暴力，违背了夫妻间同居权利义务。也可以表现为不作为，如一方对另一方不履行同居义务，给他人造成心理、生理和精神的痛苦；与婚姻外的第三者同居或重婚，违反了夫妻间的忠实权利义务，客观上构成了遗弃后果。

首先，婚姻关系存续期间配偶一方对另一方的配偶权侵害，主要是以妨害的形式出现，具体表现为对同居义务和忠实义务的妨害，一般权利人可以提起排除妨害之诉和停止妨害之诉，以恢复配偶圆满支配的状态。对于配偶权的妨害，受害人宽宥的概率比较大，一般来说这种妨害伴随着侵害配偶权。

其次，夫妻间对同居权利义务的侵害，主要的表现为夫妻一方无正当理由拒绝同居，他方提出夫妻同居之诉，请求对方履行同居的义务。鉴于夫妻的同居权利与义务具有人身性质，国家不能强制执行。这里的同居权实质是同居请求权，需要义务人配合完成。日本家事审判法中关于家事法庭审判乙类事项（一）规定"根据日本民法第七百五十二条第二款的规定，关于夫妻同居及其他相互扶助的处分"，在该法中第十五条规定了，"当权利人申请时，家庭法院应调查审判所决定的义务履行状况，并劝告义务人履行其义务"。① 台湾民事诉讼法第五百七十七条规定了夫妻同居

---

① 《日本新民事诉讼法》，白绿铉编译，中国法制出版社 2000 年版，第 155、158 页。

之诉，以法律审判前先行调解为前提。同居之诉，法院有劝告当事人履行义务的职责。这些国家当事人同居权的实现，通过法院劝告实现，法院不能强制实现。

笔者认为这些国家的立法可以为我国所借鉴，毕竟违反同居义务，当事人可以通过法律主张自己的权利。当然同居之诉面临的主要问题是法院劝告很可能无果，这时候可以分情况对当事人救济：第一种情况是同居义务的违反构成遗弃的，可以允许当事人提出离婚或提出别居之诉予以救济。第二种情况是同居义务的违反，给同居权利人造成了精神痛苦，精神痛苦虽然是一种主观感受，但是不是一种想象的、臆断的损害，而是客观存在的损害。当事人可以通过对精神伤害后果的论证要求精神损害赔偿。第三种情况是同居义务的违反，法律可以构建别居制度对当事人进行救济。

夫妻间对同居权利义务侵害最为严重的形式就是婚内强奸行为，即在同居因法定事由中止时，丈夫采取暴力手段违背妻子的意愿强行与妻子发生性关系，构成婚内强奸。但是，在同居未因法定事由中止时，丈夫履行其同居的权利时，造成了妻子的身体和精神的损害，仍然可以要求物质损害赔偿和精神损害赔偿。

最后，对配偶权忠实权利义务侵害，一般与同居权利义务受侵害相伴发生。忠实权利义务受侵害的形式主要表现为夫妻中的一方与他人之间的通奸行为。很多国家或地区的立法认为其是请求离婚或别居制度的理由。《法国民法典》第二百四十二条规定了夫妻一方，因另一方反复地或严重地违反婚姻权利与义务的事实，致使夫妻共同生活不能忍受时，请求离婚，其立法理由书中将通奸包括在违反婚姻权利与义务的事实之中。日本民法典第七百七十七条规定，配偶有不贞行为，夫妻一方可以提起离婚之诉。我国台湾地区民法典第一千零五十二条规定，与人通奸者，构成离婚请求权之基础。法律是否要追究有通奸行为配偶的侵权行为，如前面就部分国家和地区的立法和司法实践考察，现代国家通奸行为不再认为是侵害配偶的行为，但是通奸行为毕竟给婚姻中的一方造成了精神上的痛苦，严重的可以要求精神损害赔偿。

在司法实践中确实存在依据违反了配偶权，要求加害人承担侵权责任的案件。北京市朝阳区人民法院审理的配偶及第三者因通奸行为，受害配偶要求精神损害赔偿的案件就是这种类型的代表。郭甲与宋乙于 1995 年 2 月 20 日登记结婚。1997 年 2 月 21 日宋乙产下一女，取名郭某。2004 年 4 月 5 日，郭甲与宋乙经法院调解离婚。（2004）朝民初字第 7760 号调解书载明：郭某由宋乙负责抚育，郭甲自 2004 年 4 月起每月给付子女抚育费 300 元，至郭某十八周岁止。2008 年 7 月 13 日，北京朝阳医院法医物证司法鉴定所对郭甲、宋乙与郭某的亲子关系进行了鉴定。2008 年 7 月 24 日，北京朝阳医院法医物证司法鉴定所作出朝阳司鉴所（2008）物鉴字第 579 号鉴定书，鉴定结论为：不支持郭甲是郭某的生物学父亲。2008 年 7 月 30 日，北京明正司法鉴定中心对郭某与宋丙、宋乙的亲权关系进行了鉴定。2008 年 8 月 4 日，北京明正司法鉴定中心作出京正（2008）物鉴字第 34 号检验报告，检验结论为：在不考虑双胞胎或近亲的前提下，极强烈支持宋丙、宋乙是郭某的生物学父母。经询问，宋丙称："我和宋乙于 1988 年认识，经过几次接触后，彼此有好感。在 1989 年（具体月份已经记不清）发生了性行为。自那一次性行为之后，我就出国了，直至 1996 年我从国外回来，双方一直没有联系。我从国外回来后，在一次偶然的机会遇到了宋乙，当时我们又发生了一次关系，也是最后一次。2008 年，突然接到宋乙的电话，她要求我协助做亲子鉴定。我还感到很突然。经过鉴定郭某为我亲生女儿。2009 年，郭甲将我诉至北京市朝阳区人民法院，要求我支付抚养费。此案已经贵院审理，并进入执行阶段。"庭审中，郭甲提供住院病案等材料，以证明郭甲由于心脏搭支架等身体原因，不再具有生育的可能，因此，宋丙、宋乙侵犯其生育权。宋丙对此不予认可，认为上述材料不能证明该事实，且生育权并不属于人格权的范围。现郭甲认为宋丙、宋乙的行为不仅剥夺了郭甲的生育权，而且给其名誉和精神都造成重大损害。诉至法院请求判令宋丙、宋乙公开给郭甲道歉；连带赔偿郭甲精神损害抚慰金 15 万元。

一审法院经审理认为：郭甲主张其因宋乙、宋丙的婚外性行为并产下一女而名誉权、生育权受损，产生精神痛苦，其主张在民法上可称为配偶权侵权损害赔偿。《中华人民共和国婚姻法》第四条规定：夫妻应当互相忠实。本案中，宋乙在已为郭甲配偶的情况下，与宋丙发生婚外性行为并

与宋丙产下一女，该行为明显违背了夫妻忠实义务，构成对郭甲作为配偶
权利的侵犯。尤其是宋乙长期未告知郭甲此情况，导致郭甲抚育郭某十余
年后方发现其并非亲生女儿，郭甲因此而遭受的精神痛苦可想而知。宋乙
对此应承担支付精神损害抚慰金的责任，具体数额由本院根据本案情况确
定。但是，宋丙虽与宋乙发生性行为，但仅凭该行为并不能认定其侵犯郭
甲的配偶权。本案中，宋丙与宋乙之间并不存在长期同居的情况，也无证
据证实宋丙在与宋乙发生性行为时明知宋乙已婚的情况，宋丙也无法预见
到该行为及可能发生的后果将导致郭甲的痛苦。因此，宋丙与宋乙发生性
行为并不构成法律上的过错。郭甲要求宋丙承担侵权责任缺乏事实依据。
宋乙未到庭应诉，法院缺席判决。最终，人民法院依照《中华人民共和
国婚姻法》第四条、《中华人民共和国民事诉讼法》第一百三十条之规
定，判决：（1）被告宋乙于本判决生效后七日内支付原告郭甲精神损害
抚慰金十万元；（2）驳回原告郭甲其他诉讼请求。宋乙不服判决，上诉
至北京市第二中级人民法院，北京市第二中级人民法院判决驳回上诉，维
持原判。

　　审理法官在评述该案时认为我国离婚损害赔偿受到诉讼时效的限制。
《最高人民法院关于适用〈中华人民共和国婚姻法〉若干问题的解释
（一）》第三十条规定："人民法院受理离婚案件时，应当将婚姻法第四十
六条等规定中当事人的有关权利义务，书面告知当事人。在适用婚姻法第
四十六条时，应当区分以下不同情况：（一）符合婚姻法第四十六条规定
的无过错方作为原告基于该条规定向人民法院提起损害赔偿请求的，必须
在离婚诉讼的同时提出。（二）符合婚姻法第四十六条规定的无过错方作
为被告的离婚诉讼案件，如果被告不同意离婚也不基于该条规定提起损害
赔偿请求的，可以在离婚后一年内就此单独提起诉讼。（三）无过错方作
为被告的离婚诉讼案件，一审时被告未基于婚姻法第四十六条规定提出损
害赔偿请求，二审期间提出的，人民法院应当进行调解，调解不成的，告
知当事人在离婚后一年内另行起诉。"该条将离婚损害赔偿的诉讼时效限
定为一年，但实践中，离婚超过一年后发现婚姻一方具有过错的情形比比
皆是，上述一年的规定，使对超过一年后发现对方具有过错的当事人的请
求权利进行了限制。审理法官认为应按侵权法原理确定当事人的法律责

任，配偶权侵权是一般侵权行为，其构成要件有违法行为、损害事实、因果关系和主观过错。从违法行为的角度看，这种行为必须违反保护配偶权的法律。就目前我国立法现状而言，应以婚姻法的规定为依据；其次，违法行为的方式如违反忠实义务的行为，须以作为方式为之。虐待、遗弃配偶，违反的是作为的法定义务，应当是不作为的违法行为。从损害事实的角度看，侵害配偶权的损害事实，包括以下层次：一是合法的婚姻关系受到破坏；二是配偶身份利益遭受损害；三是对方配偶精神痛苦，受到精神创伤；四是为恢复损害而损失的财产利益。如第三者与配偶之一方通奸，必然导致对方配偶的精神痛苦和创伤，同时也可能损失一定的财产；实施家庭暴力、虐待、遗弃行为的，则有健康权的损害、身体权的损害、扶养扶助权的损害等损害事实。从因果关系的角度看，侵害配偶权违法行为和配偶之间身份利益的损害事实之间存在因果关系，该因果关系必然引起配偶身份利益的损害。从主观过错的角度看，侵害配偶权的主观过错应为故意形式。违法行为人在主观上故意违反婚姻法规，明知合法的婚姻关系受法律保护、合法的配偶身份利益不容侵犯，却实施此种行为，其主观故意的意图必为确定。

具体到本案之中，宋乙的行为显然侵害了郭甲的民事权益，但无论是现行的离婚损害赔偿制度，还是名誉权侵权制度，均无法有效地对郭甲的权利进行救济。而如果从配偶权侵权的角度，郭甲的权利则可以得到保护。从宋乙的行为看，其行为符合侵权行为的四个要件，故而构成侵权：1.宋乙的婚外性行为违反了婚姻法第四条，故属违法行为。2.宋乙与宋丙发生婚外性行为并与宋丙产下一女，并长期隐瞒，造成了郭甲的精神痛苦，故存在损害事实。3.郭甲的精神痛苦来自于宋乙的婚外性行为及隐瞒行为，故存在因果关系。4.侵害配偶权的主观过错应为故意形式。本案中宋乙在主观上故意违反婚姻法规，明知合法的婚姻关系受法律保护，却实施此种行为，其主观故意的意图实为确定。在上述情况均成立情况下，宋乙的行为显属侵犯了郭甲的配偶权。案中，郭甲具有追究宋丙侵犯其配偶权的权利基础。但从侵权行为四要件上看，宋丙的行为虽然存在损害事实及因果关系，但其由于并非"明知"亦不能"合理预见"，故其并不存在故意，所以并不能认定其构成侵权。①

　　笔者认为该案件以婚姻法第四条对当事人进行救济，反映出现有的离婚损害赔偿制度的局限性，对受害配偶保护不够。一方面，通奸行为不是离婚损害赔偿制度规制的对象。我国没有采取通奸情事的规定，而是采取了"有配偶者与他人同居"的立法术语。其实，在婚姻法修订过程中，修订案最初使用的概念是"其他违反一夫一妻制的行为"。而人大法工委法律委员会在审议时认为，其他"违反一夫一妻制的行为"情况比较复杂，一一列举比较困难，于是建议修改为"有配偶者与他人同居"，并认为这样修改的益处是针对性强、法律责任明确。② 2001 年最高人民法院《关于适用〈中华人民共和国婚姻法〉若干问题的解释（一）》第二条将"有配偶与他人同居"解释为："有配偶者与婚外异性，不以夫妻名义持续、稳定地共同居住。"姘居给受害配偶造成了精神上的痛苦，应由加害配偶给予精神损害赔偿金的方式加以制裁。姘居行为相对于通奸行为要求更严格，但是通奸行为也同样给当事人造成严重损害的，侵害夫妻配偶权，也可以要求加害配偶承担侵权责任，进行精神损害赔偿。

　　另一方面，离婚损害赔偿制度仅限于离婚后一年内提出，否则法律不予救济。该案中受害配偶发现通奸行为在离婚后四年才被发现，因此无法获得法律救济。该案法官在无法适应婚姻法第四十六条规定的情况下，适用了侵权责任法的相关规定，以配偶权受到侵害为由，最终肯定了妻子对丈夫的侵权责任成立。对婚内侵害配偶权的情形，也可以适用侵权责任法的规定。婚内的通奸、姘居、重婚都是的违反配偶权利义务的行为，违反了婚姻伦理本质核心价值，且受害人的精神遭受重创，鉴于离婚损害赔偿制度的局限性，可以允许受害配偶就其配偶权受到侵害为由，提起侵权损害赔偿之诉，当然对婚姻关系未解除的，还应由婚内侵权制度进行处罚，以保护受害配偶的权利。

　　但是对加害配偶处罚的最终目的是使受害配偶的损失得到最大限度的补偿，而受害配偶获得家庭生活圆满状态是其目的，因此通奸、姘居、重

---

　　① http://cyqfy.chinacourt.org/public/detail.php? id = 2075.
　　② 参见《全国人大法律委员会关于〈中华人民共和国婚姻法修正案〉（草案）审议结果的报告》。

婚行为，在受害配偶原谅配偶的前提下，可以要求加害人停止妨害，恢复同居支配权，要求履行同居的义务。否则，权利人可以要求损害赔偿，甚至离婚或别居救济。

三　第三者侵害配偶权的法律责任

首先，第三者侵害同居权利与义务。第三者是否可以侵害同居权，理论界存在争论。现实生活中存在配偶一方的性器官遭受侵害，是否侵害了配偶他方的同居权。冯锦华、叶伯宁诉上海市闸北区某医院侵害夫妻同居权案中，原告中妻子在上海市闸北区某医院生育孩子分娩时，会阴处切了一刀后严重影响了原告夫妻婚后同居生活，17 年后经查原告中妻子的会阴处留下了一枚弯形手术断头针，最终原被告双方达成调解。① 2002 年，江苏省南京市雨花台区人民法院对丈夫的性器官受损，妻子提出侵害自己的同居权的案件审理，认为丈夫的性器官受损，给妻子造成了性生活权利的侵害，性生活权利属于公民健康权的一个组成部分，因此，支持原告妻子的诉讼主张，妻子获得了精神损害赔偿。② 上述两个案例，都没有对侵害同居权明确化，理论界认为是侵害了健康权、人格权、性权利及同居权。③ 第三者损害配偶一方的性器官，配偶一方性功能的损害或丧失，意味着受侵害一方性乐趣的丧失，而配偶他方是否因此丧失性生活或性乐趣并不必然。实际上，在这两个案件中，配偶他方的精神损害的基础不在于性生活权利的丧失，而是其与受害配偶本应完满的婚姻关系受到了重大干扰，使受损配偶同居的权利难以实现，侵害了夫妻的同居权利义务。作为婚姻基础之一的夫妻性生活的丧失使得配偶他方依附于婚姻之上的生理和精神第三者利益受到重创。这种基于身份的损害，即使在妻子改嫁的情况下，依然存在——毕竟那桩婚姻是不完满的。④ 夫妻同居权利义务的绝对性使得第三者对夫妻双方作为整体进行赔偿，达到了权利救济的目的，因此，配偶一方提出同居权利与义务的损害赔偿请求权，另一方不能再重复

---

① 杨遂全：《婚姻家庭法——典型判例研究》，人民法院出版社 2003 年版，第 152—156 页。

② 胡涛立：《第三者间接侵害夫妻性生活权利的法理评析》，《法学》2003 年第 4 期。

③ 陈新生：《论同居权》，华东政法学院硕士学位论文，2004 年。

④ 姚辉：《人格权法论》，中国人民大学出版社 2011 年版，第 296 页。

提出同样的诉讼主张。

其次，第三者侵害忠实权利与义务。如前所述虽然有些国家禁止对婚姻以外的通奸第三者进行惩罚，但是其立法不是完全放任，而是采取了相应对受害配偶的救济措施。

通奸行为侵害了夫妻配偶权，加害主体包括婚姻关系以外的第三者，其与加害配偶恶意串通，实施了侵害配偶另一方享有的忠实权利，第三者主观上具有故意。通奸行为与姘居行为相比较，其具有临时性、秘密性，严重程度较姘居轻。

我国没有对于第三者侵害配偶权法律规定，2001年12月28日最高人民法院民一庭负责人就婚姻法司法解释答记者问时指出："无过错方的请求只能以自己的配偶为被告，不能向婚姻的其他人提出。实践中有些人认为该条规定可以适用于不告自己的配偶，而是告第三者，或者把配偶和第三者都作为被告，根据立法本意，这些理解都是不正确的。"我国现有的法律仅是对侵害忠实权利的两种表现形式姘居和重婚加以规定，且限定配偶在离婚时，才可以提出离婚损害赔偿。但是在司法实践中夫妻离婚案件涉及了第三者与一方配偶通奸，受害配偶要求损害赔偿的现象却屡见不鲜。

通奸行为具有复杂性，一方面，对于加害配偶而言，通奸行为的发生与离婚自由度大小有关。北京大学的姚洋教授从法经济学的角度分析，认为婚姻是一种契约关系，婚外恋是一种违反婚姻契约的行为。就违约而言，存在有效违约的情形，有效违约是当事人违反合同的收益大于成本时，违约有效。对有效违约，如果某项法律规定造成了更多的有效违约，则应避免制定。他举了个例子，设定婚姻中有两种人，一种是"花花公子"，一种是"正人君子"。在离婚成本过高时，"花花公子"的婚外情仅是婚姻的补充，不能替代婚姻，婚外情不是有效违约，因此他忠实于家庭、配偶；但是"正人君子"的婚外情要代替婚姻，"正人君子"寻求情感需求，婚内得不到，又离不了婚，婚外情就是有效违约。离婚成本过低，则情况相反。也就是人的道德水准受到离婚制度是否严苛的限制，这与人们追求爱情的理想生活不相矛盾。另一方面，介入婚姻中的第三者也不都是明知他人有配偶的情形。在不知他人有配偶的情形下，与他人发生婚外恋情，惩罚第三者有失公平，违反诚信原则。

　　笔者认为通奸行为不宜追究第三者的责任，通奸行为是通奸双方共同对无过错方权益的侵害，侵害的核心内容是同居，扶助这种夫妻相互间婚姻义务的不履行，而且过错配偶是造成无过错配偶心灵创伤的主要原因，因此由过错配偶向无过错配偶承担侵权责任，就可以达到弥补无过错方损失的目的。若因通奸行为导致离婚的，则可以通过离婚财产分割实现对受害配偶的救济。对过错配偶赠与第三者的财产通过认定赠与违反公序良俗无效的方式取回。这些制度与第三者通奸行为的精神损害赔偿义务有功能上的重叠。鉴于通奸行为的复杂性，可以借鉴日本立法，在以加害配偶一方为目的，采取引诱、暴力等不法手段迫使配偶他方限于不忠的情形下，第三者具有恶意的场合，才承担相应的法律责任。此种情形下，配偶他方的不忠是由于第三者的过错，因此第三者应承担损害赔偿责任。

四　规定相应的分居制度

　　分居制度对于配偶权建立具有制度支持的作用，一方面为判断夫妻是否违反配偶权的标志，另一方面也在夫妻感情恶化后有了补救的措施。

　　分居制度是在婚姻关系存续期间，依判决或合意解除夫妻同居义务的制度。分居的要素按照戴东雄教授的论述，有两个构成要素：一是体素即必须客观上有共同生活的废止事实；二是心素即主观上有拒绝婚姻共同生活而分居的意思。[①] 最初婚姻是神的旨意的结合关系，不允许当事人违背神的旨意来解除婚姻关系。分居制度是当事人为逃避婚姻的束缚，无法离婚的情形下所创造出的一种制度。现阶段，分居制度作为婚姻制度中的一个组成部分，发挥着新时期所赋予的新作用。首先，为确定婚内强奸提供判断依据。分居期间，夫妻没有法定的同居义务，一方要求对方履行同居义务，就不是在行使自己的同居权利。在此期间，丈夫强行与妻子发生性关系，可以认定为婚内强奸行为。其次，为家庭暴力的受

---

　　① 　戴东雄：《亲属法论文集》，台湾三民书局1994年版，第266页。

害者提供救济途径。分居制度的建立，可以为婚姻中的弱势提供法律上的保护。家庭中存在暴力的情形下，为弱势的一方（通常为女性）提供了救济方式，其可以要求与施暴者分居，解除双方共同生活的义务，以保护自己的生命、健康、名誉等。最后，是违反同居义务的自我救助方式。分居制度也是权利人自我救济的一种方式。一方当事人无正当理由不履行同居义务的，另一方当事人可以提出分居请求，以确定是否有必要继续婚姻生活。

分居制度和离婚制度相伴而生，关于分居制度的立法例有三种：第一种表现为，分居与离婚制度都是对婚姻当事人救济的制度。当事人根据自己的具体情况可以选择其中之一，如果夫妻感情破裂，选择离婚制度；如果夫妻感情有挽回的余地，可以选择分居制度。第二种表现为，分居是离婚的前置程序。当事人要离婚，必须要经过分居阶段，否则不能离婚。一般而言，分居必须满一定期限，其设立的目的就是防止当事人轻率离婚。《法国民法典》第三百零六条规定："如夫妻分居时间已持续达两年，应一方配偶请求，分居判决当然转为离婚判决。"《澳大利亚家庭法》第四十八条第（二）项规定："在应当事人的请求而进行的诉讼中，法院只有确认当事人双方在提交解除婚姻关系的申请之前已经分居，且分居的时间不少于 12 个月，才可认定解除婚姻的依据成立，判决解除婚姻。但本款应符合（三）的规定。"第三种表现为，分居是离婚的一个法定理由。《德国民法典》第一千五百六十五条第（二）项规定："夫妻双方分居尚不到一年的，只有在婚姻对申请人因在另一方的人身上发生的事由将造成不可估计的困难时，才可以离婚。"此条款规定了最短分居期。此法第一千五百六十六条又规定："（1）夫妻双方分居已一年，并且双方申请离婚，或申请相对人同意离婚的，无可反驳地推定婚姻已经破裂。（2）夫妻双方分居已满 3 年的，无可反驳地推定婚姻已经破裂。"《美国统一结婚离婚法》规定，作出司法别居判决 6个月后，法庭可以根据任何一方的诉请改判离婚。《意大利民法典》规定，别居满 5 年是双方要求离婚的理由；满 6 年者，无过错方可据此提出离婚；满 7 年后，过错方可将其作为要求离婚的理由。由此可见，分居达到一定期限，法院可以径直判决离婚。

我国婚姻法采取的是第三种模式，即夫妻分居满两年，法院就可以判决离婚。分居制度的功能在于不解除婚姻的前提之下，赋予当事人解除部分婚姻关系的身份效力。但是分居与离婚的关系不能简单地认为分居期限是判断离婚的依据。从离婚的角度，分居在婚姻关系存续期间给当事人一定的感情审视期，使配偶他方对自己的婚姻有一个冷静观察和思考的过程，以确定自己婚姻的去留问题，避免盲目离婚。从同居的权利义务角度，分居则是对无正当理由违反同居义务的当事人，在不解除婚姻关系前提下的一种变相的制裁方法。婚姻居所是夫妻共同生活的地方，配偶一方或双方不视婚姻居所为共同生活的场所，表明婚姻关系已经恶化。从上述两方面考虑，分居制度为配偶权的权利救济提供了途径，分居制度对违反同居权利义务，甚至违反忠实权利义务的行为，提供了一种救济途径。配偶权的人身性质，对其权利救济的措施不同于其他的救济措施，对违反配偶权的行为，法律在尊重当事人意愿的基础上才能实施救济。因此，我国宜采取第一种立法例，将分居作为一种制度和离婚制度并存，当事人根据自己的婚姻状况，选择两种制度中的一种。

关于分居的原因，根据分居的种类不同而有所区别。分居一般分为协议分居和判决分居两种。协议分居是婚姻关系中的当事人之间确立的不在婚姻住所共同生活的约定。协议分居当事人对分居期间夫妻的财产关系及子女的抚养相关问题进行约定。分居协议经过相关部门的备案或认可，产生法律效力。规定分居制度的国家，不完全承认协议分居，如法国、瑞士。判决分居是婚姻关系中的一方或双方向法院申请，由法院依据法律所为的别居。规定分居制度的国家，都规定了司法分居制度。

分居的原因各国规定不同，有的国家规定分居的原因与离婚的原因相同，如法国民法典规定了夫妻双方同意分居的、夫妻共同生活破裂的、有过错的。[①] 德国的分居制度规定在民法典离婚制度之中，分居的理由就是感情破裂的推定事由。[②] 有的国家不问当事人分居是否达到感情破裂的程度，其原因多样，如英国的判例中规定的分居理由有除感情破裂外的殴

---

① 《法国民法典》，罗结珍译，中国法制出版社1999年版，第78页。
② 王勤芳：《别居法律制度研究》，知识产权出版社2008年版，第94页。

打、性犯罪、不关心、遗弃等。① 美国几乎所有的州都承认分居协议的法律效力，当事人不需要证明分居的理由。相对而言，英美法国家的协议分居制度对分居理由的要求较低，而大陆法系国家规定的协议分居制度对分居理由很严格，与离婚理由基本等同。从对当事人配偶权救济考虑，分居制度使婚姻当事人能够认真考虑自己婚姻存在的问题，未来婚姻的走向，因此分居的理由应不仅限于感情破裂的情形，从这个角度我国宜选择英美法国家的协议分居和司法分居制度并存的立法例。婚姻当事人自己决定是否采取分居协议的形式，不需要法官的审核，但要到民政部门备案。我国司法分居的事由涉及侵害配偶权的应包括夫妻一方无正当理由不履行同居义务，构成配偶一方恶意遗弃他方；夫妻一方违反忠实义务，感情有濒临破裂的危险；夫妻一方与婚外第三者通奸，第三者侵害了婚姻住所；夫妻一方对另一方实施家庭暴力（包括性暴力）。

分居的法律效力主要是夫妻之间的同居义务被解除，夫妻间的财产制为分别财产制，夫妻间的贞操义务仍然存在。夫妻间的扶养义务视一方的经济状况而定，如果一方无财产则另一方支付生活费。夫妻间停止家事代理权。

分居的终止事由不同国家有不同的规定，以法国为例，分居的终止事由：一是夫妻关系和谐，自愿恢复夫妻共同生活；二是夫妻关系恶化，分居满 3 年转化为分居判决；三是一方死亡。美国的《统一结婚离婚法》规定了婚姻当事人分居超过 180 天的可以起诉离婚。瑞士的分居终止时配偶一方死亡；夫妻关系和谐；分居的法定化期限经过；基于新事实的离婚；改换为离婚。意大利的司法分居可以以婚姻当事人的解除分居的协议解除，终止分居判决的效力。我国的分居可以在以下情形下终止：双方当事人婚姻关系好转；分居期间超过法定期限的，分居自动解除；双方当事人关系恶化，分居可以作为离婚的理由向法院起诉离婚。

除了上述的救济途径之外，由于侵害配偶权案件的当事人具有很强的身份支配关系，在具体个案审理过程中，法官应考虑个案的具体情况，结合具体案件背景，进行必要的利益衡量，以实现公平与正义的价值理念。

---

① 王勤芳：《别居法律制度研究》，知识产权出版社 2008 年版，第 98 页。

"那种认为仅从法律条文就可以得出唯一正确结论的说法，只是一种幻想。而真正起决定作用的是实质性的判断。对于具体情形，究竟应注重甲的利益，还是应注重自己的利益，进行各种各样细致的利益衡量以后，作为综合判断可能会认定甲获胜"。① 法官在衡量利益过程中，加入社会性别的视角，对社会的公共政策、核心价值观等因素综合考量，顺应社会性别平等主流化的发展趋势。

---

① 参见［日］加藤一郎《民法的解释与利益衡量》，梁慧星译，载梁慧星主编《民商法论丛》第 2 卷，法律出版社 1995 年版，第 78 页。

结　　语

　　社会性别平等关乎最大人群的利益，几乎涉及所有人的平等问题，用社会性别平等视角审视公共政策的制定、执行等环节已是正在发生的现象。夫妻关系作为最基本的社会性别关系，无疑也要经历社会性别视角的审视。夫妻关系中的核心部分——配偶权最能体现男女地位的现实状况，是婚姻关系缔结的必然结果。配偶权是历史发展的产物，在现阶段有了新的内容和意义。配偶权的法定化能够为婚姻当事人的自身权利的保护和救济提供法律上坚实的支持。但是，由于配偶权的性质、内容、效力存在诸多的争议，2001年我国婚姻法修订案最终并没对其作概括性的规定，其具体内容散见于婚姻法的相关规定中。其中婚姻法中规定的离婚损害赔偿制度，没有明确侵害的配偶权利，配偶权缺失导致规范体系不完整。司法实践中，出现的婚姻关系存续期间侵害配偶身份权的案件，对现行法律提出了规制配偶权的立法要求。国内关于配偶权的研究很多，本文另辟蹊径从社会性别角度对配偶权的权利性质、权利内容、权利效力、权利救济进行分析研究，梳理现有的配偶身份权理论，实现男女实质的平等。将社会学、哲学领域的社会性别平等理论和法学研究相结合，用社会性别平等理论的方法研究构建配偶权制度，提出具体的制度构想，为当事人在婚姻关系存续期间的权利救济提供依据，对审判实践提供裁判规则。更深层面上，为构建和谐的家庭提供一种补救措施，提醒婚姻当事人及时的发现婚姻中存在的问题，及时修补、改正。

　　不可否认，本书在以下几个方面还需要进一步深入研究：第一，社会性别平等理论还处于不断发展的阶段，因此，本书仅以现阶段的社会性别平等理论为依据，审视配偶权的相关理论研究。随着社会性别平等理论研究的深入，配偶权的研究也将进一步深入。第二，社会性别视角下的配偶权制度最终实现还需要相关的配套法律制度。配偶权救济中，就需要修改民事诉讼审判组织的相关规定，增加家事法院的内容，这些也是将来需要继续研究的问题。第三，配偶权实质平等目标的实现，不仅依赖有关配偶权在立法时加入性别视角的运用，而且还要关注配偶权制度法定化以后，其在司法实践的具体运行过程，达到社会性别平等的目标。

也许，公共领域与私人领域的社会性别歧视会一直存在下去，但是社会性别平等既然已经成为人类追求的目标，我们就有信心一直走下去。

主要参考文献

一 中文类

（一）著作类：

杨大文主编：《亲属法》，法律出版社 2004 年版。

杨大文：《婚姻法学》，中国人民大学出版社 1991 年版。

陈棋炎等：《民法亲属新论》，台湾三民书局 2004 年版。

戴炎辉、戴东雄：《中国亲属法》，台湾顺清文化事业有限公司 2000 年版。

史尚宽：《亲属法论》，台湾荣泰印书馆 1980 年版。

戴东雄：《民法亲属、继承论文选辑》，台湾五南图书出版社公司 1985 年版。

张俊浩主编：《民法学原理》，中国政法大学出版社 1991 年版。

王利明：《人格权法新论》，吉林人民出版社 1994 年版。

万鄂湘主编：《婚姻法理论与适用》，人民法院出版社 2005 年版。

杨立新：《人身权法论》，中国检察出版社 1996 年版。

杨立新：《亲属法专论》，高等教育出版社 2005 年版。

林秀雄：《婚姻家庭法之研究》，中国政法大学出版社 2001 年版。

王泽鉴：《民法学说与判例研究》，中国政法大学出版社 1998 年版。

宋豫、陈苇主编：《中国大陆与港、澳、台婚姻家庭法比较研究》，重庆出版社 2002 年版。

中国法学会婚姻法学会研究会编：《外国婚姻家庭法汇编》，群众出版社 2000 年版。

陈苇主编：《外国婚姻家庭法比较研究》，群众出版社 2006 年版。

蒋月：《夫妻的权利与义务》，法律出版社 2001 年版。

郭卫华：《性自主权研究——兼论对性侵犯之受害人的法律保护》，中国政法大学出版社 2006 年版。

杨遂全主编：《第三者侵害婚姻家庭的认定与处理》，法律出版社 2001 年版。

谭兢娥、信春鹰：《英汉妇女与法律词汇释义》，中国对外翻译出版公司 1995 年版。

周安平：《性别与法律——性别平等的法律进路》，法律出版社 2007 年版。

夏吟兰：《21 世纪婚姻家庭关系新规则——新婚姻法解说与研究》，中国检察出版社 2001 年版。

江平：《西方国家民商法概要》，法律出版社 1998 年版。

李银河主编：《妇女：最漫长的革命》，中国妇女出版社 2007 年版。

纪欣：《美国家事法》，五南图书出版公司 2002 年版。

戴东雄：《民法（身份法篇）》，国立空中大学 2006 年版。

林青松：《民法身分法修正问题研析》，新保成出版事业有限公司 2008 年版。

曹贤信：《亲属法的伦理性及其限度研究》，群众出版社 2012 年版。

王洪：《从身份到契约》，法律出版社 2009 年版。

汪永祥、李德良、徐吉升：《〈家庭、私有制和国家的起源〉讲解》，中国人民大学出版社 1986 年版。

王政、杜芳琴主编：《社会性别研究选择》，生活·读书·新知三联书店 1998 年版。

李喜蕊：《英国家庭法历史研究》，知识产权出版社 2009 年版。

李栗燕：《后现代法学思潮评析》，气象出版社 2010 年版。

王歌雅：《中国亲属立法的伦理意蕴与制度延展》，黑龙江大学出版社 2008 年版。

朱景文：《当代西方后现代法学》，法律出版社 2002 年版。

黄宇：《婚姻家庭法之女性主义分析》，群众出版社 2012 年版。

史尚宽：《民法总论》，台湾正大印书馆 1980 年版。

余延满：《亲属法原论》，法律出版社 2007 年版。

吕世伦：《黑格尔法律思想研究》，中国人民公安大学出版社 1989 年版。

陈苇：《家事法研究（2008 年卷）》，群众出版社 2009 年版。

熊金才：《同性结合法律认可研究》，法律出版社 2010 年版。

邱仁宗：《女性主义哲学与公共政策》，中国社会科学出版社 2004 年版。

裴桦：《夫妻共同财产制研究》，法律出版社 2009 年版。

王薇：《非婚同居法律制度比较研究》，人民出版社 2009 年版。

王胜明、孙礼海主编：《中华人民共和国婚姻法修改立法资料选》，法律
　　出版社 2001 年版。

李银河、马忆南：《婚姻法修改论争》，光明日报出版社 1999 年版。

朱晓娟、戴志强：《人身权法》，清华大学出版社 2006 年版。

邱雪梅：《民事责任体系重构》，法律出版社 2009 年版。

杨立新：《民法总则重大疑难问题研究》，中国法制出版社 2011 年版。

杨立新主编：《侵权法热点问题法律应用》，人民法院出版社 2000 年版。

《月旦民商法学·法学方法论》，清华大学出版社 2004 年版。

杨遂全：《婚姻家庭法——典型判例研究》，人民法院出版社 2003 年版。

萨托利：《民主新论》，东方出版社 1993 年版。

杨与龄主编：《民法总则争议问题研究》，台湾五南图书出版公司 1998
　　年版。

何勤华、戴永盛：《民商法新论》，复旦大学出版社 1999 年版。

戴东雄：《亲属法论文集》，台湾三民书局 1994 年版。

刘引玲：《亲属身份权与救济制度研究》，中国检察出版社 2011 年版。

张继承：《亲属身份权研究》，暨南大学出版社 2012 年版。

孙文恺：《法律的性别分析》，法律出版社 2009 年版。

（二）译注类

［德］迪特尔·梅迪库斯：《德国民法总论》，邵建东译，法律出版社
　　2000 年版。

［美］阿瑟·库恩：《英美法原理》，陈朝璧译，法律出版社 2002 年版。

［美］博登海默：《法理学——法律哲学和法律方法》，邓正来译，中国政
　　法大学出版社 1999 年版。

［美］朱迪斯·贝尔：《女性的法律生活——构建一种女性主义法学》，熊
　　湘怡译，北京大学出版社 2010 年版。

［日］加藤一郎：《民法的解释与利益衡量》，《民商法论丛》第 2 卷，法律出版社 1994 年版。

［德］魏曼士：《法理学》，丁小春、吴越译，法律出版社 2003 年版。

［德］黑格尔：《法哲学原理》，范杨、张企泰译，商务印书馆 1982 年版。

［美］哈里·D. 格劳斯：《家庭法》，法论出版社 1999 年版。

［德］克雷斯蒂安·冯·巴尔：《欧洲比较侵权行为法》，焦美华译，法律出版社 2001 年版。

［美］爱德华·J. 柯恩卡：《Torts》，法律出版社 1999 年版。

［美］哈里·D. 格劳斯、大卫·D. 梅耶：《美国家庭法精要》，中国政法大学出版社 2010 年版。

［德］康德：《法的形而上学原理》，沈叔平译，商务印书馆 1991 年版。

［英］伯特兰·罗素：《婚姻革命》，靳建国译，东方出版社 1988 年版。

［德］迪特尔施瓦布：《德国家庭法》，王葆莳译，法律出版社 2010 年版。

［美］威廉·杰·欧·唐奈、大卫·艾·琼斯：《美国婚姻与婚姻法》，重庆出版社 1986 年版。

［英］梅因：《古代法》，沈景一译，商务印书馆 1984 年版。

［美］约翰·罗尔斯：《正义论》，中国社会科学出版社 1988 年版。

［加］威尔·金里卡：《当代政治哲学》，刘莘译，上海译文出版社 2011 年版。

［日］川岛武宜：《现代化与法》，中国政法大学出版社 1994 年版。

［日］我妻荣：《新版新法律学辞典》，中国政法大学出版社 1991 年版。

［美］霍贝尔：《初民的法律》，周勇译，中国社会科学出版社 1993 年版。

［加］大卫·切尔：《家庭生活的社会学》，彭铟旎译，中华书局 2005 年版。

［美］约翰奈斯比特：《大趋势——改变我们生活的十个新趋势》，孙道章、路林沙等译，新华出版社 1984 年版。

［德］罗森贝克、施瓦布、戈特瓦尔德：《德国民事诉讼法》，李大雪译，中国法制出版社 2007 年版。

［英］安东尼·W. 丹尼斯、罗伯特·罗森编：《结婚与离婚的法经济学分析》，王世贤译，法律出版社 2005 年版。

［德］K. 茨威格特、H. 克茨：《比较法总论》，潘汉典等译，法律出版社
　2003 年版。

（三）法典类

《德国民法典》，陈卫佐译，法律出版社 2004 年版。

《法国民法典》（上册），罗结珍译，法律出版社 2005 年版。

《日本民法典》，王书江译，中国法制出版社 2000 年版。

《韩国民法典》，金玉珍译，北京大学出版社 2009 年版。

《瑞士民法典》，殷生根、王燕译，中国政法大学出版社 1999 年版。

《俄罗斯联邦民法典》，黄道秀译，北京大学出版社 2007 年版。

《荷兰民法典》，王卫国译，中国政法大学出版社 2006 年版。

（四）论文类

杨大文：《陈旧布新与时俱进》，《中华女子学院学报》2009 年第 6 期。

陈志英：《现代性法律中的阴和阳》，《江汉大学学报》2011 年第 4 期。

俊驹、童列春：《身份制度的私法构造》，《法学研究》2010 年第 2 期。

郑戈：《法律的性别》，载 "北大法律信息网"，http//www. chinalawinfo.
　com。

佟新：《不平等性别关系的生产与再生产关系——对中国家庭暴力的分
　析》，《社会学研究》2000 年第 1 期。

冯恺：《分居制度与配偶权关系探析》，《法学论坛》2001 年第 4 期。

马强：《试论配偶权》，《法学论坛》2000 年第 2 期。

王歌雅：《经济帮助的社会性别分析》，《法学杂志》2010 年第 7 期。

吴晓苹：《配偶权若干问题研究》，《广州大学学报》2004 年第 6 期。

李洁珍：《配偶权探析》，《江西农业大学学报》2003 年第 3 期。

刘淑媛：《论我国对配偶权的立法完善及其保护》，《宁夏大学学报》2005
　年第 4 期。

史浩明：《论配偶权及其立法完善》，《学术论坛》2001 年第 1 期。

马特：《论配偶权》，《判解研究》2002 年第 4 期。

宋阳、孙艳利：《配偶权若干问题刍议》，《行政与法》2001 年第 6 期。

赵合俊：《性权利的历史演变》，《中华女子学院学报》2007 年第 6 期。

周安平：《性的公权控制》，《法学研究》2003 年第 5 期。

周华山、赵文宗:《整合女性主义与后殖民论述——重新阅读中国婚内强奸法》,《法学前沿》1999 年第 3 期。

陈苇、冉启玉:《公共政策中的社会性别——婚姻法的社会性别分析及其立法完善》,《甘肃政法学院学报》2005 年第 1 期。

裴桦:《配偶权之权利属性探究》,《法制与社会发展》2009 年第 6 期。

赵晓力:《中国家庭资本主义化的号角》,《文化纵横》2011 年第 2 期。

强世功:《司法能动下的中国家庭》,《文化纵横》2011 年第 1 期。

王坤:《女性在非婚同居中损害的法律救济》,《河北法学》2009 年第 7 期。

夏吟兰、罗曼景:《夫妻之间婚内侵权行为的中美法比较》,《比较法研究》2012 年第 3 期。

余延满、张继承:《试析配偶权的侵权行为法保护》,《江西社会科学》2008 年第 2 期。

张春利:《关于利益衡量的两种知识》,《法制与社会发展》2005 年第 6 期。

梁上上:《利益的层次结构与利益衡量的展开》,《法学研究》2002 年第 4 期。

胡涛立:《第三者间接侵害夫妻性生活权利的法理评析》,《法学》2003 年第 4 期。

许莉:《人工授精生育的若干法律问题》,《华东政法学院学报》1999 年第 4 期。

二　英文类

(一) 著作类

Nancy C. M. Hartsock. *Money, Sex, and Power: Toward a Feminist Historical Materialism*. New York: Longman, 1983.

Catharine A. MacKinnon. *Feminism Unmodified*. Cambridge, Mass: Harvard University Press, 1987.

Alison Diduck and Felicity Kaganas. *Family Law Gender and the State: Text, Cases and Materials*. Oxford; Portland: Hart Publishing Ltd, 1999.

Peter de Cruz. *Family Law, Sex and Society*. Taylor & Francis Group, 2010.

J. Shoshanna Ehrlich. *Family Law for Paralegals* . ASPEN, 2010.

Lisa J. McIntyre and Marvin B. Sussman. *Families and Law*. The Haworth Press, 1995.

Kurczewski Jacek. and Maclean Mavis. *Family law and family policy in the new Europe*. Aldershot; Brookfield, Vt. : Dartmouth, c1997.

Miller J. Gareth. *Frontiers of family law.* . Aldershot, Hants, England: Ashg ate, c2003.

Richards and Janet. *Practical global family law: United States, China, and Italy*. Carolina Academic Press, c2009.

Faludi, Susan, Backlasb. *The Undeclared war against American Women* . New York: Crown, 1991.

Barber, Sotirios A. *On What the Constitution Means* . Baltimore: Johns Hopk ins University Press, 1984.

（二）论文类

Ira Mark Eliman & Stephen D. Sugarman. "Spousal Emotional Abuse as a Tort?", 55*Maryland Law Review* (1996) .

JC BEKKER. "Interaction between Constitutional Reform", 1*Acta Juridica* (1991) .

David Pearl. "The Legal Implications of a Relationship outside marriage", 37*Cambridge Law Journal* (1978) .

Carl Tobias. "The Case for a Feminist Torts Casebook", 38*Villanova Law Review* (1993) .

Cf. Barbara Allen Babcock. "A Place in the Palladium: Women's Rights and Jury Service", 61*University of Cincinnati Law Review* (1993) .

Judith Resnik. "Naturally Without Gender: Women, Jurisdiction and the Federal Courts", 66 *New York University Law. Review* (1991) .

Arditti, Joyce. "Women, Divorce, and Economic Risk" . 35*Family and Conciliation Courts Review* (January 1997) .

Hoffman, Saul D. , and Greg J. Duncan. "What Are the Economic Conse - quences of Divorce?" 24*Demograpby* (November 1988) .

Wishik, Heather Ruth. "To Questuon Everything: The Inquiries of Feminist Jurisprudence." 1 *Berkeley Womens Law Journal* (Fall 1986).

Mathieu, Deborah. "Respecting Liberty and Preventing Harm: Limits of State Intervention in Prenatal Choice." 8 *Harvard Journal of Law and Public Policy* (Winter 1985).